FRANCISQUE VIAL

Ancien élève de l'École normale supérieure, — Professeur de Rhétorique
au Lycée Lakanal, — Docteur ès-lettres.

L'Enseignement
secondaire
et
la Démocratie

Librairie Armand Colin
Paris, 5, rue de Mézières

L'Enseignement secondaire

et la Démocratie

COULOMMIERS

Imprimerie PAUL BRODARD.

L'Enseignement secondaire

et la Démocratie

PAR

FRANCISQUE VIAL

Ancien élève de l'École normale supérieure,
Professeur de rhétorique au lycée Lakanal,
Docteur ès lettres.

PARIS

LIBRAIRIE ARMAND COLIN

5, RUE DE MÉZIÈRES, 5

1901

A

Monsieur HENRY MICHEL

Hommage de reconnaissante affection.

AVANT-PROPOS

Il a été écrit tant de livres sur l'Enseignement secondaire qu'il sied de s'excuser auprès du public lorsqu'on ose lui en présenter un nouveau, — s'excuser, c'est-à-dire expliquer en quoi l'on pense que celui-ci diffère des autres.

Ses prétentions d'abord sont modestes. Nous souvenant du conseil de Descartes, qu'il faut « diviser chacune des difficultés en autant de parcelles qu'il se peut et qu'il est requis pour les mieux entendre », nous n'avons point tenté d'embrasser toute la question de l'Enseignement secondaire. Parmi les problèmes particuliers dont elle se compose, nous en avons isolé un, celui de l'enseignement proprement dit ; et c'est celui-là seul que nous avons étudié. Quels doivent être le but, les programmes, les méthodes de l'enseignement dans nos lycées, voilà, exactement délimité, le sujet de ce livre.

Encore avons-nous eu pour but moins de répondre à ces questions que de les bien poser. Notre ambition serait qu'on retînt de ce travail non des solutions, mais une méthode. Au dire de bien des gens, il suffirait, pour traiter les questions pédagogiques, d'avoir du bon sens et de raisonner juste. D'autres, au contraire, n'ont pour la vieille pédagogie — trop « métaphysique » et creuse à leur sens — que défiance et mépris, et, attendant tout de la « pédologie », amassent des documents, instituent des enquêtes, comparent des statistiques. Or, selon nous, la vraie méthode pédagogique, que nous avons essayé de mettre en pratique dans ce livre, est celle qui combine les ressources de la méthode rationnelle et celles de la méthode expérimentale. C'est à la « raison » que l'éducateur doit demander de dessiner les traits du type idéal sur lequel il modèlera l'enfant. C'est la science qu'il doit interroger, s'il veut savoir quels sont, pour réussir dans sa tâche, les moyens les plus sûrs.

La détermination de l'idéal étant, selon nous, la démarche essentielle de la pédagogie, étant celle aussi que l'on néglige le plus souvent, nous y avons consacré plus de temps et nous avons abrégé l'étude des problèmes pratiques. On ne trouvera point dans ce livre de « programmes » à proprement parler, de

« tableaux » fixant le nombre d'heures attribué, dans chaque classe, aux divers enseignements, énumérant les chapitres d'histoire, de littérature ou de physique qui devront composer le « cours » dans chaque année d'études. Mais on y trouvera longuement discutée la question de savoir sur quelle philosophie générale de l'homme et de la société notre Enseignement secondaire peut et doit s'édifier.

Le lecteur verra sans doute dans ce caractère tout théorique de notre livre l'effet d'un parti pris. C'en est un assurément et notre conviction — que nous avons essayé de justifier par deux ou trois exemples — est qu'on ne s'entendra point sur les questions pratiques, tant qu'on n'aura pas pris soin de se mettre d'accord sur les questions théoriques — ou, en d'autres termes, que la recherche de la fin doit précéder celle des moyens.

C'est là, nous le savons, une vue peu conforme à celles qui ont cours aujourd'hui. — « Le mal qui tue notre Enseignement secondaire, entend-on répéter partout, c'est la théorie et l'uniformité. Laissez-le prendre contact avec la vie, se modeler sur la société, s'assouplir et se diversifier suivant les besoins modernes. Loin de vouloir régler et diriger, au nom d'abstractions sans vie, les institutions pédagogiques, il faut les laisser croître et se développer spontanément. »

Contre cette affirmation, notre travail tout entier proteste. Non, les institutions pédagogiques ne doivent pas développer également toutes les tendances, tous les instincts d'une société, mais elles doivent comprimer les mauvais et favoriser les bons. Non, la tâche de l'enseignement n'est pas de perpétuer le présent, mais de préparer l'avenir; son but n'est pas de consacrer les gestes actuels, mais d'inspirer les actes futurs. C'est pourquoi l'enseignement d'une nation et d'un temps doit être donné au nom d'un principe, d'une *idée*. Son organisation doit-être, non pas abandonnée au désordre et à la confusion du réel, mais réglée d'en haut par un idéal moral et social.

L'idéal démocratique de liberté et de justice est, nous semble-t-il, le plus haut qu'ait encore conçu l'humanité. En même temps qu'il marque une conquête décisive de la conscience humaine, il résume en lui le meilleur des expériences morales antérieures. Il n'est plus permis, il n'est plus possible à qui l'a entrevu d'y renoncer. C'est donc à lui que nous demandons d'inspirer et de régler notre Enseignement secondaire.

Faire de libres esprits et des cœurs justes, tel est le but que nous assignons à l'Enseignement secondaire. Tout ce qui peut susciter l'élan des intelligences vers les hautes idées, développer le goût de

la libre recherche, dégager des mesquines préoccupations d'utilité matérielle l'activité désintéressée des
esprits, — tout ce qui, d'autre part, peut nourrir dans
la conscience le sentiment de la justice et encourager
le rêve d'une cité fraternelle, tout cela, nous demandons qu'on en fasse la substance même de l'Enseignement secondaire.

On le voit, nous repoussons de toutes nos forces
cette soi-disant « démocratisation » de l'Enseignement
secondaire qui consisterait, sous prétexte de le mettre
à la portée du grand nombre, à faire de l'Enseignement moderne le véritable Enseignement secondaire, tandis que les études classiques et vraiment
libérales seraient réservées à une infime minorité.
C'est là, croyons-nous, à l'égard des vrais intérêts de
notre démocratie, une politique à courte vue, dont
les effets, pour n'être pas immédiatement discernables,
n'en seront que plus désastreux. La vraie réforme
démocratique de l'Enseignement secondaire — tout
notre travail s'efforce de le prouver — consiste à
renouveler dans un esprit véritablement libéral les
études classiques, et à restaurer, en proclamant bien
haut leur supériorité, en les défendant contre toute
concurrence d'un enseignement inférieur, leur prestige aux yeux du public et des familles.

INTRODUCTION

L'ENSEIGNEMENT SECONDAIRE ACTUEL

INTRODUCTION

L'Enseignement secondaire actuel.

Il a été question fréquemment, depuis quelques années, de la « crise de l'Enseignement secondaire ». Cette « crise » est réelle, et s'il ne faut pas s'en exagérer, il ne faut pas non plus s'en dissimuler la gravité. Tandis que l'Enseignement primaire et l'Enseignement supérieur sont en pleine croissance, l'Enseignement secondaire végète péniblement. Il fonctionne, mais il ne vit pas.

D'abord, sa population ne s'accroît plus. « Elle n'a guère fait de progrès depuis vingt ans, et dans les dernières années, elle a marqué une tendance à s'abaisser [1]. » Or, la désaffection des familles est un signe certain de la décadence d'un enseignement, ou du moins un signe que cet enseignement ne répond plus aux besoins actuels de la société.

Non seulement les élèves viennent en moins grand nombre à l'Enseignement secondaire, mais ceux qui lui sont restés fidèles paraissent en sentir les défauts. Les élèves de l'Enseignement secondaire moderne ne se

[1]. Ribot, *La Réforme de l'Enseignement secondaire*, p. 115.

résignent pas à le suivre jusqu'à la fin. La plupart l'abandonnent après trois ou quatre ans. Quant à l'Enseignement secondaire classique, il faut bien reconnaître, quelque pénible que puisse être l'aveu, que le déchet y est grand. Sur 100 enfants qui suivent jusqu'au bout la filière, il y en a 32, c'est-à-dire près d'un tiers, qui n'arrivent pas à obtenir, même après un ou deux échecs, le diplôme de bachelier[1]. En somme, il n'est pas douteux que « la majorité des élèves ne tire pas un profit égal ou proportionné à la durée des études[2] ».

Autre signe non moins certain de décadence. Périodiquement, depuis vingt ans, on tente de réorganiser l'Enseignement secondaire. En 1872, la circulaire de J. Simon porte le premier coup au vieil Enseignement gréco-latin. La réforme de 1880 achève celle de 1872. En 1885, revanche des classiques et réforme des réformes antérieures. En 1890, création de l'Enseignement secondaire moderne. En 1893, remaniement partiel des programmes de l'Enseignement classique. En 1898-1899, enquête de la « Commission de l'Enseignement de la Chambre des députés ».

Cependant, qu'est-il résulté de toutes ces tentatives de réorganisation? C'est que l'Enseignement secondaire, dont on aurait pu, il y a quelque vingt ans, dire exactement à quoi il servait et ce qu'il était, est devenu aujourd'hui le plus ambigu, le plus incohérent des trois ordres d'enseignement. — D'abord, il n'est pas un, il est deux; il est classique, et il est moderne. Voulez-vous

---

1. Statistique communiquée par M. Liard à la Commission d'enquête parlementaire. Cf. Ribot, *La Réforme de l'Enseignement secondaire*, p. 74.
2. *Ibid.*, p. 75.

devenir un homme de goût, un « honnête homme »? Accourez; j'ai de quoi vous contenter. Préférez-vous, en prévision de la lutte pour la vie et pour la fortune, vous munir d'un bagage de connaissances positives et utiles? J'ai votre affaire. Comme le sage de la Fontaine, l'Enseignement secondaire peut crier, suivant les gens : « Vive le Roi! Vive la Ligue! »

Si cependant ces deux types d'enseignement étaient demeurés entièrement distincts, chacun conformant ses programmes et ses méthodes à son but propre, le mal eût été moins grand et la confusion qui règne aujourd'hui dans la question de l'Enseignement secondaire ne se serait pas produite. Mais entre l'Enseignement classique et l'Enseignement moderne s'est élevée — il fallait s'y attendre — une émulation ou plutôt une rivalité pour le succès et la popularité, dans laquelle chacun, comme il arrive, voulant dépasser son voisin, lui a emprunté ses moyens de réussir et a, du même coup, perdu sa propre originalité. L'Enseignement secondaire classique, au lieu de rester purement et simplement classique, a cherché à dissimuler son grec et son latin, antique défroque, sous l'ajustement à la mode; il s'est habillé de langues vivantes, de sciences physiques et naturelles, de notions d'hygiène, etc. L'Enseignement moderne, de son côté, a voulu prendre les nobles allures de son aîné : il s'est proclamé le défenseur de la « culture générale »; il a réclamé un baccalauréat; il a voulu, lui aussi, préparer ses élèves aux professions libérales et former des polytechniciens, des avocats, des professeurs. En sorte que nous avons maintenant un Enseignement secondaire classique à tendances utilitaires, et un Enseignement secondaire moderne à prétentions désintéressées. Qui démêlera cet embrouillement?

Le malheur est qu'à vouloir contenter tout le monde, on risque fort de ne contenter personne. Et c'est ce qui arrive aujourd'hui à l'Enseignement secondaire. Chacun lui reproche de n'être pas proprement et spécialement ce qu'il voudrait qu'il fût. Ni les utilitaires ni les partisans d'une culture générale et désintéressée ne se déclarent satisfaits. Et les uns et les autres ont raison, puisqu'il n'est en effet ni utilitaire ni désintéressé. Les familles perdent confiance. On n'a pas craint de dire que l'Enseignement secondaire classique ne se soutient plus que grâce au « snobisme[1] ». Quant à l'Enseignement secondaire moderne, qui n'a pas fait ses preuves, on se défie de lui. En somme, le public va disant que l'Enseignement secondaire n'est plus, ou n'est pas encore, « au courant ». Quant à ceux qui le voient de près et le peuvent juger avec compétence, ils déplorent que, trop docile aux influences contradictoires et passagères de la mode, trop soucieux de se faire tout à tous, il ait perdu ce qui faisait son originalité et sa vigueur : une forte et volontaire unité.

I

Il ferait un dénombrement comparable à celui de l'*Iliade* celui qui voudrait énumérer tous les reproches adressés depuis vingt ans à notre Enseignement secondaire. Nous reculons devant un aussi long et fastidieux

1. Cf. Ch.-V. Langlois, *La Question de l'Enseignement secondaire* (*Revue de Paris* du 1ᵉʳ janvier 1900, p. 148).

travail, qui, aussi bien, serait inutile à l'objet que nous nous proposons.

Nous n'entendons en effet parler que de l'enseignement proprement dit et n'avons en conséquence point à nous préoccuper des défauts que l'on peut relever dans le régime administratif des lycées, dans la discipline, etc. Et même, nous voulons restreindre notre observation à l'Enseignement classique. Ce serait nous faire la partie trop belle que d'y englober l'Enseignement moderne, dont personne aujourd'hui en France ne pourrait dire avec quelque précision ce qu'il est, ce qu'il veut, de quelle idée il s'inspire.

§ 1. — Ce qui frappe d'abord lorsqu'on parcourt les programmes de l'Enseignement classique, c'est leur air suranné. En vérité, est-ce bien là la nourriture qui convient à des enfants d'aujourd'hui? Grec, latin, histoire ancienne, grecque, romaine, etc., on croirait lire le plan d'études des collèges du xviie siècle. Nous voyons bien qu'il y est fait une place à la géologie, aux sciences physiques et naturelles, à l'hygiène, etc. Mais les préoccupations « modernes », celles qui hantent notre société, nous voulons dire les problèmes économiques, politiques, sociaux, philosophiques, religieux, qui travaillent cette fin de siècle, nous n'en apercevons pas trace. On semble s'être appliqué à les exclure. Malgré les « replâtrages » et les « maquillages[1] », les programmes de l'Enseignement classique conservent un air antique. « Les vicissitudes près de quatre fois séculaires que le système a traversées n'ont pas complètement oblitéré

---

1. C'est ainsi que M. J. Lemaître appelle les modifications apportées aux programmes, *France de demain* du 15 juin 1898.

le dessein de ses fondateurs, les hommes de la Renaissance, de la Réforme et de la contre-Réforme[1]. »

Surannés, ces programmes sont encore surchargés[2]. Ils nous apparaissent comme une véritable compilation encyclopédique, et on a pu dire d'eux avec raison qu'ils étaient les « professions de foi électorales de l'Enseignement secondaire[3] ». Les professions de foi promettent beaucoup, mais ne sauraient tenir leurs promesses. Et en vérité, il serait à plaindre le jeune homme qui aurait entassé dans sa tête la somme énorme de connaissances qu'énumèrent les programmes. Histoire, géographie, lettres anciennes et modernes, philosophie, mathématiques, physique, chimie, géologie, botanique, hygiène, tout y est. On nous objecte que les élèves se gardent de retenir tout ce qu'on leur enseigne. Il est vrai. Mais alors, à quoi bon ces programmes?

Autre défaut — plus grave celui-là — les programmes sont incohérents. Ils ne présentent pas une forte unité intérieure; en eux ne circule pas la sève vigoureuse d'une pensée organisatrice. Qu'a-t-on prétendu par cet amas de notions diverses, les unes purement pratiques, les autres uniquement esthétiques? Pourquoi, en face de ces « connaissances utiles », notions d'hygiène, préparation du gaz d'éclairage ou de la benzine, cette science désintéressée et « inutile » au premier chef, la cosmographie? Et, côte à côte avec Platon et Virgile, que viennent faire les « notions de police sanitaire des

1. Ch.-V. Langlois, *o. c.*, p. 123.
2. Cf. *Enquête*. Dépositions de MM. Gréard, R. Poincaré, Gebhart, etc. En sens inverse, M. Aulard n'attache pas grande importance à la surcharge des programmes. De même M. A. Croiset.
3. *Ibid.* Déposition de M. R. Poincaré.

animaux », voire même la description détaillée de l'appareil digestif ?

Mais ce n'est pas par leur objet seulement et leur degré d'utilité pratique que s'opposent toutes ces « sciences » inscrites au programme ; c'est encore — et ici le danger est grand — par leur esprit et leur méthode propre. L'enseignement descriptif et concret de la botanique et de la géologie y tient le même rang que l'enseignement abstrait par excellence, celui de l'algèbre. Les sciences expérimentales et inductives, telles que la physique et la chimie, y marchent de pair avec les spéculations *à priori* de la métaphysique. Les mathématiques et la géométrie, maîtresses d'inflexible rigueur logique, y figurent sur le même pied que l'histoire, la plus conjecturale, la plus incertaine des sciences.

« Utile et agréable variété », dira-t-on. Belle formule pour déguiser le désordre et l'arbitraire. Car, a-t-on mesuré chacune de ces matières à sa valeur éducative ? Il ne semble pas, dans ce cas, que l'évaluation soit exacte. Ou bien a-t-on cru que *savoir* est bon en soi et que, plus on sait, mieux on vaut ? Cela est plus probable ; et alors s'expliquerait l'incohérence singulière de ce plan d'études. Entasser, collectionner, condenser le plus de savoir possible dans le minimum de temps, tel est, semble-t-il, le résultat qu'on a voulu atteindre.

§ 2. — Mais, en matière d'éducation, « l'esprit importe encore plus que la lettre », la méthode plus que les programmes [1]. Peut-être donc les méthodes d'enseignement vont-elles corriger ou du moins atténuer ce vice

1. Cf. *Instructions, programmes et règlements* de 1890, p. v.

intérieur des programmes? Peut-être les professeurs chargés d'enseigner ces matières si disparates vont-ils s'efforcer d'harmoniser leur dissemblance? Ils le pourraient, et de deux façons. La première serait de s'en tenir, dans chaque matière, aux principes fondamentaux, aux idées générales, c'est-à-dire de dégager, dans chaque enseignement, l'élément philosophique, d'insister sur les rapports qui relient entre eux tous les « savoirs humains », de s'arrêter sur les sommets d'où le regard embrasse d'un seul coup tout le relief[1]. La seconde consisterait à avoir devant les yeux le même idéal moral et intellectuel, qui réglerait et coordonnerait les efforts communs. Mais qu'on serait loin de compte si l'on s'imaginait que les maîtres de notre Enseignement secondaire s'inspirent de l'une ou de l'autre de ces méthodes!

D'abord, chaque professeur enseigne, dans sa spécialité, précisément ce qu'il y a de plus spécial. L'œil fixé sur le programme, il n'a garde d'en omettre les moindres prescriptions[2]; plutôt en ajouterait-il. Cependant son temps est limité et le voilà forcé de négliger les problèmes généraux, les conclusions philosophiques qui font pourtant, en définitive, toute l'importance et tout l'intérêt de chaque science particulière. S'agit-il de physique ou de chimie? Le professeur décrit minutieusement les divers appareils, sans oublier une vis, sans faire grâce d'une tubulure. Mais quant à examiner les grandes hypothèses des sciences physiques, quant à caractériser leur méthode générale et à la comparer aux

---

1. C'est le moyen préconisé par M. Fouillée, *L'Enseignement au point de vue national*, liv. II, ch. III.
2. Cf. *Enquête*. Déposition de M. Berthelot.

méthodes des autres sciences, quant à faire l'historique des découvertes, à montrer par quels prodiges de patience et de tenace attention les grands savants y ont été conduits, quant à exposer, même rapidement, les bouleversements économiques, sociaux, intellectuels, qu'ont amenés ces découvertes, de tout cela il n'est point question.

Il en va de même pour les autres enseignements. Chaque professeur s'enfonce et se perd dans sa spécialité. Il enseigne comme si son but dernier était de former des mathématiciens, ou des littérateurs, ou des historiens. Il perd de vue l'unité fondamentale de l'activité humaine que son enseignement, pour être éducatif, devrait au contraire refléter. Tout ce qui est comme le poids mort de la science en étouffe l'âme vivante. La conséquence d'un tel régime, c'est que les élèves passent de la chimie à la littérature, de l'histoire aux mathématiques, du latin aux langues vivantes comme on erre, dans une ville inconnue, à travers des rues dont on ne sait ni d'où elles partent ni où elles aboutissent. De tout ce défilé auquel ils ont assisté, il ne leur reste qu'une série de connaissances fragmentaires, d'images éparses et papillotantes, une sorte d'éblouissement cérébral, au lieu de la vue synthétique et claire des choses dans leur vivante complexité, qui devrait être le résultat final d'une instruction secondaire bien comprise.

Si encore, tout en réduisant chaque matière du programme à n'être qu'une spécialité, les professeurs se proposaient tous de créer ou du moins de développer chez leurs élèves les mêmes qualités d'esprit, les mêmes habitudes intellectuelles, ce serait un moyen, peut-être un peu indirect, mais enfin légitime, de donner à l'Enseignement secondaire l'unité indispensable. Mais assurément tel n'est point leur souci. Chaque maître va de son côté, au hasard de ses goûts, de ses habitudes d'esprit, sans s'inquiéter de mettre son enseignement d'accord avec celui de ses collègues.

Qu'on songe par combien d'exigences et de méthodes contradictoires sont tiraillés les esprits encore neufs et flexibles des élèves. Aujourd'hui le professeur d'histoire, retraçant en phrases vivantes et colorées les mœurs de telle époque, ou bien démêlant, sous la complexité et l'apparente confusion des faits, la marche lente et continue de telle grande idée politique ou morale, éveille les imaginations, ouvre les intelligences, exerce la force vive de l'esprit. Demain, le professeur de littérature française étouffera cette activité qui germait sous un amas de détails biographiques, de formules routinières, de classifications abstraites. — Mieux encore : aujourd'hui le professeur d'allemand fait de la version un exercice purement grammatical ; il n'exige de ses élèves qu'une exactitude pour ainsi dire matérielle, un mot à mot scrupuleux ; peu lui importe la valeur littéraire de la traduction. Demain le professeur de latin, faisant bon marché d'un ou deux contresens, voudra que le texte soit traduit en une langue précise, ferme, élégante ; il fera de la version, non pas un moyen d'apprendre le latin, mais un véritable exercice de langue française.

Quoi d'étonnant dès lors si maîtres et élèves perdent le bénéfice de leur travail ? Ce que fait un professeur, l'autre le défait. Les efforts se heurtent, les bonnes volontés se contrecarrent, et l'esprit des élèves, sollicité en tous sens, demeure stationnaire. Tant de secousses et de tiraillements contraires n'aboutissent qu'à écarteler le patient.

§ 3. — Et voici, pour achever la déroute et le désarroi de l'Enseignement secondaire, la troupe fraîche des concours et des examens qui arrive à la rescousse. D'abord le baccalauréat, que M. Lavisse n'a pas craint d'appeler un malfaiteur[1]. La logique voudrait que le baccalauréat, sanction des études classiques, fût adapté exactement à ces études et comme modelé sur elles. Mais il faut bien croire que la logique n'a rien de commun avec notre Enseignement secondaire, puisque nous voyons que ce sont les études classiques qui doivent se mutiler et passer sous les fourches caudines du baccalauréat. Les études classiques se proposent de donner aux esprits de saines habitudes, de former le jugement et le goût. Le baccalauréat, au contraire, n'est aujourd'hui qu'un examen de *savoir*; et quel savoir !

Les élèves de nos lycées veulent être bacheliers; c'est un désir très légitime. Dès la classe de troisième, ils se demandent « de quelle façon ils pourront bien traverser heureusement l'épreuve du baccalauréat. Alors ce sont les études désintéressées, les seules vraiment fécondes, qui se trouvent négligées. Tout est aiguillé en vue du baccalauréat, les professeurs eux-mêmes sont obligés de se consacrer au baccalauréat, tous les exercices des classes vont au baccalauréat et les élèves paresseux savent qu'on peut trouver le baccalauréat en globules, par la méthode homéopathique, dans les manuels, qui sont une littérature absolument pestilentielle[2]. » Ainsi, à cause du baccalauréat, les maîtres des hautes classes sont condamnés à rabaisser leur enseignement, à le découronner de tout « long espoir »,

1. Cf. *Enquête.* Déposition de M. Lavisse.
2. *Ibid.* Déposition de M. Gebhart.

de tout « vaste penser », c'est-à-dire, en définitive, à le laisser se dissoudre et se désagréger.

Et que dire encore des examens d'admission aux grandes Écoles de l'État? L'Enseignement secondaire s'est donné pour suprême ambition d'ouvrir aux meilleurs de ses élèves la porte de ces grandes Écoles, de les y préparer directement. Or, le soin d'établir les programmes de ces examens spéciaux est confié à des Commissions nommées par le ministre de la guerre, par le ministre de la marine, par le ministre du commerce, et composées d'ingénieurs, d'officiers, de savants. Quoi qu'ils aient décidé, l'Enseignement secondaire est obligé de s'y conformer. Mais que sont ces examens? Une sorte de « minotaure, qui dévore chaque année une multitude de jeunes gens incapables de résister à la préparation à des épreuves si mal combinées pour constater la véritable intelligence et la valeur personnelle, mais si propres à faire triompher la mnémotechnie et la préparation mécanique. Les plus forts passent malgré tout; mais combien y périssent ou sont faussés pour toute leur vie! Aucun peuple n'a adopté de régime analogue et tous s'accordent à regarder le nôtre comme une cause d'affaiblissement physique et intellectuel pour notre jeunesse [1] ». Mettons que ces critiques soient exagérées. Il n'en demeure pas moins vrai que baccalauréat et examens d'admission aux grandes Écoles sont, pour l'Enseignement secondaire, une cause de trouble et de désarroi? Car comment, tyrannisé par tant d'intérêts divers, pourrait-il réaliser, en pleine indépendance, son objet propre, sa fin particulière?

1. Berthelot, *Le Temps* du 16 janvier 1889.

II

Mais à quoi bon insister sur ces vices de l'Enseignement secondaire, dénoncés depuis si longtemps, avoués par la plupart des professeurs et des personnes compétentes? Il est plus utile d'en rechercher les causes et d'établir les responsabilités. Une maladie bien connue est à moitié guérie. Ce serait peut-être avoir déjà porté remède au mal qui mine notre Enseignement secondaire que d'en avoir saisi clairement les origines.

Ici encore, nous ne voulons rechercher, de la « crise » de l'Enseignement secondaire, que les causes spécialement afférentes à l'enseignement. Ce n'est pas qu'elles soient les seules, ni même peut-être les plus importantes. Mais nous croyons que mieux vaut borner, pour le mieux explorer, notre champ d'investigation. Et d'ailleurs, le choix même de notre sujet nous impose cette limitation.

§ 1. — Il est hors de doute que les professeurs doivent faire leur *meâ culpâ* et s'accuser de négligences. Si l'Enseignement secondaire est à ce point désorganisé, c'est, d'abord, parce que les professeurs ne savent pas s'entendre pour une action commune. Rester seuls maîtres de leur enseignement, et, pour cela, se défendre contre toute direction, tout conseil, tout contrôle, voilà assurément l'un de leurs plus chers soucis. Et non seulement ils se gardent de consulter leurs chefs, mais même ils n'ont cure de s'entendre avec leurs collègues sur les méthodes à employer, la direction à donner aux élèves. J. Simon se flattait, par l'institution des assemblées de professeurs, de réaliser cette harmonie si désirable, d'obtenir que tous se concertassent pour donner une même orientation à l'enseignement. Cette institution décline partout [1]. La tentative a avorté. Quelques professeurs demandent qu'on la renouvelle [2]. Si elle n'a pas réussi, disent-ils, c'est que l'administration n'a rien fait pour encourager, ou plutôt a tout fait pour décourager la bonne volonté des professeurs [3]. Ce qu'ils ne disent pas, c'est que les professeurs de leur côté n'ont pas montré grand enthousiasme pour ces réunions [4], parce qu'il leur est désagréable de se soumettre à un plan arrêté en commun, parce que leur individualisme se sent lésé dès que s'exerce sur lui la moindre contrainte.

§2. — Ne chargeons pas trop les professeurs. Ils ne sont pas les plus coupables. S'ils n'essaient pas d'agir d'un commun accord, c'est sans doute parce qu'ils n'en ont pas un bien vif désir, mais c'est surtout parce qu'ils sentent bien qu'ils ne le peuvent pas. On semble avoir pris à tâche de leur rendre cette entente impossible. — Voici quatre professeurs, l'un de lettres, l'autre de mathématiques, le troisième d'histoire, le dernier d'allemand. On leur confie les mêmes élèves, et on leur dit : « Entendez-vous pour faire l'éducation de ces jeunes gens. Agissez comme le ferait un professeur unique qui aurait à donner l'enseignement tout entier [5].

1. Cf. Ribot, *La Réforme de l'Enseignement secondaire*, p. 14.
2. Cf. *Enquête*. Déposition de M. H. Bernès.
3. *Ibid*. Déposition de M. Clairin.
4. *Ibid*. Déposition de M. A. Croiset.
5. Ce sont les expressions mêmes des *Instructions* de 1890. Cf., p. xi.

Maintenez ainsi entre toutes les parties du programme général la proportion et l'équilibre nécessaires ». Le conseil est judicieux. Mais le professeur de lettres, ancien élève d'une Université, s'est « spécialisé » dès sa sortie du lycée; il ne sait d'histoire, de mathématiques, d'allemand, que ce qu'il en faut pour être bachelier, c'est-à-dire presque point. Le professeur d'histoire, ancien élève de l'École normale supérieure, a reçu une solide culture générale. Le professeur de mathématiques, issu de l'Enseignement moderne, est étranger, ou presque, à toute culture littéraire. Le professeur de langues vivantes est un ancien élève de l'Enseignement primaire, qui, après avoir obtenu une bourse de séjour à l'étranger, s'est fait recevoir à l'agrégation spéciale d'allemand. — Comment des maîtres sortis de milieux si différents, nourris d'études spéciales, intellectuellement étrangers les uns aux autres, pourront-ils concerter leurs efforts et agir « comme le ferait un professeur unique qui aurait à donner l'enseignement tout entier »? Comment pourront-ils se mettre d'accord sur la place, le rôle, le rang de leurs enseignements respectifs? Leur origine, leur éducation, la structure de leur esprit, tout les sépare. Ils n'ont et ne peuvent avoir aucune vue commune. Pour que des professeurs puissent s'entendre et s'unir pour une action convergente, ne faudrait-il pas qu'une éducation générale semblable ait rendu cette entente possible? Mais on n'a point cru que cela fût nécessaire. On n'a pas vu que, pour que l'Enseignement secondaire fût un et harmonieux, il fallait d'abord que le corps enseignant fût homogène. On a commis la faute de faire de l'examen d'agrégation un examen spécial et technique [1], alors qu'il eût fallu y maintenir, à côté des études spéciales, une partie générale et commune. Comment s'étonner que d'un assemblage de maîtres si divers, venus des quatre coins de l'horizon intellectuel, il sorte autre chose qu'un enseignement bariolé et incohérent?

Si c'est une grave faute que de ne point exiger de tous les professeurs des lycées une solide culture générale, c'en est une plus grave encore que de ne pas les préparer à leur métier. On a déjà maintes fois signalé ce mal [2]; on a même proposé des remèdes. Il ne semble pas que le temps approche où les mesures indiquées par d'excellents esprits entreront enfin dans la pratique. Ne serait-ce pas là cependant une des premières, une des plus urgentes réformes — d'aucuns disent la seule réforme — qu'appelle notre Enseignement secondaire [3]?

Il est au moins étrange que l'examen qui donne accès au professorat ne renferme pas une seule épreuve pédagogique. On requiert du futur professeur une haute culture littéraire ou scientifique, mais non des idées précises sur le métier qui va être le sien, non la preuve qu'il saura l'exercer. L'art d'enseigner ne fait point partie du programme de l'agrégation [4].

1. Cf. *Enquête*. Dépositions de MM. Léon Bourgeois, A. Croiset, Bossert, etc.

2. Dans un très grand nombre des dépositions faites devant la Commission d'enquête, on insiste sur l'insuffisance de la préparation pédagogique des professeurs. C'est dans la déposition de M. Lavisse que se trouve l'exposé le meilleur et le plus complet de la question.

3. « L'éducation philosophique et pédagogique des maîtres, écrit M. Langlois, voilà la solution à la fois la plus simple, la plus élégante et la plus radicale du problème de l'Enseignement secondaire. » *Revue de Paris* du 15 janvier 1900, p. 380.

4. L'Enseignement primaire est bien mieux partagé que l'Ensei-

Aussi bien, comment les jurys d'agrégation pourraient-ils exiger des candidats une instruction professionnelle? Où ces jeunes gens l'auraient-ils puisée, cette instruction? Leur a-t-on jamais fait connaître la nature, les besoins, les limites des esprits qu'ils auront à former? Leur a-t-on parlé des diverses méthodes d'enseignement? Leur a-t-on fait comprendre la nécessité et leur a-t-on indiqué les moyens d'adapter leurs leçons à la nature d'intelligence et au degré de développement de leurs élèves? Leur a-t-on fait voir l'importance des questions d'éducation dans une démocratie? Soupçonnent-ils seulement l'existence de la science pédagogique [1]?

Beaucoup de personnes, il est vrai, professent à l'endroit de cette préparation professionnelle un certain scepticisme. « On naît professeur, va-t-on répétant, et tous les cours de pédagogie du monde ne sauraient remplacer le don [2]. Au reste, il suffit de bien savoir pour bien enseigner, et l'instruction que reçoivent dans les Universités les futurs professeurs est la meilleure des préparations pédagogiques. Enfin les candidats à l'agrégation sont tenus d'aller faire un stage dans un lycée. »

Il est trop facile de répondre que, si la science péda-

gnement secondaire. Les élèves-maîtres des écoles normales d'instituteurs et d'institutrices, outre les cours de pédagogie qui sont inscrits dans leurs programmes, vont à tour de rôle, sous le contrôle d'un maître, s'exercer à la pratique de l'enseignement dans une école primaire, annexée à l'école normale.

1. Nous savons qu'il existe, dans quelques Universités, une chaire de pédagogie, et, à la Sorbonne, des conférences pratiques à l'usage des candidats aux agrégations. Mais ce n'est encore qu'une organisation embryonnaire et il reste vrai, d'une manière générale, qu'il n'y a pas, en France, de préparation professionnelle au professorat de l'Enseignement secondaire.

2. Cf. *Enquête*. Dépositions de MM. Boissier, Perrot, etc.

gogique ne crée pas le don de l'enseignement, du moins elle le perfectionne singulièrement. Sans doute on naît professeur, mais sans doute aussi on le devient. N'est-il pas vrai que, pendant les premières années d'enseignement, on cherche, on expérimente, on tâtonne — et cela, aux dépens des élèves? N'est-il pas vrai que, peu à peu, on acquiert plus d'habileté, plus de sûreté, plus d'autorité, en un mot, qu'on devient un meilleur professeur? Si donc la pédagogie n'est pas autre chose que le résumé de l'expérience des meilleurs maîtres, le code où sont consignées leurs observations accumulées, il est hors de doute que les apprentis professeurs y peuvent trouver de multiples profits, d'utiles et puissants secours.

Et puis, s'il est vrai qu'on « naît professeur », raison de plus pour ne pas remettre l'Enseignement secondaire aux mains d'hommes dont on ne sait pas s'ils sont nés professeurs, raison de plus pour s'assurer préalablement qu'ils ont reçu la grâce, raison de plus pour ne pas ouvrir les portes du professorat des lycées à des hommes qui peuvent être sans doute de fins lettrés, des historiens érudits, des mathématiciens de génie, et qui ne seront pourtant que des maîtres médiocres.

Car, pour soutenir qu'un professeur de lycée n'a qu'à transporter dans sa classe l'enseignement qu'il a reçu dans les Universités, il faudrait ne pas savoir que la valeur pédagogique d'un enseignement ne se mesure point seulement à sa valeur scientifique, mais aussi et surtout à son degré d'appropriation, d'adaptation à l'auditoire qui le reçoit. Telle méthode, rationnelle et rigoureuse, peut avoir, sur de jeunes esprits, des effets déplorables, comme telle nourriture saine et fortifiante peut être funeste à un estomac débile. — L'Enseignement supérieur, excellent dans les Universités, ne doit pas servir de modèle à l'Enseignement secondaire. On ne peut l'y transporter qu'en le transposant, en l'adaptant à des besoins spéciaux et très précis, en le pliant à des exigences particulières, — c'est-à-dire en le modifiant si profondément qu'il devient un enseignement nouveau. Si bien que la science et les habitudes intellectuelles qu'acquièrent dans les Universités les futurs maîtres des lycées leur sont par la suite une aide et un secours — cela va sans dire — mais aussi une gêne et une entrave. Car, en l'absence de toute préparation pédagogique spéciale, le professeur qui débute fait d'instinct ce qu'il a vu faire, il calque son enseignement sur celui qu'il a reçu. Et cet enseignement serait sans doute excellent pour des candidats à la licence; ce qui est sûr, c'est que les élèves de nos lycées n'en tirent qu'un maigre profit. Pour se hausser à son niveau, ils font des efforts désespérés, s'étendent, s'enflent et se travaillent — à moins que, philosophiquement, ils n'y renoncent. Dans les deux cas, ils sont les victimes innocentes de l'inexpérience des maîtres.

Enfin, il est clair que le court stage imposé aux candidats à l'agrégation ne saurait constituer une préparation professionnelle sérieuse. Il ne suffit pas de passer quinze jours (c'est le temps que dure ce stage) dans une classe de lycée et d'y voir à l'œuvre un maître expérimenté pour acquérir, prestement et comme en un tour de main, toute l'instruction pédagogique qui fait les bons professeurs. Il y faut autrement de temps, de réflexions et d'efforts.

Absence de culture générale et philosophique chez

beaucoup de maîtres, manque de préparation pédagogique chez tous, voilà les causes du désordre qui règne actuellement dans notre Enseignement secondaire.

§ 3. — Pourquoi cependant les hommes éminents qui font partie des Commissions et du Conseil supérieur n'ont-ils pas institué cette préparation philosophique et pédagogique des maîtres? Ce n'est pas, croyons-nous, qu'ils n'en aient senti la nécessité. A notre avis, le désir ne leur en a pas manqué. Ce qui leur a manqué, c'est de pouvoir s'entendre sur la nature et l'organisation d'une telle préparation. Le désaccord en effet règne en haut comme en bas. Parmi les chefs pas plus que parmi les simples soldats de l'armée universitaire, il n'y a d'opinion commune sur ce que doivent être le rôle, le but, les méthodes de l'Enseignement secondaire.

Nulle part peut-être les dissentiments qui règnent dans la direction de l'Enseignement secondaire n'ont éclaté mieux que dans l'élaboration des divers programmes. L'Enquête parlementaire a mis au grand jour les procédés tout empiriques des Commissions chargées de refondre les programmes[1]. Il apparaît clairement que jamais ces Commissions ne se sont inspirées d'un principe nettement posé. Elles se sont laissé dicter leurs réformes par des préoccupations d'une année, voire même d'un jour. L'idée se répand-elle dans le public et dans la presse que l'Enseignement secondaire doit refléter la vie moderne, avec ses besoins pratiques, son idéal positif, doit armer les futurs combattants de la « lutte pour la vie », vite on charge les

1. Cf. *Enquête*. Dépositions de MM. Chalamet, Berthelot, etc.

programmes de langues vivantes, de chimie industrielle et agricole. Découvre-t-on que la littérature française n'est pas tout entière contenue dans l'âge classique et qu'il a existé de grands écrivains au moyen âge et au XIXe siècle, aussitôt, nouvelle addition aux programmes; on y met en bonne place la chanson de Roland, Rabelais, Montaigne, Hugo, Lamartine, Musset; pour un peu, on y réserverait un petit coin à Louise Labbé, la belle Cordière, et un autre à Verlaine. La question du « surmenage » se pose-t-elle, vivent les exercices physiques, les promenades hygiéniques, le foot-ball et les autres sports! plus de classes de deux heures, plus de longues études. — Que toutes ces réformes soient en elles-mêmes bonnes ou mauvaises, là n'est pas la question. Ce que nous prétendons, c'est qu'elles ne procèdent pas d'une conception nette de ce que doit être l'Enseignement secondaire. Et qu'est-ce à dire, sinon que ceux qui ont rédigé les programmes, dans leur impuissance à s'accorder sur l'idée directrice et fondamentale qui doit dominer l'Enseignement secondaire, ont été réduits à s'en passer? Et que conclure, sinon que la dispersion des efforts tentés par les maîtres, comme l'insuffisance de leur préparation pédagogique, comme l'incohérence des programmes découlent d'une confusion première, d'une anarchie initiale, qu'il faut bien dénoncer, si l'on croit fermement que là est la racine même du mal?

S'il fallait noter encore une forme de cette anarchie, on la trouverait dans la manière dont s'exerce le contrôle des inspecteurs généraux[1]. Certes, ce n'est pas la

1. Cf. *Enquête.* Beaucoup de dépositions font ressortir l'insuffi-

compétence, ni la largeur de jugement, ni le dévouement qui manquent aux inspecteurs généraux. Une seule chose leur manque — et par là se paralyse leur effort —, c'est l'harmonie des vues. Chacun d'eux agit pour son compte. Ils ne se présentent point comme les propagateurs d'une même pensée, comme les exécuteurs d'un même dessein[1]. On ne leur demande point, par exemple, de procéder à une enquête sur l'enseignement du latin, ou du français, ou de la philosophie; on ne leur demande point d'orienter, par leurs conseils, tous les efforts des maîtres dans une même direction. Et si on ne le fait pas, c'est parce qu'une enquête ne peut se poursuivre qu'au nom d'une idée générale et théorique, c'est parce qu'une direction suppose un but précis. Cette idée générale, ce but précis, nul haut fonctionnaire de l'Université ne saurait les fixer sans s'exposer aux contradictions de ses collègues. Aussi les inspecteurs sont-ils condamnés à inspecter, comme les professeurs enseignent, au hasard de leurs goûts et de leurs idées personnelles.

On voit assez maintenant que les professeurs sont excusables de ne pas pratiquer une plus étroite entente. L'exemple leur vient de haut. Ce qui manque à l'Enseignement secondaire, c'est une forte pensée organisatrice qui entraîne avec elle toutes les énergies, rallie tous les efforts, réprime toutes les résistances, retienne ceux qui vont trop loin, excite ceux qui traînent, ramène ceux qui s'écartent, enfin, imprime à l'enseignement tout entier une direction régulière et forte.

sance de l'organisation actuelle de l'Inspection générale. Dépositions de MM. Gréard, E. Dupuy, E. Manuel, Lavisse, etc.

1. Cf. *Enquête*. Déposition de M. E. Dupuy.

§ 4. — Il faut avouer, d'ailleurs, à la décharge du personnel des lycées et des chefs de ce personnel, que 'ni l'un ni les autres n'ont été soutenus dans leur tâche par la sympathie de l'opinion. Or, il n'est pas actuellement de pire conjoncture, pour une entreprise d'ordre général, que l'indifférence du grand public. Aujourd'hui, on peut tout avec l'opinion publique; on peut beaucoup contre elle; sans elle, on ne peut rien.

On l'a bien vu pour l'Enseignement primaire. Pourquoi cet Enseignement a-t-il réussi à se constituer, à s'organiser si promptement à la fois et si fortement? C'est surtout parce que l'opinion s'est passionnée en sa faveur, qu'elle a, par ses applaudissements, encouragé les hommes qui s'employaient à cette grande tâche, qu'elle les a portés, pour ainsi dire, sur son courant irrésistible. Il n'était pas alors de conseiller municipal, même illettré, qui ne montrât avec orgueil l'école de son village, qui ne vantât — sans les comprendre toujours — les bienfaits de l'instruction populaire, qui ne fût prêt à contribuer de ses propres deniers à la grande œuvre. Quoi d'étonnant dès lors si les promoteurs de l'Enseignement primaire, soutenus par l'enthousiasme public, poussés par le souffle puissant sorti des profondeurs de l'âme nationale, sentant fixés sur eux les regards bienveillants et anxieux de leur pays, protégés contre les attaques et les calomnies isolées par la sympathie générale, aient pu faire en quinze ans les miracles que nous avons vus!

Rien de tel, malheureusement, ne s'est produit pour l'Enseignement secondaire. Ce n'est qu'une petite élite qui s'intéresse aux discussions soulevées à son sujet. Le pays ne s'en émeut guère. Chaque année, au moment du vote du budget, une joute oratoire rappelle au grand public qu'il existe une question de l'Enseignement secondaire ; et le public, aussitôt le scrutin terminé, se hâte de l'oublier, pour courir à des préoccupations plus à sa portée.

Car — il ne faut pas se le dissimuler — l'importance et la valeur propres des études secondaires sont hors de la portée du grand public. Les sympathies de la foule ne peuvent guère s'attacher qu'à des intérêts nets, précis, clairement et facilement saisissables. Que l'on apprenne à lire, à écrire, à compter, que l'on meuble son cerveau de notions de géographie, de chimie, d'hygiène et autres connaissances pratiques, à la bonne heure ! Voilà qui se comprend, ce sont là des connaissances d'une utilité immédiate et indiscutable. Mais que l'on emploie sept ou huit ans de sa vie à acquérir un savoir désintéressé, c'est-à-dire « inutile », c'est une chose qui passe l'entendement de la foule. Études de luxe, études d'oisifs, c'est de cette façon sommaire que l'opinion populaire se prononce sur l'enseignement des lycées.

Quant à la bourgeoisie que l'on appelle éclairée, celle qui, formant la majeure partie de la clientèle des lycées, devrait, semble-t-il, s'intéresser au sort des études libérales et classiques, comprend-elle bien la haute valeur de ces études ? Elle n'y voit que « la forme la plus honorable — la plus distinguée — de l'Enseignement secondaire », et n'a pour cette forme qu'un attachement de préjugé. Elle défend l'enseignement gréco-latin par une sorte de « respect pharisaïque[1] », non par

1. Ch.-V. Langlois, *La Question de l'Enseignement secondaire.* (*Revue de Paris* du 1er janvier 1900, p. 147 et 148.)

conviction réfléchie et vaillante. C'est dire qu'elle ne saurait être qu'un mauvais défenseur.

Indifférent à la foule, incompris de la bourgeoisie, par qui l'Enseignement secondaire serait-il défendu contre les attaques passionnées dont il est l'objet? Car il a de nombreux adversaires. Beaucoup de démocrates et de socialistes lui reprochent de s'adresser à une élite, d'être entre les enfants du peuple et un grand nombre de fonctions libérales un obstacle, et de perpétuer ainsi les divisions de classes. Il a aussi contre lui tous ceux qu'hypnotise, en notre époque positive, le souci de la prospérité matérielle. Ces théoriciens de la « lutte pour la vie » s'accommodent mal d'un enseignement tout pénétré d'idéalisme, qui, dédaigneux des intérêts pratiques, vise à former des hommes épris de hautes idées et de nobles sentiments, plutôt qu'à façonner d'industrieux colons, de subtils commerçants, des hommes d'affaires entendus.

Enfin, notre Enseignement secondaire a encore à subir le contre-coup des luttes politiques et religieuses qui agitent notre société. En un temps où les opinions les plus diverses se heurtent si violemment, s'exaspèrent dans d'âpres luttes, il est impossible qu'un enseignement qui prétend toucher les fibres profondes de l'intelligence, — quelles que soient d'ailleurs sa prudence et son impartialité — ne blesse des susceptibilités chatouilleuses et ne choque des préjugés défiants. C'est bien ce qui arrive à l'Enseignement secondaire. Il a beau se dire et être neutre, il ne réussit qu'à se faire reprocher cette neutralité comme le plus impardonnable de ses méfaits. La moitié — ou peu s'en faut — des fils de la bourgeoisie déserte les lycées pour les établissements privés, surveillés par l'Église. Entre l'enseignement libre et l'enseignement public, c'est une concurrence acharnée, une lutte sans merci, où le beau rôle, peut-être, est à l'enseignement public, mais l'avantage à l'enseignement libre.

Ainsi l'Enseignement secondaire est attaqué par de nombreux et habiles adversaires, et mal soutenu par quelques tièdes défenseurs. Entre les deux partis, de forces si disproportionnées, l'opinion publique reste indifférente, sans comprendre la valeur de l'enjeu.

Mais il est toujours temps d'en appeler de l'opinion publique mal informée à l'opinion publique mieux informée. On peut le tenter du moins; et ce devrait être la tâche de tous ceux qui savent la suprême utilité de l'éducation libérale que de chercher à émouvoir en sa faveur la sollicitude toute-puissante de l'opinion. Alors, mais seulement alors, — quand le public se sera repris d'intérêt et de sympathie pour notre Enseignement secondaire —, on pourra tenter sa réorganisation. Il faudra bien comprendre que ce ne sont pas des réformes partielles qui pourront lui rendre sa sève et sa force. C'est par le dedans qu'il faut le reconstituer, c'est une âme qu'il faut lui redonner. Et, du même coup, il retrouvera l'harmonie et l'unité. Mais, à son tour, cette unité profonde ne peut se réaliser que par l'union des pensées et des efforts. En matière de pédagogie plus qu'en aucune autre, l'incertitude et l'incohérence sont fatales au succès. Il faut qu'un but unique, nettement défini, soit placé devant tout les esprits, attire toutes les énergies, coordonne tous les actes. Le premier moyen de réorganiser l'Enseignement secondaire sera donc, en somme, de préparer les professeurs à leur tâche en les pénétrant d'un même esprit professionnel, des mêmes principes pédagogiques, en faisant d'eux les représentants d'une même doctrine générale d'éducation. Telle est la vraie réforme, la seule vraiment efficace et féconde. Quand elle sera accomplie, le reste viendra de soi-même et à son heure.

Avons-nous besoin de dire qu'en écrivant ces lignes, nous n'avons pas eu l'intention de remplir un si vaste programme? Nous avons voulu simplement proposer à nos collègues, aux amis de l'Université, et — pourquoi ne pas dire toute notre ambition? — à tous les hommes soucieux de l'avenir de notre démocratie, quelques idées qui pourront peut-être servir de point de départ à leurs réflexions personnelles. — Nous nous estimerions trop heureux si nous avions pu susciter chez quelques-uns le désir de mettre leur talent au service d'une cause que nous croyons bonne.

LIVRE I

LE RÔLE SOCIAL
DE L'ENSEIGNEMENT SECONDAIRE

CHAPITRE I

La clientèle de l'Enseignement secondaire.

Les défauts et l'impuissance de notre Enseignement secondaire actuel viennent, nous pensons l'avoir montré, de ce vice originel : l'absence d'une doctrine générale d'éducation. On élabore des programmes, on réglemente les études, on inspecte les professeurs; on n'oublie qu'un point, c'est de déterminer le but précis des études secondaires. Ne faudrait-il pas cependant, en bonne logique, s'entendre sur la *fin*, avant de délibérer sur les *moyens*, et savoir *ce* qu'on veut faire, avant de chercher *comment* on le fera?

Quand d'ailleurs on s'est posé la question — car cela est arrivé — pourquoi faut-il qu'on l'ait résolue à la légère et comme en courant, sans voir qu'elle est la première et l'essentielle? Ou plutôt elle est, à vrai dire, la question unique. Elle contient toutes les autres, comme le théorème contient les corollaires. Dans la solution qu'on lui donne sont implicitement engagées les solutions de tous les problèmes particuliers.

Posons-nous donc cette question : quelle est la fin que doit poursuivre l'Enseignement secondaire? Et tâchons de lui trouver une réponse précise.

I

Mais, dès l'abord, on conteste à la pédagogie, sinon le droit de poser, du moins le pouvoir de résoudre cette question préjudicielle. D'après les partisans de la pédagogie scientifique, l'objet de la pédagogie est, non pas de déterminer la fin que doit se proposer l'éducation, mais seulement d'étudier « les moyens de constituer les facultés acquises des êtres humains [1] ». L'être humain est doué de la propriété d'acquérir des connaissances et de perfectionner ses facultés. Quelles sont la nature, la puissance, les limites de cette « propriété plastique de l'esprit [2] », quelles sont les connaissances et les facultés susceptibles d'être acquises et perfectionnées, quelles sont, parmi ces acquisitions possibles, celles « que tous les hommes s'accordent à reconnaître comme nécessaires »[3], quels sont les moyens les plus prompts et les plus commodes pour les faire acquérir à l'enfant, tels sont les principaux chapitres d'un traité de l'éducation. Ainsi comprise, la pédagogie se place sur un terrain solide, celui de l'expérience ; elle devient une science. Quant à rechercher quel est le but de l'éducation, à se demander si ce but est le bonheur ou la perfection de l'homme, c'est un problème qui « appartient à d'autres sciences », et dont la place « est dans les traités de morale et de théologie [4] ». Comme d'ailleurs « ces sciences n'ont pu y donner de réponses

---

1. A. Bain, *La Science de l'éducation*, p. 7.
2. *Ibid.*, p. 6.
3. *Ibid.*, p. 5.
4. *Ibid.*, p. 5.

claires et unanimes, le maître ne peut être tenu de remplir cette lacune [1] ». Bannissons donc toute recherche de cet ordre. La pédagogie doit s'abstenir de toute métaphysique [2].

Sur quels arguments s'appuie-t-on, en définitive, pour dénier à la pédagogie le droit de rechercher la fin de l'éducation ? C'est d'abord que cette question est très difficile à résoudre. Argument paresseux, nous semble-t-il. — Cet autre est-il meilleur : exclure de la pédagogie le problème métaphysique, c'est la constituer comme science ? Mais n'est-ce pas là mal raisonner ? Qui empêche en effet la pédagogie, après qu'elle a déterminé, par la méthode *à priori* de la métaphysique, le but de l'éducation, d'étudier, suivant la méthode *expérimentale* de la science, tous les problèmes énumérés par Bain ? La question toute théorique de la *fin* de l'éducation n'exclut pas la question toute pratique des *moyens* de l'éducation, pas plus que la méthode *à priori*, employée dans l'étude de la première question, où elle est de mise, n'est exclusive de la méthode *expérimentale*, appliquée à la seconde, pour laquelle seule elle est qualifiée.

La pédagogie d'ailleurs ne peut pas éviter ce problème fondamental sans s'exposer à une objection dirimante. Les faits dont elle a à connaître ne sont pas de même nature que ceux qui font l'objet des sciences physiques et naturelles. Ces dernières étudient les phénomènes naturels, c'est-à-dire des phénomènes nécessaires. La pédagogie, au contraire, a pour objet l'éducation,

1. A. Bain, *La Science de l'éducation*, p. 5.
2. Cette thèse est reprise par les pédagogues contemporains qui se proposent de fonder la pédagogie exclusivement sur la « psychologie » de l'enfant.

non pas cette éducation naturelle et fatale que donnent les choses, mais l'éducation volontaire et réfléchie que donnent les maîtres. Elle n'est pas une science du fait, mais une science du droit. Elle ne se propose pas d'étudier ce qui est; elle a pour objet de déterminer ce qui doit être. Il est sans doute intéressant, il est utile, il est nécessaire même d'étudier, de comparer les procédés d'éducation usités ou possibles; mais toutes ces recherches reposent sur ce postulat, que l'éducation est désirable, qu'il est bon d'élever les enfants. Or ce postulat a besoin d'être démontré[1]; car il n'est pas marqué du caractère d'évidence. Tant qu'un doute planera sur lui, toutes les recherches de la science pédagogique pourront paraître vaines et illégitimes. La première démarche de la pédagogie doit consister à exposer ses titres, à se justifier elle-même. Elle ne saurait en conséquence éviter de répondre à cette question : Pourquoi faut-il élever? ou, en d'autres termes : Quel est le but de l'éducation?

A cette question, deux réponses opposées sont faites aujourd'hui. La fin de l'éducation, disent les uns, c'est d'assurer le progrès social. « L'éducation est la culture que chaque génération donne à celle qui doit lui succéder, pour la rendre capable de conserver les résultats des progrès qui ont été faits, et, s'il se peut, de les porter plus loin[2]. » — La fin de l'éducation, disent les autres, est de développer l'individu, de porter au maximum son énergie et sa

___

1. On sait de reste que J.-J. Rousseau et les partisans de « l'éducation négative » contestent la légitimité de l'éducation.
2. Stuart Mill, cité par Bain, *La Science de l'éducation*, p. 4.

puissance. — Entre ces deux théories, l'éducation pour la société, l'éducation pour l'individu, nous avons à choisir.

Il faut élever l'enfant pour la société, la fin de l'enseignement est de former des citoyens, telle est la théorie que l'on peut appeler socialiste. Comment en effet l'enseignement pourrait-il s'adresser à l'individu? L'individu n'existe que par la société. Retirez de l'individu les idées, les sentiments, les facultés dont il est redevable à la société, soit par hérédité, soit par éducation, il ne reste rien. L'individu n'est rien sans la société. Il est donc juste de développer les puissances de l'individu, puissances qu'il tient de la société, de manière qu'elles contribuent au progrès social, c'est-à-dire de manière qu'elles retournent à la société. — Cette théorie se retrouve, sous une forme plus ou moins enveloppée, au fond d'un grand nombre de conceptions pédagogiques actuelles. C'est elle qui inspire aux modernes partisans de l'éducation utilitaire leurs critiques contre notre Enseignement classique. Le pays, disent-ils, vit « de bonne soupe et non de beau langage »; il a besoin de commerce, d'industrie, de colonisation. Que l'Université nous fasse donc des commerçants, des industriels, des colons. Qu'elle élève nos enfants, non pour eux-mêmes, mais pour le plus grand profit du pays. — C'est encore à cette même théorie de l'éducation que se réfèrent, qu'ils s'en doutent ou non, tous ceux — et ils sont légion — qui veulent modeler l'enseignement sur l'ordre social actuel. Ceux-là demandent à l'Université d'épouser les idées et les sentiments des familles qui lui confient leurs enfants, d'élever la bourgeoisie de demain dans les principes et les façons de penser de celle d'aujourd'hui [1]. Selon eux, la fonction propre des maîtres consiste à assurer le maintien de l'ordre, c'est-à-dire du *statu quo*. Tandis que d'autres représentants de la société font la police de la rue, les professeurs sont chargés de la police des cerveaux. Leur consigne doit être de ne pas laisser circuler, dans les jeunes esprits, d'idées subversives de la paix sociale.

Accepterons-nous cette théorie? Admettrons-nous que l'enseignement ait pour fin de préparer le citoyen? — D'abord, une telle conception se heurte, en ce qui concerne l'organisation de l'enseignement, à de très grandes difficultés pratiques. La société, nous dit-on, est la seule réalité. L'individu n'est qu'un organe du corps social. Or, la seule raison d'être de l'organe est de bien remplir sa fonction propre. C'est donc à préparer l'individu, organe social, à sa fonction, que doit s'employer l'éducation. Mais les fonctions de la société, déjà aujourd'hui si nombreuses et si diverses, continueront, selon toute vraisemblance, à se différencier de plus en plus. Pour chacune de ces fonctions cependant un enseignement approprié est nécessaire. On devra donc, si l'on veut élever l'individu pour la société, fragmenter à l'infini l'enseignement. Ce n'est pas seulement en quelques grands types, type agricole, type industriel, type commercial, type politique, type littéraire, etc., qu'il faudra le diversifier. Dans chacun de ces genres, de nouvelles espèces devront être créées. Car l'enseignement qui convient au filateur n'est pas celui qui convient au verrier ou au métallurgiste. Nous sommes condamnés, par la théorie socialiste, à établir

1. Cf. P. Lapie, *La Justice par l'État*, p. 20.

un nombre considérable de types divers d'enseignement, et même — à prendre les choses en toute rigueur
— à créer autant d'enseignements qu'il existe de fonctions sociales diverses. Une telle organisation est impra-
ticable.

Au surplus, la thèse qui fait de la société un être réel
est loin d'être solide. Elle se débat contre de très graves
objections. Et, dès lors, il est bien imprudent de suspen-
dre à cette thèse — disons plutôt à cette hypothèse —
l'organisation de notre Enseignement secondaire.

Le but de l'éducation, nous dit-on d'autre part, est
de former l'individu. C'est l'individu qui est l'élément
premier et irréductible. La société n'existe que par et,
par conséquent, pour les individus. Le progrès social
ne doit pas être détaché des individus et attribué à un
être chimérique, la Société ; il n'est que la résultante
des progrès individuels. C'est donc le progrès individuel, et lui seul, qu'il faut poursuivre. Affranchir
l'individu des contraintes de toutes sortes qui limitent
son expansion, fournir à toutes ses puissances les aliments qui les peuvent nourrir et accroître, exalter son
énergie, la porter à son maximum d'intensité, tel est le
but que doit se proposer le maître.

Cette conception individualiste de la pédagogie trouve
aujourd'hui de nombreux partisans. C'est elle que défendent les admirateurs de l'éducation anglo-saxonne. C'est
d'elle aussi que se recommande — au prix de quelles
contradictions, nous essaierons de le montrer — l'éducation utilitaire que prône Spencer[1]. N'a-t-elle pas pour

1. Cf. l. II, ch. I.

but, cette éducation utilitaire, d'apprendre à l'homme « à vivre de la vie complète », « d'obtenir une complète préparation de l'homme à la vie tout entière[1] »? — Et c'est encore cette théorie individualiste que professent les socialistes modernes, préoccupés d'assurer à l'individu, par la socialisation du sol, des instruments de production, de l'éducation, le maximum de puissance et de jouissance.

Telle que nous venons de la présenter, cette théorie individualiste offre prise à bien des difficultés. D'abord, un enseignement organisé d'après elle nous semble devoir produire un résultat directement opposé à celui qu'on en attend. Développer toutes les puissances des individus, exalter sans mesure toutes les facultés, favoriser l'expansion de toutes les forces individuelles, n'est-ce pas ouvrir une ère de conflits qui doit se terminer par l'écrasement des plus faibles, n'est-ce pas déchaîner la violence, préparer le règne de la force, décréter la ruine d'un nombre considérable d'individus?

Ajoutons que la thèse individualiste néglige une des données essentielles du problème. Tout en lui accordant son postulat, à savoir que l'individu est un être réel, élément premier et irréductible, encore ne devons-nous pas oublier que cet individu vit avec ses semblables, et qu'il est impossible, en fait, de ne pas tenir compte de cette aptitude sociale. Une pédagogie qui prétend élever les individus exclusivement pour eux-mêmes, comme s'ils n'étaient pas les membres d'une société, est forcément incomplète.

1. Spencer, *De l'Éducation physique, intellectuelle et morale*, p. 12, 17.

Par les critiques que nous avons adressées à ces deux théories opposées, on peut prévoir que nous adopterons une solution intermédiaire; ou plutôt nous accepterons la thèse individualiste, mais amendée et fortifiée contre les objections auxquelles l'exposent de compromettants défenseurs.

Comme les individualistes, nous repoussons l'idée d'une Société-personne, sorte de grand Être ayant des fonctions propres, des lois originales, des principes de vie et de développement étrangers et comme extérieurs aux individus qui le composent. Comme les individualistes, nous admettons que « la société ne serait pas née si les hommes ne l'avaient pas appelée à vivre, et que c'est de la vie des hommes que perpétuellement elle s'entretient[1] ». Comme les individualistes, enfin, nous déclarons que, l'individu ayant seul une vie propre, c'est à lui seul que doit s'adresser l'enseignement. La fin de l'éducation est de former des individus.

Mais nous n'admettons pas que ce soit l'individu tout entier, dans l'intégrité de ses fonctions et de ses besoins, que doive développer l'éducation. Ce qui fait de l'individu un être original, irréductible, contre lequel aucune utilité sociale, aucun prétendu intérêt d'État ne saurait prévaloir, c'est sa qualité d' « agent moral ». Parmi les puissances de l'individu, celles-là seules qui constituent la « personne » peuvent fonder sa dignité éminente et son droit. C'est donc à la personne morale, non à l'individu que s'adressera l'enseignement. La fin de toute éducation et de tout enseigne-

____

1. Delbos, *Discours à la distribution des prix du concours général de l'année 1898.*

ment est de former, de développer en chaque individu la personne.

Cette fin, chaque ordre d'enseignement la poursuit par ses moyens propres. L'Enseignement primaire, obligé de se hâter, ne peut employer les mêmes moyens que l'Enseignement secondaire, qui a tout le loisir de parfaire sa tâche, ni que l'Enseignement supérieur, qui s'adresse à des personnes déjà formées. De là une première différenciation des Enseignements.

En voici une seconde. Cette personne, que l'éducation a pour fin de constituer, s'est associée, par un contrat librement consenti, à d'autres personnes. L'objet de ce contrat est d'assurer à tous les associés, par la mise en commun des ressources individuelles, la possibilité de devenir des agents moraux. La justice, qui préside aux clauses du contrat, veut que chaque individu, puisqu'il reçoit des autres individus les moyens de développer en soi la personne, leur donne en retour tous les moyens dont il dispose. Ainsi l'agent moral reçoit l'aide et doit l'aide. Il a un droit, mais il a aussi un devoir. Ce devoir social, identique en son essence pour tous les individus, varie dans ses modalités. Il est proportionné aux forces de chacun, à ses aptitudes, à ses moyens d'action, à sa situation par rapport aux autres associés [1].

L'enseignement n'a donc pas rempli toute sa tâche quand il a formé la personne. Il lui incombe encore de donner à chacun les moyens de remplir son devoir social. Comme ce devoir varie avec les individus, l'enseignement doit se différencier en autant de types

1. Pour l'exposé de cette théorie sociale, cf. Henry Michel, *L'Idée de l'État, Conclusions,* et Ch. Renouvier, *La Science de la morale.*

qu'il y a, dans une société donnée, de devoirs sociaux distincts.

Nous n'avons pas à énumérer ces devoirs ni à tracer un plan complet d'éducation de notre démocratie. Nous n'entendons parler que de l'Enseignement secondaire, et il nous semble qu'à la question que nous posions tout à l'heure : quel est le but de cet Enseignement? nous pouvons faire maintenant une réponse précise. L'Enseignement secondaire a pour but, d'abord d'aider ses élèves à devenir des personnes morales, ensuite de leur donner les moyens de bien remplir leur devoir social.

Laissons de côté le premier point, sur lequel nous reviendrons plus tard[1], et demandons-nous maintenant quel est le devoir social des individus que l'Enseignement secondaire a pour tâche de former.

II

L'Enseignement secondaire s'adresse-t-il à une catégorie sociale homogène?

On conçoit que la question est d'importance. Si notre Enseignement secondaire s'adresse, non à un groupe social, mais à des groupes sociaux nettement tranchés, si les individus qu'il élève doivent, dans notre démocratie, occuper des situations sociales très diverses et qui leur créent des devoirs sociaux différents, il faut de toute nécessité qu'il se scinde en plusieurs Enseignements distincts. Si au contraire les enfants qui viennent dans nos lycées et nos collèges sont appelés à remplir le même devoir social, un seul Enseignement suffira.

1. Cf. Conclusions du Livre II. — I, § 3.

L'Enseignement secondaire, qu'il soit classique, qu'il soit moderne, s'adresse à cette portion de la jeunesse qui peut prolonger ses études jusqu'à l'heure du service militaire. Sans doute, ces jeunes gens sont bacheliers dès l'âge de dix-sept ou de dix-huit ans. Mais le baccalauréat, le moderne pas plus que le classique, ne leur ouvre une carrière ni ne leur assure une situation. Ce n'est qu'une première étape, après laquelle il leur faut repartir « à la conquête d'une position sociale », et pour cela, d'abord, acquérir les connaissances techniques nécessaires à l'exercice d'une profession. L'acquisition de ces connaissances techniques exige deux ou trois ans d'études complémentaires. L'élève qui vient dans nos lycées est celui qui peut attendre jusqu'à vingt-deux ans le moment de gagner sa vie[1].

On nous dira que quelques-uns de nos élèves, pressés par les nécessités de la vie, quittent le lycée plus tôt. Dans l'Enseignement moderne, un assez grand nombre d'enfants n'achèvent pas le cycle des études et s'arrêtent après la classe de troisième, c'est-à-dire à l'âge de quinze ou de seize ans[2]. — A cela nous répondrons que ce n'est pas sur les exceptions qu'il faut déterminer le type normal de l'élève de l'Enseignement secondaire. Nous ajouterons que l'Enseignement secondaire n'a pas charge de satisfaire de tels besoins. C'est l'affaire de l'Enseignement primaire supérieur, ou de l'Enseigne-

---

1. Cette manière de définir l'Enseignement secondaire en fonction pour ainsi dire de ceux qui s'adressent à lui, nous semble la seule juste. Cf. Ch.-V. Langlois, *La Question de l'Enseignement secondaire* (*Revue de Paris* du 1ᵉʳ janvier 1900, p. 117) — et la déposition de M. Buisson dans *l'Enquête parlementaire*.

2. C'est en vue de ces élèves qu'on a créé, à titre d'essai, *les Troisièmes modernes B*.

ment professionnel. Si les jeunes gens obligés de subvenir tôt à leurs besoins s'adressent pourtant à nos lycées, c'est parce que l'instruction intermédiaire qu'ils désirent est mal donnée par l'Enseignement primaire supérieur et l'Enseignement professionnel. Mais l'Enseignement secondaire ne saurait être tenu de réparer les insuffisances des autres Enseignements.

De ce que l'Enseignement secondaire est destiné aux enfants qui peuvent consacrer à leurs études une quinzaine d'années, faut-il conclure qu'il est accessible seulement à cette partie de la population à laquelle appartient, sinon la fortune, au moins l'aisance? On sait suffisamment que non. Par l'institution dés bourses, nombre d'enfants du peuple entrent dans nos lycées. L'humilité de la condition sociale n'est pas toujours et sera de moins en moins un obstacle entre les classes pauvres et les études secondaires. La clientèle de l'Enseignement secondaire se recrute aujourd'hui à la fois dans la bourgeoisie et dans le peuple. Devons-nous, en présence de cette diversité d'origine, renoncer à établir un type unique d'enseignement?

Nous ne le croyons pas. Peu importe, en effet, que nos élèves ne soient pas issus d'un même groupe social si, à leur sortie du lycée, ils entrent dans le même groupe social. Or on ne peut nier que, dans une démocratie comme la nôtre, l'instruction, ou plutôt la culture, ne soit devenue le facteur le plus important, et comme le principe de la classification sociale. Par conséquent, le fait même que les élèves de l'Enseignement secondaire ont reçu la même instruction, la même culture, nous est un garant qu'ils feront partie d'un même groupe social [1].

Si, en effet, on s'enquiert de ce que deviennent les élèves de l'Enseignement secondaire, on constate que tous ou presque tous occupent, dans la société, une situation moyenne. Sans doute il y a des exceptions; accordons-les aussi nombreuses qu'on voudra. Admettons que, parmi nos élèves, quelques-uns, beaucoup même, servis par des dons exceptionnels ou poussés par le bon vent de la fortune, puissent conquérir droit de cité dans l'élite intellectuelle ou dans l'aristocratie riche. Admettons encore, quoique le cas soit sans doute plus rare, que les « fruits secs » des lycées, de degré en degré, descendent parfois au plus bas de l'échelle sociale. Il n'en demeure pas moins vrai, d'une manière générale, qu'au sortir des lycées la très grande majorité des jeunes gens deviennent naturellement les titulaires des emplois moyens du commerce, de l'industrie et des administrations publiques ou privées, de la presque totalité des professions dites libérales, en un mot de toutes les situations qui réclament une culture moyenne et assurent une condition moyenne.

1. Nous accordons volontiers que la richesse, autant peut-être que l'instruction, semble être aujourd'hui le principe de la classification sociale. Les divisions les mieux fondées que l'on puisse établir dans notre démocratie sont peut-être celles qui répartissent la nation en classes riches, classes aisées, classes pauvres. Mais cette concession ne va pas si loin qu'on pourrait croire. Le travail est devenu et devient de plus en plus la vraie source de la richesse. Le capital lui-même ne se maintient et ne s'accroît que par le travail. Aussi la science, ou plutôt la culture intellectuelle, qui rend le travail plus productif, est-elle devenue la véritable créatrice de la richesse. C'est bien la richesse qui assigne les rangs sociaux, mais c'est la science qui crée la richesse. Et le degré de culture demeure bien, en dernière analyse, le vrai principe de la hiérarchie sociale.

Ainsi, qu'ils sortent du peuple, qu'ils viennent de la bourgeoisie, nos élèves, une fois leurs études finies, entrent presque tous, sans distinction d'origine, dans une zone sociale moyenne, zone dont les limites sont à la vérité assez flottantes, et à laquelle nous donnerons le nom de *classes moyennes*.

On nous objectera que ce nom de classes moyennes évoque l'idée d'un groupe social stable, nettement délimité, ayant un esprit, des traditions, une sorte de physionomie héréditaire, tous caractères que l'on ne saurait plus attribuer aujourd'hui à cette portion moyenne du contingent social que nous avons en vue.

Cela est vrai. Nos classes moyennes ne sont plus ce qu'elles étaient autrefois, ce qu'elles étaient, par exemple, sous la monarchie de Juillet : une catégorie sociale aux limites précises et comme immobiles. Par de continuels échanges avec le peuple et avec l'élite, elles se renouvellent incessamment, se font et se défont à chaque génération. Elles sont devenues mobiles et instables, et par conséquent hétérogènes. — Toutefois, il ne faudrait pas exagérer cette mobilité des groupes sociaux modernes. Nous pourrions -- et la chose ne serait pas très malaisée — montrer que, s'il n'y a plus maintenant d'aristocratie, de bourgeoisie, de peuple, au sens ancien de ces mots, les catégories sociales qui correspondent à ces divisions abolies sont encore, malgré les apparences, assez stables pour qu'on puisse leur appliquer, à l'heure où nous sommes, le nom de classes[1]. Sans doute il s'opère entre ces divers groupes

---

1. « Dans toute société qui dure, une certaine hiérarchie des conditions et des rangs s'établit et se perpétue. » Guizot, *Histoire de u Civilisation, Préface.*

des échanges fréquents, moins fréquents toutefois qu'on ne le dit. Dans les provinces surtout, où la transformation sociale est plus lente, subsistent, vivants encore, sinon intacts, l'esprit, les traditions, les caractères des anciennes classes. Au centre des nouveaux groupements persistent les éléments les plus résistants des anciens, qui attirent les unités diverses venues des classes voisines, les pénètrent des mêmes idées, des mêmes manières de juger et de sentir, les imprègnent de l'esprit dont ils ont eux-mêmes hérité, et, finalement, les assimilent. Ce n'est pas un abus de mot que d'appeler ces groupes sociaux du nom de classes.

Mais, sans insister sur cette idée, nous dirons simplement que l'expression de *classes moyennes* s'applique, dans notre pensée, à l'ensemble des groupes qui occupent la zone intermédiaire de notre société. Si d'ailleurs on nous demande à quel critère nous nous référons pour déterminer les limites de ces classes moyennes, nous répondrons qu'il est d'autres signes, moins précis assurément, moins matériels que la naissance ou le cens, mais tout aussi réels et, en l'espèce, suffisants. Il nous semble en effet que, à la condition de ne pas prétendre à une précision illusoire et de se résigner à des approximations suffisamment exactes, il est possible de donner des classes moyennes une définition juste en les caractérisant notamment par le degré de culture, la profession, la situation de fortune, la nature morale et l'influence sociale.

Lorsque nous disons : un homme des classes moyennes, nous avons tous dans l'esprit un certain portrait-type, dont les traits sont empruntés de ci, de là, à des individus réels de notre classe moyenne actuelle, et ces traits sont assez nets et assez facilement reconnaissables. C'est d'abord l'instruction, une instruction plus étendue que ne l'exigent les besoins stricts de la vie matérielle, et où trouvent place en assez grand nombre les notions « désintéressées ». C'est ensuite une profession telle que, tout en imposant la bienfaisante discipline du travail, elle permette la détente salutaire du loisir. C'est aussi une certaine aisance, grâce à laquelle la pensée, exempte du souci pressant du pain quotidien, garde une sorte de liberté; mais qui, par sa modicité, interdit cependant la frivolité et l'insouciance. C'est enfin, comme un produit naturel de ces trois facteurs, une sorte de physionomie morale assez neutre, assez incolore, où les vertus courantes, ou plutôt certaines habitudes de prudence, de sagesse, de persévérance, de probité, voire même de désintéressement, sont un peu amorties et, pour ainsi dire, comme effacées par une pusillanimité, une lenteur routinières. Et c'est enfin et surtout la conscience de ces mérites et de ces avantages, le sentiment des obligations qu'ils imposent et le désir de les remplir, en un mot, le sens et le goût de l'action sociale et politique.

On ne saurait certes prétendre qu'il faille de toute nécessité réunir pleinement tous ces caractères, pour appartenir aux classes moyennes. Il suffit de quelques-uns d'entre eux, il suffit même d'un seul, pourvu qu'il se présente dans son intégrité et que d'ailleurs il ne soit pas contredit et effacé par d'autres caractères opposés. Chaque membre des classes moyennes l'est à sa façon, avec sa nuance propre et pour des raisons particulières. Très peu réalisent pleinement le type de l'espèce. Giboyer, par exemple, tout besogneux, tout bohème, tout

« déclassé » qu'il soit en apparence, est cependant, de par son intelligence active, ingénieuse, subtile, un homme des classes moyennes.

Peut-être admettra-t-on qu'expliquée ainsi, assouplie à la fois et enrichie, l'expression de « classes moyennes » correspond à une réalité vivante. Elle désigne toute la série des groupes sociaux placés entre l'élite et la foule, c'est-à-dire la plus grande partie des commerçants et des industriels moyens, les propriétaires aisés, presque tous les fonctionnaires, les détenteurs des emplois des administrations privées, les petits rentiers, etc. Si l'on admet cette définition, il semblera sans doute exact de dire que l'Enseignement secondaire s'adresse aux classes moyennes, puisque c'est lui qui, à chaque génération, les recrute et les forme. Et s'il est vrai enfin que cet Enseignement a pour tâche de préparer ces classes à leur rôle social, on voit que le premier souci de ceux qui le dirigent doit être de s'enquérir de la nature de ce rôle. Nous sommes donc amenés à nous poser cette question : Quel doit être, dans notre société, le rôle des classes moyennes?

Nous disons : quel *doit être*, et non pas, quel *est*. Il ne s'agit pas, pour le moment, de savoir quel rôle effectif jouent actuellement les classes moyennes, mais de rechercher lequel leur est théoriquement assigné dans notre démocratie. Nous ne voulons pas constater leur état réel, mais déterminer leur fonction idéale dans une société donnée.

III

Notre société est une démocratie, c'est-à-dire une nation qui se gouverne elle-même, s'étant reconnue seule maîtresse de ses destinées et revendiquant l'unique et absolue souveraineté. Cette souveraineté, elle ne l'exerce pas directement — ce qui était à la rigueur praticable dans les petites républiques oisives de l'antiquité, mais est matériellement impossible dans notre société affairée et compacte. Elle la délègue, pour un certain temps, à des représentants élus par elle et justiciables d'elle. Ces représentants font la loi. La loi n'est que la volonté nationale exprimée et fixée; et le pouvoir exécutif et le pouvoir judiciaire sont institués à seule fin de faire exécuter et respecter cette loi.

Notre société est donc organisée, aménagée en fonction de la volonté nationale. Cette volonté est le principe, l'âme de notre régime politique. Si elle venait à défaillir ou à manquer, les rouages de la machine pourraient peut-être fonctionner encore, mais ils fonctionneraient à vide et ne tarderaient pas à se fausser.

On conçoit dès lors combien il est nécessaire que cette volonté nationale soit sage, judicieuse, prévoyante, animée d'une saine raison politique. Elle est le seul pouvoir réel, et le régime démocratique ne vaut que ce qu'elle vaut elle-même. Elle est la sève vivante et vivifiante sans laquelle toutes les institutions et toutes les lois ne seraient qu'une végétation morte.

Or, à quelles conditions la volonté nationale peut-elle être ce principe de vie? Évidemment, et c'est sa définition même, à la condition qu'elle veuille le bien de la nation tout entière, non celui de tels ou tels individus, de telle ou telle classe. Si, en effet, elle se met au service d'intérêts privés, si elle se fait l'instrument des désirs, des passions d'une majorité, elle cesse d'être véritablement nationale; au lieu d'exprimer la règle librement consentie et acceptée par tous, elle n'exprime plus que l'ordre tyrannique de quelques-uns. Elle n'est donc vraiment elle-même que si elle s'attache seulement aux intérêts collectifs et permanents de la nation, que si elle place le souci de tous avant celui des individus ou des partis [1].

C'est ce que Montesquieu exprimait en disant que le ressort du régime démocratique est la *vertu*, c'est-à-dire l'amour de la « personne publique ». « Cet amour, dit-il, est singulièrement affecté aux démocraties. Dans elles seules, le gouvernement est confié à chaque citoyen. Or, le gouvernement est comme toutes les choses du monde : pour le conserver, il faut l'aimer [2] ».

La volonté nationale n'a donc d'autre objet que les intérêts généraux, communs à tous les citoyens. Mais de pareils intérêts existent-ils? Peut-on parler encore d'intérêts communs dans une société où les individus sont si dissemblables? Certes, au milieu du déchaînement de nos égoïsmes, de l'expansion déréglée de nos individualités, nous avons singulièrement mis en oubli ces grands intérêts qui sont ceux de la patrie elle-même, de la civilisation, de l'humanité tout entière. Ils existent pourtant, méconnus, mais puissants encore; ils conti-

---

1. C'est la définition que J.-J. Rousseau donne de la volonté générale. Cf. *Contrat social*, l. II, ch. III.
2. *Esprit des Lois*, l. IV, ch. V.

nuent, à établir entre nos « moi » isolés des liens cachés, indissolubles, à faire de chacun de nous les citoyens d'une même patrie; ils sont, à notre insu, le ciment de notre nation.

Ces grands intérêts collectifs, quels sont-ils donc, et comment les définirons-nous? — Ce sont d'abord toutes les manifestations de la pensée nationale, tout ce qui constitue la vie intellectuelle de la nation, c'est-à-dire la science, la philosophie, la littérature, l'art; — la science, qui à tous les citoyens également et sans distinction dispense la vérité, aliment commun des esprits, et source de tous les progrès du bien-être général; — la philosophie, qui cherche infatigablement le sens de la vie et une interprétation totale de l'univers, où puissent s'unir toutes les intelligences; — la littérature, qui, dans son évolution incessante, traduit les idées, les sentiments, les aspirations d'un temps et d'un peuple, et offre à tous l'image de tous; — l'art enfin, qui, loin des haines privées, des luttes des partis, des divisions d'école, réconcilie les cœurs dans la contemplation bienfaisante et désintéressée de la beauté, et les arrache à la vie « individuelle » pour les élever à la vie « collective » et vraiment humaine. — Supprimez ces manifestations où la pensée d'un peuple prend conscience d'elle-même, du même coup vous brisez les liens qui retiennent ensemble les intelligences, vous reléguez chaque esprit dans un domaine obscur et fermé, vous détruisez la cité intellectuelle, qui est l'expression la plus haute et comme l'épanouissement de la cité politique.

Ces intérêts généraux et permanents, ce sont encore les grandes idées morales acquises péniblement au long de vingt siècles d'histoire, et qui, désormais établies au fond des consciences individuelles, constituent une conscience collective, la conscience de la nation. Ces idées guident la conduite d'un peuple, commandent ses actes, elles sont comme l'axe de sa vie, elles font de la personne publique une personne morale.

Certes, aucune idée n'est le monopole d'aucun peuple. N'est-il pas vrai cependant que des races semblent plus aptes que d'autres à concevoir et à propager certaines idées morales, ou, si l'on veut, que certains instincts moraux sont plus forts, plus impérieux, arrivent plus tôt à l'état conscient chez certains peuples? Les idées démocratiques de liberté, de justice, d'égalité, ne sont-elles pas *nôtres* en un sens, puisque c'est la France qui les a proclamées la première? Les autres nations les pressentaient, les devinaient, mais la conscience française les a faites siennes en y abordant avant elles. Et ces idées ne furent point une acquisition soudaine; ce ne fut point un hasard si notre pays en eut le premier la vision claire et distincte. Elles ont paru surgir violemment et impérieusement en 1789, dans l'âme française; mais, depuis des siècles, elles la travaillaient sourdement. Il est facile de suivre sous la multiplicité des événements leur obscur éveil, leur lente évolution, leur progrès pénible et souvent interrompu. Cet idéal démocratique est bien vraiment une conquête nationale, le bien de tous et de chacun. Conserver ce bien, le transmettre intact, en maintenant vivantes au fond des cœurs ces grandes idées, n'est-ce pas là un des soucis communs où doivent se réconcilier tous les citoyens?

Ces intérêts collectifs, ce sont encore le souvenir et le respect du passé national. L'avènement d'un peuple à la vie consciente n'est que le terme d'une longue série d'actes antérieurs ; l'existence d'une nation suppose une prodigieuse accumulation d'efforts, et comme un amoncellement de sacrifices. Efforts et sacrifices de tous pour tous dans le passé constituent en quelque sorte le capital moral d'un peuple, le patrimoine qui, enrichi des apports successifs des générations, assure son crédit et fait sa puissance. A chacun des moments de son existence, une nation hérite de son passé ; en chaque génération revit l'œuvre des générations précédentes. Dépositaires responsables de cette richesse nationale, ne devons-nous pas nous en faire les gardiens vigilants ? Ne devons-nous pas nous unir pour le culte des gloires publiques, avant de nous entre-déchirer pour la satisfaction de nos glorioles égoïstes ?

En même temps qu'une nation a son passé à défendre, elle a son avenir à préparer. Dans la vie des nations comme dans la vie des individus, chaque acte engage tous les actes à venir. L'homme qui ne prévoit pas, qui ne vit que dans le présent, court à une faillite assurée. De même, un peuple dont chaque génération ne vit que pour soi marche à une ruine certaine. Une nation ne peut vivre et prospérer que si elle prévoit, que si elle prépare, que si elle embrasse d'un cœur généreux « les longs espoirs et les vastes pensers ». Et la préparation de l'avenir est donc encore un de ces grands soucis où tous les citoyens sont également intéressés, et devant lesquels doivent s'effacer les préoccupations temporaires et les intérêts passagers.

Allons plus avant. Les productions intellectuelles d'une nation, ses idées morales, ses gloires passées, ses rêves d'avenir sont marqués du même sceau ; c'est qu'une nation est un « principe spirituel[1] », une âme, qui se manifeste et se révèle par chacun de ses actes. Chaque race est, par sa constitution spéciale, prédestinée à un rôle particulier. Les Grecs, d'esprit curieux, hardi et souple, furent merveilleusement propres à la culture des lettres et des arts. Les Romains, race patiente, énergique, disciplinée, ont appris au monde les vertus politiques et guerrières. De nos jours, l'Américain actif, inventif, pratique, propose à l'Européen l'exemple de sa vie indépendante et industrieuse. Notre France est, de par son génie large et libre, généreux et prompt, la naturelle patrie des idées et des sentiments « humains ». Elle fait siennes, par la chaleur de sa sympathie, toutes les causes justes. Elle s'empare de toutes les idées, de tous les sentiments qui demeurent parfois chez les autres nations confus ou incertains, les reforge au feu clair de son vif esprit, et les rend au monde transformés en brillantes et solides armes. La vertu de son génie est proprement « humanisatrice ». Ce génie héréditaire, par qui notre race est grande dans le monde, chaque citoyen français a le devoir impérieux de le respecter en lui-même, de le conserver intact, par delà ses qualités propres et sa complexion individuelle.

Ainsi, sous la diversité des intérêts privés, subsiste l'identité des intérêts collectifs. Il y a des intérêts communs à tous les Français, parce qu'il y a, dans le passé, dans le présent, dans l'avenir, une nation française. Il faut que notre démocratie soit la gardienne de ces grands intérêts ; si elle les négligeait, la volonté nationale n'aurait plus d'objet auquel s'appliquer, ou plutôt

---

1. Renan, *Discours et Conférences*. — *Qu'est-ce qu'une nation ?*

il n'y aurait plus de volonté nationale. La « personne publique » se briserait en une « multitude », le « corps politique [1] » se dissoudrait en une poussière d'individus. La nation cesserait d'être pour faire place à une agglomération.

IV

Malheureusement, une démocratie est, plus que toute autre société politique, exposée à méconnaître ces intérêts généraux de la nation. — Dans une monarchie, la communauté de servitude crée la communauté des intérêts. Tous les sujets sont unis dans un même vœu, celui de s'affranchir. La conquête de la liberté politique apparaît comme le but suprême assigné aux efforts de tous. Elle est le grand intérêt général devant qui se taisent et s'inclinent les intérêts particuliers. — Pareillement, dans une aristocratie, un souci commun prime les soucis individuels. Qui dit aristocratie dit minorité. La presque totalité des citoyens est animée d'une même pensée, d'une même ambition : la suppression des privilèges et l'établissement de l'égalité. — Rien de pareil dans une démocratie, puisque toute démocratie repose à la fois sur les deux principes de la liberté et de l'égalité politiques. Ces droits proclamés, il ne se trouve plus, pour rallier les courages et réconcilier les intelligences, de grands desseins où tous se sentent également intéressés.

Bien plus, l'exercice même de ces droits conduit insen-

1. Ces expressions sont de J.-J. Rousseau ; *Contrat social*, liv. I, chap. VI et VII.

siblement une démocratie à l'oubli de ces intérêts généraux et permanents que nous essayions tout à l'heure d'énumérer et de définir.

La liberté, en effet, née du besoin, pour des hommes dissemblables, de vivre de vies dissemblables, accentue encore et aggrave les différences entre ces hommes. En assurant la libre expansion des tempéraments particuliers, des penchants égoïstes — tant qu'ils ne lèsent point d'autres égoïsmes — elle permet à chaque individu de s'étaler, pour ainsi dire, dans sa personnalité. Chacun se sépare des autres, se fait une vie à part, d'où naissent à leur tour des besoins à part. Les idées et les aspirations communes se font rares. « L'âme nationale » se rétrécit, se retire devant l'expansion et le débordement des individualités. Et lorsqu'enfin l'abus de la liberté a coupé jusqu'aux plus solides attaches qui pouvaient tenir unis les citoyens, lorsqu'il a dressé, en face de la troupe clairsemée et sans force des intérêts communs, toute une légion violente de besoins individuels, de passions égoïstes, alors la lutte n'est plus possible. La conduite politique de chaque citoyen n'est plus dictée que par des motifs personnels. Les volontés particulières, déchaînées, entrent en conflit, se heurtent, se déchirent. Il n'y a plus de volonté nationale. « La république est une dépouille, dit énergiquement Montesquieu, et sa force n'est plus que le pouvoir de quelques citoyens et la licence de tous [1] ». La liberté a engendré l'anarchie.

L'excès d'égalité, ou plutôt l'excès du sentiment égalitaire prépare, lui aussi, les citoyens à la méconnaissance des intérêts communs. L'égalité ne déchire pas,

[1]. *Esprit des Lois*, l. III, ch. III.

ne démembre pas la volonté nationale; mais, par des moyens lents, détournés et doux, elle l'amollit, l'engourdit, l'endort [1].

Dans une société fondée sur l'égalité politique, la suffisance et la vanité naturelles à l'homme trouvent dans la loi même un prétexte à ne plus se contenir. Comment admettrais-je que l'homme que la loi a décrété non *égal* puisse valoir mieux que moi? Sa supériorité blessant mon amour-propre, je refuse de m'y soumettre, bien plus, je la nie. L'égalité détruit tout sentiment d'admiration, de respect pour les hommes supérieurs. Elle rend impossible toute suprématie morale des meilleurs. Elle soustrait l'homme au pouvoir de l'homme, et l'habitue à une indépendance entière. Elle émiette la nation en individus isolés, et ainsi elle travaille dans le même sens que la liberté.

Mais elle fait plus. Cette puissance dont elle dépouille les individus, elle la transfère à la société, à l'État. En exaltant l'individu dans sa confiance en lui-même, elle l'a isolé. En l'isolant, elle lui a révélé son impuissance. Il se considère, unité perdue dans la foule, et il considère la société, nombre formidable. « Il ne paraît pas vraisemblable que, tous les hommes ayant des lumières pareilles, la vérité ne se rencontre pas du côté du plus grand nombre. L'homme, envisageant ce grand corps de la société, est accablé de sa propre faiblesse. Cette même égalité qui le rend indépendant de chacun de ses concitoyens en particulier, le livre isolé et sans défense à l'action du plus grand nombre [2]. »

1. Tocqueville a signalé ce péril avec une grande force et une pénétration d'esprit singulière.
2. Tocqueville, *La Démocratie en Amérique*, t. III, p. 14 et suiv.

Aussi le citoyen s'en remet-il volontiers au nombre, c'est-à-dire à l'État du soin d'agir, de diriger la nation, de veiller à ses destinées. Il devient peu à peu indifférent à sa propre patrie ; il se transforme, comme dit Tocqueville, en « une espèce de colon indifférent à la destinée du lieu qu'il habite... Les plus grands changements surviennent dans son pays sans son concours, il ne sait pas précisément ce qui s'est passé ; il s'en doute ; il a entendu raconter l'événement par hasard. Bien plus, la fortune de son village, la police de sa rue... ne le touchent point ; il pense que toutes ces choses ne le regardent en aucune façon, et qu'elles appartiennent à un étranger puissant qu'on appelle le gouvernement. Pour lui, il jouit de ces biens comme un usufrutier, sans esprit de propriété et sans idée d'amélioration quelconque. Ce désintéressement de soi-même va si loin, que, si sa propre sûreté ou celle de ses enfants est enfin compromise, au lieu de s'occuper d'éloigner le danger, il se croise les bras pour attendre que la nation tout entière vienne à son aide [1] ».

'Ainsi se faussent les principes générateurs du régime démocratique. Ainsi se tarit la source des vertus publiques. La tutelle de l'État courbe et atrophie les volontés. Les citoyens se déshabituent d'une intervention devenue inutile ; leur initiative périt, étouffée sous le réseau serré des règlements compliqués et minutieux d'une administration envahissante. Et, le jour où ils ont à exercer leurs droits politiques, à déclarer, par leurs suffrages, leur sentiment sur les affaires publiques, ils se sentent hésitants, incertains, incapables. Ils sont dans la situation

1. Tocqueville, *La Démocratie en Amérique*, t. I, p. 118.

d'un captif habitué à sa captivité, et à qui l'on ouvrirait pour quelques heures les portes de sa prison : ils ne savent quel usage faire de leur liberté.

Quand une démocratie s'est laissé gagner par cette léthargie et a abdiqué le souci de ses destinées, elle n'existe plus en tant que démocratie. Ayant accepté le despotisme de l'État, ce despotisme anonyme, qu'a si bien décrit Tocqueville, régulier, minutieux, prévoyant et doux, elle est mûre pour le despotisme plus brutal d'un seul. La démocratie est morte, parce que la volonté nationale, qui en est l'âme, s'en est lentement retirée. « On y trouve des sujets, mais on n'y voit plus de citoyens [1]. »

Ces deux maux, l'anarchie et l'apathie des volontés, mortels à la démocratie, est-il possible de les conjurer? Existe-t-il un pouvoir, une force capable de les prévenir ou de les combattre? Il ne peut être question, bien entendu, de conférer à un groupe social, ni à une assemblée — de quelque manière d'ailleurs qu'elle soit composée — le privilège effectif et légal de contrôler et de rectifier les décisions du suffrage universel. Cette force, dont le rôle est de servir à la démocratie à la fois de frein et de moteur, ne peut être qu'une force morale. Elle doit seulement conseiller, diriger, et non contraindre. Où la trouver, cette force morale? Découvrirons-nous des hommes en qui pourrait se maintenir vivace le souci des intérêts généraux du pays, qui seraient capables d'être ces bons conseillers de notre démocratie, et qui, sages éducateurs de la nation, sau-

1. Tocqueville, *La Démocratie en Amérique*, t. I, p. 148.

raient la préserver de l'anarchie, fille de la liberté, et du despotisme de l'État, fils de l'égalité?

V

En l'état actuel des choses, ce groupe de citoyens peut-il être constitué par ce que l'on appelle l'élite de la nation?

Il ne le semble pas. Car, d'abord, cette élite est trop restreinte pour pouvoir, dans un régime politique où les suffrages se comptent et ne se pèsent pas, exercer une action directe sur la marche des affaires publiques. — De plus, et surtout, elle est constituée par des éléments très divers. Elle n'est plus ce qu'elle était autrefois, *l'aristocratie*; elle est une juxtaposition de petites aristocraties rivales. De quoi se compose-t-elle, en effet? D'abord, des détenteurs des grosses fortunes — entre lesquels déjà une entente est difficile, car la richesse, étant de nos jours très peu héréditaire, tombe, au cours de ses fluctuations, entre les mains d'hommes très différents, sans idées, sans aspirations communes. Elle se compose encore des derniers représentants de l'aristocratie de naissance, qui forment un monde à part, volontairement clos, imperméable aux sentiments et aux idées des autres groupes sociaux; puis, des hauts fonctionnaires, à qui leurs fonctions mêmes créent une sorte de « spécialisation »; et enfin, de l'élite intellectuelle. Ces catégories n'ont entre elles aucun point profond de contact, aucun lien solide. Chacune vit en soi et pour soi. Quelle apparence qu'un parvenu de la banque puisse, sur les questions sociales et politiques, s'entendre avec un savant ou un philosophe, qu'un noble enfermé dans ses préjugés de race puisse s'accorder, pour un dessein commun, avec un haut fonctionnaire de la République? Donc, pas de cohésion possible — partant, pas d'influence politique possible.

Au surplus, il ne serait sans doute pas à souhaiter que cette minorité privilégiée puisse diriger la démocratie. La place même qu'elle occupe, tout en haut de l'échelle sociale, la tient isolée de la masse, dont elle ne peut connaître ni la vie, ni les instincts, ni les besoins. Ajoutez que le nombre et l'importance des intérêts que cette minorité engage dans la vie sociale faussent son jugement et lui rendent difficile, en matière politique et sociale, le désintéressement, la modération et la clairvoyance.

L'élite intellectuelle, il est vrai, n'est point aveuglée par des intérêts matériels, des préjugés de caste ou de profession. En elle cependant n'est point la force capable de fortifier et de régler la volonté nationale. Soit que l'habitude de la spéculation ait émoussé en eux le sens de la réalité, soit que l'extrême culture de l'intelligence les ait rendus impropres à l'action, ou qu'enfin la réflexion et l'étude les aient éloignés des besoins et des aspirations qui tourmentent le peuple, ces hommes supérieurs, ces sages, comme dit Renan, ne seraient point pour la démocratie des conducteurs assez fermes ni assez prudents.

Mieux que l'élite, la grande masse populaire est-elle capable, dans les conditions actuelles de notre vie sociale, de préserver la démocratie du péril anarchique et du péril despotique? Sans doute, le peuple est le nombre; il peut peser, de tout le poids de ses millions de suffrages, sur les destinées du pays. Sans doute encore, il est homogène, c'est-à-dire composé d'individus ayant reçu la même instruction primaire, ayant même fonction économique dans la société, même existence humble et précaire, et par suite mêmes intérêts et mêmes désirs. Et cependant, aussi longtemps que le peuple manquera d'une suffisante culture et des loisirs nécessaires à la pensée, il restera incapable de comprendre et de défendre les grands intérêts du pays. Pressé par l'impérieux besoin de pourvoir à sa vie de chaque jour, rivé à sa tâche, courbé sur la terre ou sur les machines, il n'a pas le temps de se faire des opinions politiques; il les reçoit toutes faites; et les instincts confus, les sourdes aspirations, les désirs vagues qui l'agitent, il faut que d'autres les *pensent* pour lui, les traduisent en idées. Incapable de penser, il est donc incapable d'une action réfléchie et volontaire. Parfois, il est vrai, ses aspirations longtemps refoulées, ses rancunes accumulées jaillissent en soudaines et violentes explosions; le peuple, alors, est vraiment « une force qui va », une force qui soulève, qui emporte la nation tout entière, mais non pas qui la dirige et la guide.

Puisque ni l'aristocratie ni le peuple ne peuvent prendre en main la cause de la démocratie, reste que ce soit cette portion intermédiaire de la société que nous avons appelée « les classes moyennes ».

Ces classes, d'abord, si elles ne forment pas le grand nombre, ne forment pas non plus l'exception. Leurs votes ne sont pas, même quantitativement, négligeables.

De plus, les éléments qui les composent sont — nous avons essayé de le montrer — assez fixes à la fois et assez semblables pour que leur fusion soit possible. Des hommes dont l'existence, malgré la diversité de leurs professions, est en somme pareille en son fond et par ses traits essentiels — nécessité du travail, mais exemption du travail manuel, sécurité matérielle, possibilité du loisir, instruction libérale — ces hommes, rapproché par des goûts, des habitudes, des intérêts semblables, peuvent être capables d'entente et d'union, capables par suite d'une action énergique et efficace. Ils peuvent aussi — et là est le point essentiel — s'élever jusqu'à la conception d'un intérêt général, national, supérieur aux intérêts d'individus ou de classes.

Ils sont en effet, grâce à leur situation intermédiaire dans la société, bien placés pour comprendre les désirs et les besoins de la nation tout entière, pour donner une voix aux confuses aspirations du peuple comme pour comprendre les hautes exigences de l'élite. Avec le peuple, les classes moyennes sont en un contact intime et ininterrompu ; elles se recrutent incessamment en lui, elles y plongent par leurs racines mêmes. D'autre part, elles voient les hommes des classes supérieures d'assez près pour ne point les juger avec ce parti-pris haineux, cette aveugle jalousie ou parfois cette superstitieuse déférence dont le peuple est coutumier vis-à-vis des riches et des puissants. Enfin, les pensées profondes, les grandes découvertes, les belles créations des artistes, des savants et des philosophes ne sont point, pour les hommes des classes moyennes, lettre close. Assurément, ils ne se haussent jamais jusqu'à la pleine intelligence de ces vérités supérieures ;

mais, peu à peu, par une filtration incessante, elles pénètrent jusqu'en leur cerveau, s'y impriment, y travaillent sourdement, finissent par modifier tout l'ensemble de leurs jugements. Ainsi, la forte et confuse rumeur qui sort de la conscience populaire, les paroles distinctes qui tombent des hautes régions de la pensée sont pour les classes moyennes un continuel enseignement propre à les guider dans la recherche d'un idéal social et politique.

D'autres causes encore concourent à faire des classes moyennes les conseillères nées de notre démocratie. C'est, en premier lieu, qu'elles sont soumises à la nécessité du travail quotidien : leur aisance n'est que le fruit d'une activité régulière, consciencieuse, attentive. L'homme qui travaille tous les jours, qui, tous les jours, retourne à sa tâche et se replace en face des difficultés et des ennuis de sa profession n'est ni frivole, ni léger, ni dilettante; il a l'esprit sain; il peut porter dans les affaires politiques l'attention et la persévérance qu'il met dans ses propres affaires.

Assujetties au travail, les classes moyennes n'en sont pourtant pas les esclaves; elles ont l'aisance, qui donne les loisirs; la sécurité, qui permet la curiosité. Il faut du temps pour s'occuper des affaires publiques, pour être un bon citoyen. Aujourd'hui que la vie sociale est devenue si active et complexe, que les intérêts de la nation se sont multipliés, compliqués, enchevêtrés pour ainsi dire les uns dans les autres, que, sur tous les points du globe, sont en jeu la fortune et le renom du pays, ce n'est point seulement de bon sens et de bon vouloir qu'il est besoin pour juger des choses nationales. Il faut lire, écouter, étudier, observer. L'homme des classes moyennes, une fois libre de sa tâche quotidienne, peut se mêler, par la lecture, par la conversation, par la fréquentation des hommes et des choses, à la vie générale du pays, il peut vivre vraiment « avec son temps ». Dans ce contact avec la réalité, ses idées acquièrent une justesse et une précision dont sont également incapables et le peuple, qui vit sur une grosse idée d'ensemble, et l'élite, que ses préjugés, ses intérêts, ses raffinements enferment dans une conception étroite ou transcendante.

Enfin, l'incontestable supériorité des classes moyennes, c'est qu'elles peuvent recevoir une excellente culture. Elles peuvent, pendant de longues années d'étude, rester en contact avec les lettres et les sciences. Leur pensée, nourrie de connaissances positives et d'idées générales, est préservée également de l'étroitesse de vues, du fanatisme qui sont le fait de l'ignorance — et de l'incertitude nonchalante, de la subtilité et du scepticisme qui naissent trop souvent d'une culture raffinée. Elles sont capables de juger avec un bon sens net et clairvoyant. Leur politique peut donc être prudente et sage, dirigée par des principes fermes, désintéressée par conséquent, respectueuse du passé, qu'elle connaît, soucieuse de l'avenir, qu'elle prévoit, en un mot conforme au bien public, aux intérêts nationaux. — Que l'enseignement actuel de nos lycées soit justement celui qui pourrait donner aux classes moyennes d'aujourd'hui les qualités dont nous parlons, on a vu que nous ne le pensons pas. Mais il est permis d'espérer qu'un enseignement mieux approprié à leur nature pourrait les leur inculquer. Quels miracles n'est-on pas en droit d'attendre d'une éducation qui dure dix années!

Pour que les classes moyennes puissent utilement

remplir ce rôle de conseillères, d'institutrices de la démocratie, pour lequel elles semblent désignées, il n'est pas besoin de leur conférer des pouvoirs politiques ni de consacrer par des droits et des privilèges effectifs une supériorité qui ne leur crée que des devoirs. Encore une fois, cette suprématie que nous attribuons aux classes moyennes est toute morale et ne doit s'exercer que par l'enseignement et l'exemple. A quoi bon d'ailleurs constituer en faveur des classes moyennes des pouvoirs politiques, souvent précaires ou dangereux, quand elles disposent d'un pouvoir moral bien autrement puissant, celui de l'opinion?

Car c'est l'homme des classes moyennes qui fait l'opinion. L'opinion, sorte de pensée collective où se résume la vie intellectuelle de la nation, qu'est-elle autre chose qu'un compromis entre les opinions individuelles, né des abandons et des sacrifices que chacun, par instinct de sociabilité, par besoin de s'entendre avec ses semblables, a consentis sur sa propre conviction? Qu'est-elle autre chose qu'une sorte d'opinion composite, c'est-à-dire *moyenne*? L'homme des classes moyennes, à qui son caractère, son éducation, sa condition sociale défendent les jugements extrêmes, en est le représentant naturel; ou, pour mieux dire, cette opinion, c'est la sienne. C'est son opinion qui est l'*opinion* [1].

1. L'idée que nous nous faisons du rôle politique et social des classes moyennes ressemble sur bien des points à celle de Guizot, non à celle qui a dicté les actes du ministre, mais à celle qu'a exposée dans ses ouvrages l'historien philosophe. M. Faguet a nettement fait la distinction entre les idées politiques de Guizot, qu'il juge excellentes, et ses actes politiques, sur lesquels il fait toutes réserves. Cf. *Politiques et Moralistes*, 1re série, article sur Guizot.

Or l'opinion est devenue, au cours de ce siècle, véritablement la « royne et empérière du monde », comme déjà l'appelait Montaigne. Si sa puissance est faite en quelque sorte de son ubiquité, on conçoit que jamais cette puissance n'ait été aussi considérable que pendant ces trente dernières années. L'admirable instrument de conquête qu'elle avait créé, la presse, s'est perfectionné de telle sorte qu'aujourd'hui l'opinion est présente partout à la fois, qu'elle se fait et se propage simultanément sur tous les points de la nation. Le même jour, presque à la même heure, tous les citoyens, ouvrant leur journal, entrent en communication avec cette force subtile et pénétrante, subissent son influence, reçoivent ses impulsions. Avec ses innombrables organes, journaux, brochures, revues, l'opinion est devenue, pourrait-on dire, une énorme machine à mouvoir et diriger les esprits. Ne pourrait-elle pas, dès lors, être cette force directrice que nous avons reconnue nécessaire à notre démocratie?

On a tort, croyons-nous, d'aller répétant qu'une démocratie est nécessairement anarchique, parce que le pouvoir y appartient à la volonté générale, somme des volontés individuelles égoïstes et contradictoires. Et l'on va chercher bien loin le moyen « d'organiser le suffrage universel ». « Depuis cent ans ou depuis cinquante ans, nous dit-on, nous poursuivons ce paradoxe de vouloir construire, sur ces dix millions de grains de sable inconsistant que sont les dix millions de suffrages des électeurs français, sans aucun appareil, sans aucun système qui les groupe et qui les cimente, la masse colossale et de plus en plus pesante de l'État moderne. Nous peinons à édifier, dans la confusion des esprits et des langues, notre moderne tour de Babel, ayant d'abord eu soin d'enfermer en ses fondations dix millions de chances de désagrégation. Quelle chimère! Faire de la durée avec de l'instabilité, et de l'ordre avec du désordre! faire du continu avec du déréglé et du définitif avec du fugitif! comme si, pour planter en terre un monument qui brave les âges, il suffisait d'accrocher des atomes et d'additionner des molécules! ou comme si, pour créer et entretenir le plus haut et le plus complexe des organismes, c'était assez que de juxtaposer et d'additionner des cellules [1]! » — Cet « appareil », ce « système » qui groupe et cimente les volontés des individus, il n'est pas besoin de l'inventer : il existe, et c'est précisément l'opinion.

L'opinion, en effet, n'est pas la volonté générale. On les identifie volontiers, et, de ce qu'elles ont ensemble d'étroits rapports, de ce qu'elles suivent souvent la même courbe, on conclut qu'elles se confondent. Il n'en est rien cependant. Car l'opinion publique représente bien la pensée de la nation, mais seulement cette pensée superficielle et conventionnelle que chacun, en parlant aux autres, substitue inconsciemment à sa propre pensée. La volonté générale, exprimée dans les votes, représente au contraire la pensée réelle, les dispositions profondes de la nation. L'opinion publique, c'est ce que tout le monde dit; la volonté nationale, c'est ce que chacun pense en son for intérieur — et l'on ne dit pas toujours, on ne dit même pas souvent ce qu'on pense.

Distinctes, jusqu'à se trouver parfois en désaccord, l'opinion et la volonté générale ne sont cependant pas

1. Ch. Benoist, *De l'Organisation du suffrage universel* (*Revue des Deux Mondes*, 1er juillet 1895).

indépendantes l'une de l'autre. Elles sont au contraire en contact profond, et elles exercent l'une sur l'autre une influence de toutes les heures. Force lente, cachée, détournée, l'opinion travaille la volonté nationale, pénètre en l'arrière-fond des pensées et des vouloirs, y insinue ses conseils, ses blâmes, ses approbations; elle parle au nom de la morale commune, morale timide sans doute et médiocre, mais supérieure encore à la bassesse des instincts qui, sans elle, guideraient seuls la majorité des hommes. Presque toujours bienfaisante, son influence s'exerce sous deux formes, ou plutôt en deux temps, avant et après chaque manifestation de la volonté nationale. Tant que cette volonté ne s'est pas prononcée, l'opinion agit sur elle pour l'instruire et la guider. D'abord, elle prête son pouvoir et communique, pour ainsi dire, son autorité aux principes de justice, de probité, d'honneur qui, sans elle, dormiraient trop souvent sans force et sans prestige au fond des consciences individuelles; chaque citoyen, grâce à elle, les respire à son insu, et insensiblement ses pensées, ses désirs, ses actes s'en trouvent modifiés. Ainsi l'opinion accomplit une œuvre d'assainissement général. — D'une façon plus directe, elle agit encore sur l'esprit de la nation en instituant, sur chaque fait, sur chaque acte public, un débat où peut s'instruire et s'éclairer la volonté des citoyens. Dans les discussions et les polémiques, l'opinion ne tolère que les arguments d'ordre désintéressé, les arguments d'idée, les *raisons*. Or, ces raisons agissent, pour déterminer leur choix, sur les esprits incertains, sur ceux — et le nombre en est grand — qui flottent, indécis, parce qu'aucun intérêt catégorique ne les pousse. Elles agissent même sur ceux dont le siège est fait, en leur rappelant qu'il est des intérêts supérieurs devant lesquels le devoir veut que se taisent leurs passions égoïstes. L'opinion travaille, en somme, à faire adopter à la volonté nationale les solutions qu'elle lui propose ; elle la circonvient par d'insensibles approches, elle l'assiège par de patientes attaques. Elle échoue souvent, et se brise contre le rempart immobile des intérêts individuels. Mais souvent aussi elle parvient à les entamer et à les vaincre.

Ce n'est là toutefois que le rôle préliminaire de l'opinion. Elle intervient encore après que la volonté nationale s'est manifestée. Quand cette volonté s'est méprise, elle s'emploie à atténuer les effets fâcheux de son erreur. Comme elle ne retient, parmi les mobiles qui ont déterminé les citoyens, que ceux qui sont honnêtes, elle réduit par là même ceux qui ne le sont pas à une sorte d'impuissance ; à peine ces mobiles inavouables se sont-ils manifestés dans les votes qu'elle les fait rentrer, chassés par le mépris général, dans le silence et l'oubli. Alors, l'opinion s'empare de ce qui, dans la volonté de la nation, fut honnête et sain et désintéressé ; elle l'exalte, elle le systématise ; et finalement, appuyée sur ce fragile fondement, elle gouverne. Elle gouverne, puisque tous les actes publics de la nation relèvent d'elle, puisque, quoi qu'ait dit la volonté générale, c'est elle qui, en dernier ressort, permet ou défend. Ainsi, par elle, la vie politique de la nation, régularisée, modérée, apaisée, peut se poursuivre selon une marche à peu près continue à travers les incohérences, les caprices, les à-coups de la volonté générale.

Si le rôle de l'opinion est bien celui que nous venons de dire, si c'est bien en elle qu'il faut chercher la force capable de lier en faisceau les volontés individuelles et d'en faire une volonté nationale, et si d'autre part ce sont les classes moyennes qui font l'opinion publique, on conviendra sans doute qu'il n'est pas de tâche plus pressante, plus impérieuse, pour notre démocratie, que d'organiser l'éducation des classes moyennes en vue de les bien préparer à leur rôle social.

VI

Tant que l'Enseignement supérieur sera réservé à une élite que sa supériorité même isole du reste de la nation, tant que l'Enseignement primaire, obligé, par l'état de notre société, de ne distribuer au peuple qu'un minimum d'instruction, ne pourra se charger de l'éclairer sur les vrais intérêts du pays, c'est sur l'Enseignement secondaire, éducateur des classes moyennes, que devra se porter l'attention, non pas certes exclusive, mais du moins très vigilante et très persévérante des pouvoirs publics. Dans la mesure où la valeur morale et sociale des classes moyennes est liée à leur éducation, on peut dire que la prospérité de notre démocratie, œuvre des classes moyennes, est liée à la bonne organisation de l'Enseignement secondaire.

Que l'on ne conteste pas l'importance du rôle que nous attribuons à l'Enseignement secondaire, en disant qu'elle n'est sans doute que transitoire, qu'elle est destinée à s'effacer, qu'elle s'efface déjà devant celle de l'Enseignement primaire, véritable instrument du progrès démocratique. Certes nous ne songeons pas à méconnaître l'importance actuelle du rôle social de l'Enseignement primaire; nous songeons moins encore à nier qu'elle doive aller toujours croissant. Nous savons que l'idéal que nous avons assigné à notre démocratie ne saurait être que provisoire. La conception d'une démocratie poussée, contrainte presque, par l'opinion d'une certaine classe de citoyens, à réaliser son bien nous paraît être la meilleure que comporte l'état présent de la société en France, mais non pas la meilleure absolument. L'idéal se déplace en même temps que la réalité. Et il n'est pas impossible de concevoir que, dans un état social plus conforme à la loi de justice, tous les citoyens, spontanément, librement, par l'effet de leurs propres lumières, puissent vouloir le bien de la nation. Tel est, en effet, le terme logique de l'évolution de la démocratie, s'il est vrai que seulement ainsi elle réaliserait sa véritable définition, son essence même. Or, l'Enseignement primaire peut, dès aujourd'hui, préparer l'avènement de cette démocratie idéale, en élevant le peuple, en le formant pour l'action réfléchie et volontaire, en le rendant capable de trouver seul les conseils qu'il est aujourd'hui obligé de demander. Il ne s'ensuit pas cependant que l'Enseignement primaire soit le seul artisan de cette évolution de la démocratie. L'Enseignement secondaire doit y travailler pour sa part, et cette part est considérable.

D'abord, en effet, il collabore indirectement à l'éducation du peuple, et continue l'œuvre commencée par l'Enseignement primaire. A peine les élèves de nos écoles primaires ont-ils quitté les bancs, à peine entrent-ils dans la vie sociale, ignorants encore et tout juste dégrossis, que l'opinion les prend, les instruit, les initie aux conceptions de toutes sortes, philosophiques, littéraires, scientifiques, dont vit la société, les façonne, en un mot, d'une main bien autrement puissante que celle de leurs premiers maîtres. L'opinion est l'école permanente du peuple ; ses livres sont les journaux, et le journal est presque l'unique lecture de l'ouvrier. Ainsi l'Enseignement secondaire, qui semblait ne devoir former que les classes moyennes, devient indirectement, par le moyen de l'opinion, un véritable éducateur du peuple.

Mais ce n'est pas tout. Tant que les conditions actuelles de notre société subsisteront, l'Enseignement primaire sera dans l'impossibilité matérielle d'être vraiment efficace, vraiment éducateur. Le temps dont dispose l'école est trop court, et, à douze ans, un enfant n'est pas prêt à la vie sociale, si excellentes qu'aient été les leçons de ses maîtres. Le peuple ne parviendra au degré de moralité, de clairvoyance et de sagesse qu'il faut pour se gouverner soi-même, que le jour où notre démocratie aura réalisé ce progrès de lui assurer le temps et les moyens de réfléchir et de penser. Mais ce jour, il appartient aux classes moyennes d'en préparer l'approche, d'en hâter la venue. Seules, elles peuvent travailler prudemment, sagement, à la constitution d'une démocratie où les loisirs seront plus également répartis ; seules, elles peuvent améliorer pacifiquement la société moderne et l'armer pour la conquête d'un état encore meilleur. Leur rôle, c'est d'apprendre à la démocratie à se passer de leurs conseils et de leurs exemples ; leur but, c'est de rendre inutile leur propre influence. Et c'est donc, on le voit, l'Enseignement secondaire qui seul peut préparer le triomphe futur de l'Enseignement primaire, ou pour mieux dire, de l'enseignement populaire.

Ce n'est donc pas rabaisser le rôle actuel de l'Enseignement secondaire que de dire que ce rôle n'est que provisoire. Ce serait bien plutôt un argument en sa faveur. C'est parce qu'il est désirable que l'importance de ce rôle diminue qu'il faut la reconnaître aujourd'hui — car elle ne saurait diminuer dans l'avenir que si on la reconnaît aujourd'hui. — Telle n'est pas, malheureusement, nous l'avons constaté, l'opinion la plus répandue. L'Enseignement primaire a longtemps accaparé l'attention publique. Cela est bien; il le fallait. Mais il est temps, croyons-nous, de comprendre — et de faire comprendre autour de soi — que, si c'est pour toute démocratie un souci légitime, disons plus, un devoir strict, de distribuer l'instruction jusque dans les derniers rangs du peuple, c'est, pour notre démocratie d'aujourd'hui, un besoin plus pressant encore, une tâche plus urgente, et où se trouvent engagées les destinées mêmes de notre pays, que de constituer fortement l'Enseignement secondaire, de l'organiser en vue du *rôle social* qu'il a à remplir. Il faut faire justice de ce faux esprit démocratique, qui, s'attachant seulement aux intérêts immédiats et palpables, fait bon marché des intérêts lointains et supérieurs de la démocratie.

On peut bien comprendre, après tout ce que nous avons dit, combien notre Enseignement secondaire actuel, anarchique et somnolent, convient mal aux classes moyennes de notre démocratie. Reste à savoir comment et dans quel esprit il faudrait le réorganiser. Par la considération théorique du rôle social des classes moyennes, on a pu pressentir déjà ce que devrait être l'Enseignement secondaire. Mais ces conclusions paraîtront sans doute plus fortes lorsqu'elles nous auront été imposées par la constatation de la réalité aussi b'en que par la détermination de l'idéal — c'est-à-dire quand nous aurons observé l'état réel des classes moyennes d'aujourd'hui.

CHAPITRE II

Les classes moyennes d'aujourd'hui.

Ce n'est pas une peinture complète de notre démocratie d'aujourd'hui que nous voulons entreprendre. Nous ne noterons que les faits sur lesquels, à notre sens, peut s'exercer l'influence de l'éducation, parce que ceux-là seuls relèvent de notre sujet. Que l'on ne s'étonne pas non plus si le tableau que nous esquissons demeure abstrait; il ne peut être tenté ici qu'un exposé général et dégagé de toute allusion aux hommes et aux luttes de notre temps.

I

Nos classes moyennes d'aujourd'hui sont profondément divisées. A dire le vrai, il n'y a pas de classes moyennes; il y a un nombre infini de petits groupes sociaux, entre lesquels sans doute une communauté de vues serait encore théoriquement possible, mais qui, en fait, vivent d'une vie à part, se jalousent, se haïssent ou, ce qui est presque plus grave, s'ignorent. Ces groupes n'ont plus conscience de ce qui pourrait les unir, mais seulement de ce qui les sépare. Nos classes moyennes sont en pleine anarchie.

§ 1. — Des causes de toute nature les y poussaient. — Et d'abord, l'état de sécurité où elles se trouvent aujourd'hui. Tant que nos classes moyennes eurent à lutter pour la défense de leurs intérêts économiques et politiques, elles marchèrent à la bataille, serrées autour des mêmes idées, en troupe compacte et bien disciplinée. Sous la monarchie de Juillet, la réforme électorale et parlementaire, sous le second Empire, le rétablissement des libertés supprimées, pendant les premières années de la troisième République, la défense du régime parlementaire contre les tentatives révolutionnaires et conservatrices, — c'étaient là autant de combats où les intérêts des classes moyennes tout entières étaient engagés. Elles les soutinrent avec une énergie et une suite qui leur assurèrent la victoire. Aujourd'hui, elles n'ont plus qu'à jouir paisiblement de leur triomphe. Aucun rival n'est encore assez fort pour le leur disputer. Le suffrage universel, en notre démocratie insuffisamment éclairée, s'est jusqu'à présent montré, ainsi que l'avait prédit Tocqueville, résolument pacifique et conservateur. L'organisation économique, qui assure aux classes moyennes une situation privilégiée, ne semble pas sérieusement menacée, malgré les efforts de la minorité socialiste. Tout leur sourit. A quoi bon dès lors se coaliser pour des luttes sans profit palpable? Qui dit coalition dit soumission, sacrifice de chacun à tous, c'est-à-dire gêne et contrainte. Nulle nécessité de combat ne pressant aujourd'hui les classes moyennes, elles laissent se desserrer les liens qui les unissaient entre elles, et se désagrègent en petits groupes corporatifs. Cette armée, autrefois cohérente, s'est disloquée en bandes, qui agissent isolément et mènent, pour d'étroits intérêts, une petite guerre de partisans. La possession du pouvoir a été, pour les classes moyennes, une des causes les plus puissantes de désagrégation et d'émiettement.

Leur accroissement en est une autre. L'égalisation des fortunes, la diffusion de l'instruction, et, d'une manière plus générale, le nivellement de plus en plus marqué de notre société ont eu pour résultat d'étendre démesurément les frontières de la classe moyenne. L'abolition des castes et la mobilité de la richesse ont eu celui de la renouveler fréquemment, par de nombreux échanges avec les classes voisines. Sans doute, nous l'avons dit, ses frontières ne sont point tout à fait effacées, ni les échanges n'ont encore altéré ses caractères profonds. Il n'en reste pas moins qu'elle est aujourd'hui beaucoup plus vaste, plus instable, plus disparate que celle du milieu du siècle. Ajoutez à cela que la division du travail, en distinguant de plus en plus les fonctions, spécialise chaque individu et le sépare de ses semblables. Pour toutes ces raisons, entre les hommes des classes moyennes, les divergences sont devenues plus nombreuses et plus profondes, les points de contact plus rares, l'entente plus difficile. L'accroissement et, par suite, l'hétérogénéité grandissante des classes moyennes les vouent à l'anarchie.

D'autres phénomènes encore, d'ordre général, mais dont l'effet est plus sensible sur des intelligences ouvertes et cultivées, sont venus achever la dissociation des classes moyennes. L'évolution si rapide et toute en secousses du monde moderne n'a pas entraîné d'une vitesse égale toutes les portions de notre société. A côté des institutions, des mœurs, des idées modernes, restent debout les débris des diverses formes sociales, intellectuelles, sentimentales que notre siècle a si rapidement traversées, et ces débris abritent encore de nombreux fidèles. Notre époque est comme un microcosme, un abrégé du siècle, où vivent côte à côte, condamnés à un frottement, à des chocs continuels où ils s'irritent, des adeptes de toutes les croyances, de toutes les doctrines, de tous les régimes.

D'autre part, le prodigieux essor de la science, en accumulant les découvertes, en entassant les idées, les théories, les hypothèses, en facilitant les échanges intellectuels entre nations, a multiplié à l'infini la possibilité des combinaisons d'idées, des synthèses, et compliquant ainsi et diversifiant à l'extrême les intelligences et les âmes, a créé entre elles de plus profondes dissemblances.

On comprend sans peine que, sous l'effet convergent de toutes ces influences, les classes moyennes se soient effritées en une poussière de groupes et d'individus de plus en plus différents.

Effet et cause en même temps, résultat et facteur à la fois de tous les phénomènes que nous venons de relever, un fait s'est produit, que nous tenons à tirer hors de pair, parce que l'éducation a prise sur lui, c'est le développement, ou plutôt la perversion de l'esprit individualiste dans nos classes moyennes. On a pu montrer que, dans l'histoire des théories politiques et sociales, « la doctrine aujourd'hui professée sous le nom d'indi_ vidualisme ne présente qu'une analogie lointaine avec la haute doctrine du xviiie siècle [1] ». L'histoire des idées politiques n'est que le reflet de l'histoire des âmes. Le sentiment individualiste qui animait les classes moyennes de 1789 n'a rien de commun avec l'esprit individualiste d'aujourd'hui. Les hommes du xviiie siècle brisèrent les entraves qui comprimaient le développement de l'individu ; mais, dans leur pensée, l'individu, une fois libéré des contraintes extérieures, devait spontanément imposer à ses appétits et à ses passions égoïstes le joug de la raison. La moralité, c'est-à-dire le souci du bien de tous, était le frein de l'individualisme. Et l'on sait que nulle époque ne fut plus fertile en actions inspirées par « l'amour du bien public ».

Il en est tout autrement aujourd'hui. L'individualisme a dégénéré en égoïsme. Ce que recouvre le mot d'individualisme, c'est simplement et vulgairement le souci de soi. Dans la littérature, dans la vie politique et économique, dans les mœurs, individualisme est devenu synonyme de « lutte pour la vie », de course à la richesse, d'expansion déréglée de tout l'être. De toutes parts, on n'entend parler que du « droit au bonheur », du « droit à la paresse », du « droit à la jouissance ». Et l'on ne voit que trop que les actes sont conformes aux paroles.

La déviation de l'individualisme moral d'autrefois en individualisme égoïste, voilà encore une cause — la plus générale et la plus active — de la dissociation de nos classes moyennes. L'égoïsme est le plus énergique dissolvant du ciment social. Quand il sévit et se déchaîne

____

1. Cf. H. Michel, *L'Idée de l'État*, p. 6.

sur une société, c'en est fait de toute communauté de pensée et d'action, c'en est fait de toute cohésion.

§ 2. — Il serait facile de constater l'existence de cette anarchie dans tous les domaines où s'exerce l'activité de nos classes moyennes. Mais il nous suffit, pour notre objet, d'en noter les effets dans l'ordre politique et social.

Le premier de ces effets, c'est que les classes moyennes, qui furent pendant longtemps les plus fermes soutiens de l'idéal démocratique, ont laissé s'obscurcir en elles la notion de cet idéal. Sans doute, dans leur ensemble, elles sont — ou se disent — républicaines. Mais il y a bien des façons, et bien diverses, d'être républicain. Les uns se proclament républicains ralliés, les autres, conservateurs, ceux-ci, libéraux, ceux-là, progressistes; il est des républicains démocrates, il en est de plébiscitaires; et voici les républicains radicaux, et ceux qui sont révolutionnaires, et ceux qui s'appellent nationalistes. Tous cependant, ou presque tous, se prétendent les vrais héritiers de la tradition démocratique. La vérité, c'est que ni les uns ni les autres ne savent au juste quelle est cette tradition et que, si jamais les principes démocratiques n'ont été plus souvent invoqués que de nos jours, jamais non plus ils n'ont été moins compris ni moins vivants dans l'âme de la bourgeoisie. Il semble qu'aujourd'hui ces principes soient relégués au rang de ces vérités mortes dont la conscience publique n'a plus qu'une vague et froide notion, qui règnent de nom, mais ne gouvernent plus.

Or, il est clair qu'une doctrine politique dont les principes tombent dans l'oubli est marquée pour l'anarchie. Quand ce n'est plus l'attachement réfléchi à une idée qui dicte les choix de l'opinion publique, il faut bien que ce soit le tempérament des individus, leurs intérêts, leurs passions. De là cette innombrable et confuse multitude des doctrines issues de la doctrine républicaine, et dont chacune est née, non de l'effort libre et désintéressé d'esprits qui cherchent le rationnel et le juste, mais d'une mesquine et précaire conjuration de passions ou d'intérêts. — De là encore, de ce même oubli des principes, vient l'incohérence, la fragilité, l'anarchie interne de chaque doctrine particulière. Rien, en effet, n'est plus variable que les intérêts et les passions. Comment, dès lors, une doctrine sortie de cette source agitée et trouble ne serait-elle pas formée d'éléments disparates et n'aboutirait-elle pas aux plus étranges syncrétismes ? Oui certes, nos classes moyennes ont désappris, en politique plus que partout ailleurs, la probité intellectuelle qui veut dans les idées la clarté et dans les raisonnements la logique.

Un autre effet, plus frappant encore, de l'anarchie qui désorganise nos classes moyennes, ç'a été l'avilissement des luttes de partis. Du jour où les opinions ne se fondent plus sur des idées, mais sur des intérêts, des ambitions, des préférences purement égoïstes, il ne se peut pas que les discussions politiques conservent la hauteur, la sérénité de débats tout intellectuels et désintéressés ; il ne se peut pas que les luttes politiques gardent la loyauté, la générosité des combats où n'ont point de part les convoitises personnelles. Chaque citoyen engage dans la lutte des partis précisément le fond même de sa personnalité, de son tempérament, de ses instincts, c'est-à-dire la portion de soi-même la plus irréductible, la plus intraitable, celle qu'on sacrifie le plus malaisément. Comment, dès lors, n'apporterait-il pas à la défendre le plus âpre acharnement, la plus aveugle violence? Comment les divergences politiques ne dégénéreraient-elles pas en querelles personnelles? Comment les basses animosités ne remplaceraient-elles pas les « haines vigoureuses » et loyales? — C'est bien aussi ce que nous avons vu se produire, et tout le monde a pu constater à quel degré de violence sont montées nos mœurs politiques. Mensonges cyniques, racontars niais, injures, calomnies, tout est mis en œuvre. Nulle manœuvre n'est jugée indigne qui réussit à entamer l'adversaire.

Dernière conséquence enfin de cette anarchie : l'évolution de notre démocratie est comme suspendue. C'est un fait d'une ironie affligeante que, depuis le commencement du XIXe siècle, chaque régime ait vu un progrès des institutions démocratiques, conquis de haute lutte par les classes moyennes, tandis que, sous la troisième République, ce sont justement elles qui s'opposent résolument aux progrès. Sans doute, il faut leur rendre cette justice qu'elles ont organisé l'école primaire. Mais toutes les autres réformes démocratiques, elles les ont subies et non provoquées. L'état social d'aujourd'hui, dont elles profitent, leur paraît, sinon le meilleur possible, du moins très acceptable, et elles repoussent toutes les innovations, ou presque toutes. Leur doctrine économique, c'est le maintien du *statu quo*. Quel régime plus favorable en effet, pour celui qui est bien armé et sûr de vaincre, que la libre concurrence sociale? Aussi voit-on leurs économistes déclarer toute intervention du législateur funeste et attentatoire à la liberté. Ou, quand ils l'acceptent, c'est poussés par de médiocres motifs. « Ils trouvent que l'arrangement des choses n'est pas ce qu'il devrait être, et c'est par souci de l'*eurythmie*, qu'ils se résignent à de rares interventions de l'État; quand ce n'est point, mobile inférieur encore, pour amener l'égoïsme des plus favorisés à payer une prime d'assurance contre le péril résultant de la misère et de la colère des autres. Intérêt bien entendu, satisfaction d'ordre esthétique, à quoi il faut ajouter encore, pour beaucoup d'entre eux, le sentiment religieux et ses impérieuses dictées : telles sont les raisons d'être des concessions que ces économistes et ces moralistes veulent bien accorder[1]. » L'état d'esprit de ces économistes, c'est celui de nos classes moyennes tout entières. C'est celui que Michelet a si bien décrit, et qui tient en deux mots : l'égoïsme et la peur. « La bourgeoisie a perdu le mouvement... Le jeune élan de la Révolution, hélas! qui en trouverait ici la moindre trace?... [Le bourgeois d'aujourd'hui] regarde en bas, il voit la foule monter derrière lui, comme il a monté, et il n'aime pas qu'elle monte, il recule, il se serre du côté du pouvoir. S'avoue-t-il nettement ses tendances rétrogrades? Rarement, son passé y répugne ; il reste presque toujours dans cette position contradictoire, libéral de principes, égoïste d'application, voulant, ne voulant pas[2]. » Ce portrait que Michelet traçait de la bourgeoisie de 1846 n'est-il pas le portrait plus frappant encore de nos classes moyennes actuelles?

Tels sont, dans la vie politique de nos classes moyennes, les effets de l'anarchie où elles se sont laissé glisser. Quels périls fait courir aux classes moyennes ellesmêmes, à notre société tout entière un tel état de choses,

1. H. Michel, *L'Idée de l'État*, p. 652.
2. Michelet, *Le Peuple*, l. I, ch. VII.

il ne serait que trop facile de le montrer. Arrêter cette décomposition des classes moyennes, rétablir en elles l'unité, les rallier autour d'une tâche commune, c'est là une œuvre urgente, et à laquelle peut et doit travailler, pour sa part, l'éducation.

§ 3. — Lorsque nous déplorons l'anarchie des classes moyennes, lorsque nous disons qu'il serait désirable de rétablir en elles l'unité, nous ne recommençons pas le rêve des penseurs du milieu du XIXe siècle et ne souhaitons pas, comme A. Comte, la constitution d'un nouveau « pouvoir spirituel ».

Il ne s'agit pas, dans notre pensée, de grouper les classes moyennes autour d'une doctrine, d'un *credo*. Une telle entreprise, nous le savons, ne peut manquer de se briser contre l'élan qui emporte les nations modernes vers l'individualisme. « A rien au monde le siècle actuel n'est plus rebelle qu'à une direction morale[1]. »

Et même, nous ne croyons pas que cette unité, si elle était possible, serait désirable. Une unité de cette sorte s'appelle uniformité. Elle peut être féconde en résultats. Elle l'a été. Mais, pour notre part, nous attendons plus encore d'une unité plus large et tout organique, résultant, non pas de l'identité des croyances, mais des libres efforts vers le vrai de pensées autonomes qui s'entraînent, se contredisent, s'excitent. La forme la plus riche et la meilleure de la vie sociale nous paraît être celle qui laisse le plus de jeu à l'activité individuelle et qui fait fond sur les forces spontanées de l'homme, sur les ressources vives des esprits et des cœurs pour réaliser l'harmonie sociale.

1. E. Faguet, *Politiques et moralistes*, 2e série, p. 12,

Lors donc que nous parlons d'unité des classes moyennes, nous entendons par là, non une communauté d'idées et de doctrine, mais une même méthode générale de pensée. Nous disons que, s'il n'est ni nécessaire ni même souhaitable que les hommes des classes moyennes professent un même *credo*, il est souhaitable, il est nécessaire qu'un même esprit de libre recherche, une même habitude générale de conduire sa pensée par des voies rationnelles et sûres leur rende possible de se comprendre les uns les autres, de s'instruire les uns par les autres. Nous disons que les divergences de pensée, les conflits d'idées, les luttes de doctrines sont, non pas stériles, mais féconds, lorsqu'ils se produisent entre esprits également sincères, également soucieux du vrai, également libres de préjugés et de passions égoïstes.

Une unité de cette sorte, qui n'exclut pas l'originalité des individus, mais au contraire la suppose, est possible dans nos classes moyennes d'aujourd'hui. Elle est possible, à la condition qu'une éducation appropriée la prépare et, pour ainsi dire, la fonde dans l'esprit des jeunes gens. Comment et de quelle manière, c'est ce que nous dirons plus tard.

II

Car nous n'avons pas achevé de caractériser nos classes moyennes d'aujourd'hui. Pas plus qu'elles n'ont su se garder de l'anarchie, pas davantage elles n'ont évité l'apathie et la somnolence politiques.

§ 1. — L'un de ces phénomènes d'ailleurs devait produire l'autre. L'état d'anarchie et de dissociation des classes moyennes les condamnait à l'impuissance politique, et cette impuissance à son tour devait les jeter dans l'indifférence. Lorsqu'en effet, dans une société encore animée de zèle politique, l'anarchie s'est glissée, il devient inévitable que, dans la confuse mêlée des opinions individuelles et des intérêts contradictoires, dans le chaos des suffrages isolés qui se heurtent et s'entre-détruisent, le pouvoir passe de la majorité anarchique à un groupe d'hommes, souvent très restreint, mais fortement coalisé. De même qu'une foule nombreuse, mais sans cohésion, sans unité, sans direction, est facilement dispersée par une petite troupe homogène et disciplinée, de même, dans une démocratie, une coterie bien organisée s'asservit facilement les partis divisés et sans force. Quand ainsi le pouvoir se détache de l'ensemble des citoyens pour tomber entre les mains d'une minorité de politiciens, les citoyens se lassent bientôt de répéter des efforts qui demeurent sans résultat. L'échec continuel décourage leurs espérances, use leur bonne volonté. C'est alors que pénètre en eux et les envahit le sentiment de leur impuissance politique. La paresse et l'égoïsme aidant, ils se détournent et se désintéressent de la chose publique. C'est ce qui s'est produit dans les classes moyennes. Ainsi, anarchie, impuissance, indifférence, ces faits connexes sont à la fois cause et effet, action et réaction, et leurs conséquences s'enchevêtrent dans la réalité et s'aggravent mutuellement.

Comme pour incliner plus fortement encore les citoyens sur la pente de l'indifférence politique, comme pour légitimer leur abstention, une idée a pénétré depuis une cinquantaine d'années dans l'opinion publique, — idée fausse et, malgré sa prétendue origine scientifique, absolument injustifiable devant la science —, c'est l'idée du progrès considéré comme une loi fatale et, pour ainsi dire, mécanique des sociétés. On croit que la société est douée d'un instinct infaillible pour discerner ses propres intérêts. On fait d'elle un organisme vivant, un être réel. On veut qu'il existe en elle un pouvoir distinct des énergies individuelles et que, par conséquent, son évolution et son progrès ne dépendent point des efforts libres des citoyens. C'est ce fatalisme paresseux et superstitieux qui imprègne aujourd'hui l'opinion publique. On comprend ce qu'une telle idée apporte d'encouragement à l'indifférence et à l'égoïsme. L'un et l'autre, s'appuyant sur cette théorie du progrès nécessaire, s'érigent en systèmes et, du même coup, les vertus démocratiques, et d'abord la première de toutes, l'activité politique, disparaissent de l'âme des citoyens.

Il nous faut rappeler encore, parmi les causes de l'apathie des classes moyennes, deux faits que déjà nous avions signalés comme des causes de leur anarchie. L'individualisme d'abord, qui n'a pas seulement pour effet d'opposer les individus, mais qui encore dissout les liens sociaux, détache chaque citoyen du tout et abolit en lui le sentiment de ses devoirs envers la société. L'intérêt égoïste prime dans les âmes l'intérêt général, et le « moi », impatient des contraintes que lui imposeraient les devoirs du citoyen, s'en libère en les niant. — De même encore, la possession du pouvoir n'a pas seulement désuni les classes moyennes, elle les a aussi engourdies dans l'indifférence. Car leur activité politique, désormais sans objet, puisqu'elles possèdent tout ce qu'elles ont souhaité de libertés et de droits, s'éteint faute d'aliment.

§ 2. — Cette détente, ce fléchissement de nos classes moyennes, autrefois si laborieuses, se produisent sur tous les points à la fois. On a beau les convier aux entreprises fructueuses, faire briller à leurs yeux les richesses inexploitées de nos possessions vierges, leur prêcher la croisade coloniale, elles préfèrent le repos et la sécurité; les lointaines aventures ne les tentent pas. — A une époque où les procédés industriels se renouvellent avec tant de rapidité, elles persistent, par routine, dans les anciens modes de fabrication. Aussi se laissent-elles distancer par les autres nations sur presque tous les marchés du monde. En cette fin de siècle, « la prospérité de notre industrie subit un moment d'arrêt, et même, pour certains commerces et certaines industries, un recul assez marqué déjà[1] ».

Il en est de même dans le domaine des choses de la pensée. Nos classes moyennes ne pensent plus. Aujourd'hui, écrit un observateur pénétrant, « la prétention de penser par soi-même n'a d'égal que le peu de souci de penser en effet et une certaine impuissance à le faire. Il arrive que l'ardeur dont on tient à un droit n'est point du tout la mesure de la capacité d'en faire usage : et il semble bien qu'aujourd'hui on tient au droit de penser librement, beaucoup plus qu'on ne tient à penser quelque chose[2] ».

Dans la politique, même inertie, même indifférence. La politique n'intéresse plus nos classes moyennes. Il faut, pour les tirer de leur torpeur, un événement bien

---

1. Cf. Rapport de M. Guillain, rapporteur général, sur le projet de budget de 1901. Voir les statistiques significatives données dans ce rapport.
2. Cf. Faguet, *Politiques et moralistes*, 2ᵉ série, p. 13.

grave et qui les menace dans leurs intérêts. Alors elles se raidissent et tentent un effort. Mais, aussitôt le péril passé, chacun retourne à ses affaires. Même, elles affectent de mépriser un peu le zèle pour la chose publique. Ne pas s'occuper de politique est, à leurs yeux, signe de distinction et d'intelligence. Elles considèrent la politique comme une « carrière » bruyante, pas très honorable, qu'il faut laisser aux intrigants, aux « journalistes » et aux « déclassés ». La politique n'est pas, à leurs yeux, un drame vivant dans lequel, bon gré mal gré, chaque citoyen est acteur; c'est seulement une comédie, généralement bouffonne, quelquefois violente, en tout cas intéressante seulement de ce côté-ci de la rampe. Et même, ce qui les intéresse dans cette comédie, ce ne sont pas les événements qui se déroulent sur la scène, ni les idées qui s'y discutent; ce sont simplement les acteurs, leurs gestes, leur débit, leur façon d'entrer et de sortir, de tomber ou de se relever.

Cette indifférence des classes moyennes pour la vie politique du pays, il est facile de la constater dans la presse. La presse est l'instrument de l'opinion publique, et l'opinion publique, c'est, avons-nous vu, l'opinion des classes moyennes. Or la presse d'aujourd'hui n'est presque plus politique. Les affaires du pays ne l'intéressent que bien après celles des tribunaux, des théâtres et des courses. L'aspect seul des journaux suffit à révéler cette transformation. Même dans les grandes feuilles dites politiques, il n'y a guère qu'une page sur quatre consacrée aux discussions politiques. Un « premier Paris », un autre article politique, les nouvelles de l'étranger, un compte-rendu rapide des séances du Parlement, voilà de quoi se compose à peu près le sommaire politique. Les trois autres quarts du journal sont occupés par des chroniques littéraires ou artistiques, par les faits divers, les informations financières, les courriers des théâtres, les échos mondains, les réclames, etc. Encore ces grands journaux sont-ils précisément les moins lus. A côté d'eux, les narguant de leur gros tirage, il est une légion de journaux, dits « littéraires », d'où la politique est absente, où du moins elle est reléguée en une mince demi-colonne.

Pour trouver d'autres signes de l'indifférence de l'opinion à l'endroit de la politique, il ne faut qu'observer et écouter ce qui se dit et se fait autour de soi. Partout, dans les conversations comme dans les actes, se trahit le même détachement des questions sociales. Les individus de nos classes moyennes ne parlent et n'agissent plus en tant que citoyens et en vue de la nation, mais en tant que commerçants, industriels, littérateurs ou fonctionnaires, et en vue d'eux-mêmes. Ils s'absorbent dans leurs intérêts, réservent toute leur activité et toute leur intelligence pour leurs propres affaires et n'ont plus pour la chose publique qu'insouciance. Les gouvernements ont coutume d'appeler cette disposition bon ordre et tranquillité publique. De son vrai nom, elle s'appelle apathie, et elle est la mort des vertus politiques.

§ 3. — Cette torpeur de nos classes moyennes recèle peut-être le plus grave péril qui puisse menacer notre démocratie.

Car si nos classes moyennes meurent à la vie politique, le peuple, lui, commence à y naître. Il a besoin, pour guider son inexpérience, d'un conseiller sage et dévoué. Aux classes moyennes était naturellement réservé ce rôle. Sans doute elles auraient eu à vaincre des défiances. Le peuple aime qui lui ressemble ou qui le flatte. Les classes moyennes, pour le conquérir, auraient dû déployer infiniment de tact, de désintéressement et de persévérance. La tâche cependant n'était point impossible. Mais cette tâche ne les a point tentées. Qui donc ce peuple ignorant, ce peuple qui pourtant veut agir, veut gouverner, puisque aussi bien on lui répète que c'est son droit, qui ce peuple va-t-il choisir pour guide?

C'est ici que commence le rôle de ceux que leur ambition ou leur tempérament pousse au métier de « démagogue », — métier facile, car il n'y faut ni rare intelligence ni vertus singulières, métier agréable, car la popularité est sans doute la forme la plus capiteuse de la gloire. Aussi, que « d'amis du peuple » dans notre démocratie! Les uns le flattent, les autres le malmènent; ceux-ci viennent familièrement à lui, s'assiéent à son foyer, l'enveloppent de leur pitié amollissante; ceux-là, de haut, laissent tomber sur lui leurs déclamations sonores ou leurs sophismes enflammés; cet autre le fascine par son geste insolent de gentilhomme encanaillé, et ceux-ci enfin, revêtant sa blouse et empruntant son langage, le charment par leur dédain brutal de toute élégance. Tous, d'ailleurs, ou presque tous, parasites du peuple et redoutant ses caprices, n'ont qu'un but : lui plaire, qu'un moyen : flatter ses moins nobles instincts, griser son ignorance d'espoirs chimériques.

A cette foule qui les suit, avide et docile, ce n'est point la vérité qu'ils jetteront en pâture; ils savent bien que, pour des esprits inexpérimentés et simples, la vérité est une nourriture rebutante; ils savent bien que ces pensées inhabiles concevraient malaisément la complexité du réel. Et, au lieu de leur faciliter cet effort vers le vrai, au lieu de hausser lentement l'intelligence du peuple vers une conception exacte de la société et de la vie, ils l'emprisonnent — tâche plus facile et plus conforme à leurs intérêts — dans une basse philosophie, ramas de notions fausses, d'utopies dangereuses, système enfantin dont la grossière simplicité est pour ces esprits simples une marque d'évidence.

« Le peuple est admirable pour choisir ceux à qui il doit confier quelque partie de son autorité », s'écriait Montesquieu[1]. Il n'y paraît guère. Peut-être le serait-il, si l'on avait pris la peine de former son jugement, si on lui avait enseigné à juger les choses et les hommes. Les classes moyennes n'ayant pas assumé l'œuvre de son éducation, il est devenu la proie des politiciens médiocres.

C'est ainsi que, par le fait de la négligence des classes moyennes, l'action politique se trouve monopolisée par un petit groupe de professionnels, pour la plupart gens brouillons, tumultueux, violents, qui, s'organisant en comités électoraux, disposent des votes du peuple en faveur des candidats de leur choix. La représentation nationale ne représente pas la nation, mais seulement une minorité d'agités et d'ambitieux.

Il est évident qu'un Parlement élu dans de telles conditions ne peut nous assurer les avantages du régime parlementaire. Ce n'est pas le bien de la nation, ce ne sont point les intérêts généraux et permanents du pays que ces représentants d'étroites coteries songeront à défendre. Leur origine et leurs attaches leur interdi-

1. *Esprit des Lois*, l. II, ch. II.

sent, sinon de s'élever jusqu'à une conception politique désintéressée, du moins d'y conformer leurs actes. Car il n'est pas possible qu'une loi nécessitée par les intérêts généraux de la démocratie ou par sa prospérité future ne blesse quelques intérêts particuliers ou présents; et ce sont justement ces intérêts privés que nos représentants, soucieux de préparer leur réélection, s'appliquent à ménager. De là vient l'impuissance des Chambres à réaliser les réformes sociales, toute réforme générale se heurtant à l'opposition égoïste de ceux qu'elle ne favorise pas. De là encore ces lois mal faites, incohérentes, conçues en vue d'un intérêt de parti, votées par surprise ou par indifférence, lois caduques, dont l'amas enchevêtré encombre inutilement notre code.

Et à quoi attribuer encore, sinon au souci de satisfaire les Comités électoraux, ces interpellations bruyantes et oiseuses, ces débats irritants et stériles — entraves continuelles aux travaux des Assemblées — cette effervescence surtout qu'à la fin de chaque législature on voit se manifester parmi nos représentants : hâte fiévreuse d'agir, de parler, de paraître, pour frapper l'esprit des électeurs, pour reconquérir, s'il en est besoin, leurs bonnes grâces; angoisse de joueurs à leurs dernières cartes, qui se traduit par des votes plus incohérents encore qu'à l'ordinaire?

Il est fatal que des Chambres ainsi composées aient à leur tour sur le gouvernement la plus fâcheuse influence. Un gouvernement ne peut accomplir une œuvre vraiment haute et durable s'il ne s'appuie sur une majorité stable qui lui assure quelque sécurité, quelque liberté d'action. Pour oser entreprendre, il faut espérer au moins le succès, il faut pouvoir compter sur un lendemain. Or, il n'y a de majorité solide que celle qui se forme autour de principes et d'idées, autour d'une théorie politique désintéressée. L'attachement aux intérêts de personnes, aux intérêts locaux, ne peut engendrer qu'une majorité précaire. La coalition que forment ces intérêts se désagrège aussitôt qu'ils ne sont plus en cause. Et, le lendemain, un autre groupement se constitue, aussi éphémère, parce qu'il est, lui aussi, dû au hasard et non à la volonté réfléchie de ceux qui le forment. La majorité ne peut donc être que de rencontre. Le gouvernement marche sur un terrain mouvant qui se dérobe à chaque pas et l'oblige à des prodiges d'équilibre.

Quoi d'étonnant, dès lors, s'il n'occupe sa fragile existence qu'à se défendre et à se préserver, s'il oublie, dans le souci quotidien de déjouer ses ennemis, les réformes qu'il a promises et qu'attend de lui le pays? Il lutte pour durer, jusqu'au jour où, sans qu'on s'y attende, sans que rien l'ait fait prévoir, sur la question la plus insignifiante, une combinaison inopinée d'intérêts le renverse, au grand étonnement des électeurs, au grand étonnement de la Chambre elle-même.

Tous ces vices de notre régime politique, dénoncés journellement par les hommes qui sont le mieux placés pour les observer, découlent ainsi, par voie de conséquence plus ou moins directe, de l'apathie de nos classes moyennes. C'est de ces classes moyennes, qu'est, à quatre reprises au cours du siècle, en 1789, en 1830, en 1848, en 1870, partie l'impulsion décisive, la force vivante qui a transformé l'ancienne société monarchique en société démocratique et républicaine. Mais aujourd'hui qu'il s'agit de poursuivre courageusement leur œuvre, de développer ce qu'elles ont eu tant de peine à fonder, alors qu'elles devraient redoubler d'activité et de zèle, elles sont prises de défaillance; une sorte d'anémie s'est emparée d'elles. Leur énergie et leur vitalité semblent, sinon taries, du moins singulièrement amoindries. Et c'est dans cet amoindrissement qu'il faut, selon nous, chercher la cause, non seulement des vices politiques que nous avons énumérés et qu'on préfère trop souvent attribuer à la nature même du régime démocratique et parlementaire, mais encore de certains maux sociaux dont on rend fréquemment responsables des institutions assurément innocentes.

L'on entend tous les jours, par exemple, mettre le fléau du « fonctionnarisme » au compte de notre éducation gréco-latine, qui ne prépare pas les jeunes gens aux carrières industrielles, commerciales et agricoles. Nous ne voyons pas cependant que les colonisateurs du xviiiᵉ siècle ni les classes moyennes de 1789 ou de 1848, qui pourtant avaient reçu cette même éducation classique, aient été possédés de la passion des emplois publics. Mais nous voyons, par contre, bien des gens du peuple, qui ont fait leur éducation à l'école primaire, se ruer avec convoitise vers les petites places de l'État.

C'est qu'il faut chercher ailleurs que dans l'étude du grec et du latin la source de ce mal. Il faut la chercher dans le rétrécissement des activités, dans l'affaissement des caractères. Les places de fonctionnaires sont sûres; elles n'exigent pas un grand déploiement d'initiative; elles procurent une vie tranquille et stable. Elles conviennent merveilleusement à des hommes *abouliques*, tels que sont ceux d'aujourd'hui. Et sans doute l'Enseignement secondaire — le moderne d'ailleurs aussi bien que le classique — est dans une certaine mesure responsable de cette course aux emplois publics, s'il est un enseignement léthargique, qui ne sait point susciter les énergies et dresser les volontés à l'action. Mais s'il ne secoue pas la paresse de nos classes moyennes, il ne la produit pas non plus. Et l'accuser de cet engourdissement où elles gisent, c'est se contenter d'une explication bien superficielle.

Nous avons vu quels troubles graves entraînait, dans la vie générale de notre démocratie, l'état d'anarchie et d'apathie où sont tombées nos classes moyennes. Il n'est pas, à l'heure actuelle, de tâche plus urgente que de rouvrir en elles la source des vertus civiques, d'y susciter l'énergie et la vaillance, d'y tendre le ressort des âmes. Puis, ces âmes redressées et vivifiées, il faudra essayer de les unir, de préparer l'accord des esprits et l'alliance libre des bonnes volontés.

Alors seulement nous verrons notre pays reprendre sa marche normale et s'avancer pacifiquement, sans secousses, sans violence, vers l'idéal démocratique de justice et de raison, le seul digne des efforts de la société humaine.

CHAPITRE III

Conclusions du livre premier.

§ 1. — Qui tirera de son égoïsme, de son inertie, de son aveuglement, cette bourgeoisie qui fut autrefois une classe éclairée et vaillante? Pour y réussir, ce ne serait pas trop du concours de toutes les forces qui peuvent avoir prise sur les âmes. Il faudrait que tous les hommes capables d'exercer quelque influence par leurs écrits, leur parole ou leurs actes, sentissent leur responsabilité et se fissent courageusement les ouvriers de cette grande œuvre. Certes, les citoyens énergiques, éclairés, désintéressés, sont en assez grand nombre encore dans notre pays pour qu'on puisse attendre beaucoup de leurs efforts, mais à la condition que ces efforts soient convergents, à la condition que l'œuvre ne soit pas menée au hasard, sans plan ni méthode, et que le mal ne soit pas aggravé par d'imprudents remèdes.

Et encore, ces conditions fussent-elles remplies, le succès serait-il assuré? Il est permis d'en douter. Nous nous trouvons en face de vices invétérés, de déformations quasi organiques, d'un mal si profond en un mot qu'il semble que la guérison n'en puisse être obtenue. Les générations qui composent actuellement nos classes moyennes paraissent condamnées à rester ce qu'elles sont, à finir dans leur égoïsme et leur mollesse. Mais les classes moyennes de demain, ces générations intactes en qui le germe du mal héréditaire peut encore être attaqué et détruit, c'est vers elles qu'il faut tourner nos regards, c'est à elles qu'il faut donner tous nos efforts et tout notre zèle. Cette jeunesse qui grandit dans nos écoles, dans nos lycées, impatiente de vivre et ignorant la vie, ces « bataillons sacrés » dont parle le poète, à qui demain nous remettrons les destinées du pays, il faut qu'ils combattent mieux que n'ont fait leurs aînés — et il dépend de nous en partie qu'ils soient de meilleurs combattants. Nous pouvons faire pour eux ce qu'on n'a pas fait pour nous, les instruire de leur devoir social, afin qu'il n'abordent pas la vie politique dans un esprit de légèreté et d'égoïsme, — affermir et discipliner leur volonté, afin qu'ils ne renoncent pas, par faiblesse et impuissance, au rôle qu'ils doivent remplir.

On voit maintenant sans doute que nous ne cédions pas à la tentation d'enfler notre sujet quand nous disions qu'il y a aujourd'hui une question de l'Enseignement secondaire, et que cette question est une des plus graves qui se puissent poser à nos réflexions.

Mais peut-être, sans contester l'importance du rôle de l'Enseignement secondaire, essaiera-t-on de nier qu'il le puisse remplir. — « Nul doute, dira-t-on, qu'il ne doive, théoriquement, préparer les classes moyennes à leur devoir social. Mais, pratiquement, il en est incapable. L'Enseignement secondaire est une abstraction, une entité. Il n'y a pas d'Enseignement secondaire, il n'y a que des professeurs des lycées. Or, ces professeurs sont des hommes de leur temps, vivant de la même vie, subissant les mêmes influences que l'ensemble des classes moyennes, plongés dans la même atmosphère morale. C'est dire qu'ils partagent les passions, les faiblesses, les incertitudes de leurs contemporains, qu'ils sont atteints, en un mot, du mal que vous leur donnez mission de guérir. Comment seraient-ils capables de préparer l'union et l'entente des esprits, quand eux-mêmes n'échappent point à l'anarchie intellectuelle et morale des générations présentes? Comment susciteraient-ils dans l'âme des jeunes gens l'amour du bien public, le goût de l'action politique, toutes ces énergies dont eux-mêmes sont dépourvus? »

L'objection est grave, et l'on ne peut nier qu'elle ne renferme une part de vérité. Nous n'avons point cherché à dissimuler les liens étroits qui rattachent la vie de l'Enseignement secondaire à la vie de la nation. Nous avons montré nous-même que notre Enseignement secondaire actuel semble le reflet et l'image de la société contemporaine. Toutes les incohérences, toutes les erreurs, toutes les contradictions que nous avons relevées dans son organisation sont précisément les incohérences, les erreurs et les contradictions de notre époque. C'est que les doctrines politiques, religieuses, philosophiques ne sont pas seules à porter l'empreinte du moment et du milieu où elles sont nées. Les doctrines pédagogiques n'échappent pas davantage à ces influences secrètes qui déterminent le caractère d'une époque. Faut-il cependant conclure de là que les individus sont absolument et irrémédiablement esclaves de leur temps? Nous ne le croyons pas. Nous croyons, au contraire, que, dans la formation de toute personnalité, entre pour une part la volonté libre, l'énergie réactive de l'individu. Nous croyons que cette volonté libre, cette activité réfléchie des hommes les plus intelligents et les plus fermes entre comme facteur dans la constitution des mœurs et de l'esprit public d'une époque, et que, par conséquent, une société ne subit pas nécessairement ses mœurs, mais peut, dans une certaine mesure, par l'action volontaire de quelques-uns de ses membres, les transformer ou les corriger.

Or, cette action, serait-ce attendre trop des maîtres de nos lycées que de les croire capables de s'y associer? Ne pourraient-ils échapper, par une vigoureuse reprise de leur volonté et de leur intelligence, à l'influence démoralisatrice de leur époque, et s'élever, par la pensée, au-dessus de leur temps pour le comprendre et le juger? Nous savons qu'il existe, dans l'Université, une élite capable de cet effort, et nous savons aussi que la plupart des maîtres suivraient l'exemple donné. Dans l'Université, comme dans le reste de la nation, l'ignorance est la mère de toutes les fautes. Que quelques voix convaincues et obstinées s'élèvent pour instruire les maîtres des intérêts pressants de notre démocratie, pour leur proposer le but et les moyens, pour leur dire, en un mot, avec précision ce que le pays attend d'eux, et l'on verra si, de toutes parts, ne surgissent pas des bonnes volontés, demeurées jusqu'alors inactives, faute d'être éclairées; on verra si la grandeur et la difficulté même de la tâche proposée ne suscitent pas en ces hommes sincères et consciencieux un généreux élan.

§ 2. — Si maintenant, convaincus que l'Enseignement secondaire doit et peut efficacement préparer à leur tâche nos futures classes moyennes, nous voulons l'adapter à leurs besoins, il nous semble que d'utiles indications nous peuvent venir, pour cet essai d'organisation, du spectacle même de cette anarchie intellectuelle et morale, et de cette indifférence politique que nous avons essayé de décrire. Nous en tirerons en effet cette idée conductrice, que l'Enseignement secondaire, s'il veut remplir son rôle social, doit s'appliquer à prévenir, dans les générations qu'il élève, ces deux maux, l'anarchie et l'indifférence, maux qui ne proviennent pas de causes accidentelles et transitoires, mais tiennent, nous avons essayé de le montrer, à la nature même de l'état démocratique et se trouvent en germe dans toute démocratie.

Une chose est certaine d'abord, c'est que des enfants qui feront tous également partie des classes moyennes, à qui, donc, incombera un même devoir social, doivent être formés par un même enseignement. « Il n'est pas possible — disait Tocqueville — qu'une société prospère si tous les esprits ne sont pas rassemblés et tenus ensemble par quelques idées principales. » Semblablement, il n'est pas possible que nos classes moyennes remplissent efficacement leur fonction politique et sociale si les hommes qui les composent ne sont point préparés à s'entendre sur l'intérêt et la portée des problèmes philosophiques, moraux, politiques. Mais, pour que cette entente soit à son tour possible, il faut que les esprits aient été habitués aux mêmes méthodes, nourris des mêmes aliments, éveillés aux mêmes curiosités, formés en un mot par la même éducation.

Cependant, objecte-t-on, ces enfants se destinent à des professions très différentes. Les uns seront avocats, d'autres, commerçants, d'autres, médecins, d'autres, industriels. N'ont-ils pas besoin chacun d'un enseignement qui les prépare à leur profession respective? Nous n'y contredisons pas. Mais nous disons qu'avant d'être commerçant, avocat, industriel, tout homme est citoyen. Et c'est pourquoi nous réclamons, pour les enfants de nos classes moyennes, une éducation commune qui les prépare tous à remplir ce rôle de citoyen, — l'Enseignement secondaire unifié serait l'instrument de cette éducation — et une éducation spéciale qui se diversifie selon leurs besoins et les prépare à leurs professions respectives, — l'Enseignement professionnel y pourvoirait. Nous disons aussi que l'Enseignement professionnel doit succéder à l'Enseignement secondaire, d'abord parce qu'il est prouvé par l'expérience que de bonnes études générales facilitent et abrègent les études professionnelles, ensuite parce que les qualités générales du citoyen qu'aura créées en nos élèves l'Enseignement secondaire importent plus à la prospérité de la nation que les qualités spéciales et techniques que développera en eux l'Enseignement professionnel. L'éducation générale d'abord, identique pour tous, et seulement ensuite, venant se greffer sur cette éducation commune, une éducation spéciale, voilà, nous semble-t-il, la seule façon de concilier les intérêts moraux et les intérêts matériels du pays.

Il y a aujourd'hui, pour élever les classes moyennes, deux Enseignements secondaires, le classique et le moderne. Il faut qu'il n'y en ait qu'un. — Mais c'est la prétention des défenseurs de l'Enseignement secondaire moderne que cet Enseignement ne fasse qu'un avec l'Enseignement secondaire classique. Tous deux, nous disent-ils, poursuivent le même but, par des moyens différents. Ils ne sont pas divergents, mais convergents, puisqu'ils visent tous deux à donner une forte culture générale, et qu'ils sont « parfaitement équivalents quant à la formation de l'esprit et du caractère[1] ». — Mais alors, demanderons-nous, à quoi bon deux Enseignements, s'ils ne font que se doubler? Adoptons l'un des deux, le meilleur, et supprimons l'autre. — Sans doute, reprend-on; mais remarquez que ces deux Enseignements, identiques au fond, sont cependant différents dans la forme. L'Enseignement classique est purement et franchement général et désintéressé; l'Enseignement moderne, tout en étant général, est aussi spécial et utilitaire. — Oui certes, voilà bien la vérité, et nous retenons l'aveu. L'Enseignement classique est une chose et l'Enseignement moderne en est une autre. Entre eux il y a, non seulement différence, mais encore opposition. L'un enseigne qu'un idéal de justice et de raison est le but où doivent, à travers la résistance des égoïsmes, marcher les sociétés, et que c'est ce même idéal que l'individu doit s'efforcer, au mépris de ses intérêts matériels, de réaliser en lui-même. L'autre enseigne que ce sont les intérêts pratiques et matériels qui mènent les sociétés et en doivent régler l'organisation, et que, dès lors, ces intérêts dictent en fait et doivent régler en droit la conduite des individus. Ce sont évidemment là deux systèmes d'idées incompatibles. Comment des esprits, nourris de principes si différents, pourraient-ils, dans la vie, se rejoindre et se rassembler? Comment, ayant de la société et de la vie des notions si dissemblables, pourraient-ils travailler côte à côte à une œuvre commune?

1. Discours de M. L. Bourgeois à la Chambre des députés, séance du 24 novembre 1896.

Nous sommes donc fermement convaincus — et les pages qui précèdent en disent les raisons — que nos deux Enseignements, secondaire classique et secondaire moderne, ne sauraient, sans risquer d'aggraver encore l'anarchie intellectuelle et morale dont souffrent nos classes moyennes, subsister parallèlement et sur un pied d'égalité; leur coexistence est elle-même une cause de division. Lequel doit disparaître, lequel doit vivre, ou ne doivent-ils pas tous les deux céder la place à un troisième, c'est un point que nous n'avons pas encore le droit de décider. Ce que nous prétendons seulement, c'est que des enfants qui tous sont appelés à faire partie des classes moyennes, qui tous auront à se concerter et à s'unir pour une même tâche sociale, doivent être formés par le même type d'enseignement.

Ce ne serait point assez pourtant de confier l'éducation de nos classes moyennes à un seul et même Enseignement, il faudrait encore que cet Enseignement fût approprié à leurs besoins. Notre Enseignement classique actuel, nous l'avons montré, est dépourvu d'unité et de cohésion. Notre Enseignement moderne, chacun le sait, l'est plus encore. Un Enseignement anarchique et incohérent, qu'il soit classique, qu'il soit moderne, peut-il former autre chose que des esprits incohérents et anarchiques? Et de la réunion de tels esprits peut-il sortir autre chose que des classes moyennes divisées et impuissantes?

Contre leurs divisions et leur impuissance actuelles, nous demanderons donc un Enseignement secondaire un et homogène, et qui forme un tout. Pour cela, il faut qu'il soit soutenu par une idée directrice; il faut qu'il y ait en lui un principe d'ordre et d'organisation qui coordonne toutes les matières de l'enseignement et préside au choix des méthodes; il faut qu'un esprit, qu'une « âme », comme l'on dit aujourd'hui, anime sa masse tout entière. Seul, un tel Enseignement, en instituant dans les esprits une même discipline, peut y créer l'ordre et l'harmonie.

§ 3. — Unique et un, tel doit être notre Enseignement secondaire s'il veut s'organiser contre l'anarchie de nos classes moyennes. Mais il faut qu'il s'organise aussi contre leur indifférence politique. Notre démocratie se dessèche et dépérit, comme un arbre d'où la sève se retire. Elle a besoin de citoyens énergiques qui lui soient comme un ferment de vie et d'activité. Or, seul un enseignement actif et vivant peut être une école de virilité et d'énergie. Notre Enseignement secondaire est aujourd'hui, par le fait même de son manque d'unité intérieure, un enseignement qui immobilise et qui engourdit. Copieux à l'excès, il alourdit et fatigue l'esprit. Juxtaposition de « spécialités », il n'offre aux intelligences que des notions sans lien entre elles, et ne les sollicite point à penser, si penser consiste à concevoir les rapports des choses. De notre Enseignement secondaire nous bannirons donc tout ce qui ne s'adresse qu'à la mémoire et ne fait que gorger l'esprit. Nous voudrons qu'il parle à l'*entendement*, qu'il ne s'apprenne point, mais qu'il se comprenne, qu'il aille chercher les puissances endormies de la pensée, les éveille, les excite. Nous exigerons que les maîtres s'appliquent à dégager, de la lettre de l'enseignement, l'esprit, et, de chaque ordre de faits, l'idée. Nous voudrons, en un mot, que notre Enseignement secondaire soit un enseignement non de forme, mais de fond, ou, pour l'appeler de son vrai nom, un enseignement philosophique.

Mais ces activités qu'un tel enseignement aura suscitées, il ne faut pas qu'elles s'exercent seulement dans le cercle étroit des intérêts individuels; il faut qu'elles se dépensent pour le bien du pays, qu'elles s'emploient à la défense des grands intérêts démocratiques. Et peut-être alors ne serait-il point inutile qu'on dît aux élèves de nos lycées ce que le pays attend d'eux, qu'on leur parlât de leurs devoirs, qu'on leur donnât les connaissances civiques qui leur seront nécessaires. « Les lois de l'éducation, dit Montesquieu, doivent être relatives au principe du gouvernement. » Nous sommes une démocratie. Et pourtant les enfants de nos classes moyennes quittent aujourd'hui le lycée sans avoir jamais entendu parler de cette société politique dans laquelle ils entreront demain ni des devoirs sociaux qui vont être les leurs. En vérité, si nous vivions sous un despotisme, s'y prendrait-on autrement pour étouffer chez des sujets toute curiosité, tout désir de comprendre et d'agir? Oui certes, M. J. Lemaître a raison de s'écrier qu'il y a « de terribles disconvenances entre l'enseignement qui est donné aux enfants des classes moyennes et ce qu'ils auront à faire dans la vie [1] ». Ces enfants auront à faire, tous, quelle que soit leur profession, de la politique, dans le sens le plus large du mot. Dès lors, l'Enseignement secondaire est tenu de réserver une place à la description théorique des principales formes de gouvernement, à l'exposé des principes et des lois de l'économie politique, du droit,

1. Discours prononcé à la Sorbonne, le 5 juin. Reproduit dans *La France de Demain* du 15 juin 1898.

de la sociologie. Il est indispensable qu'il éclaircisse aux yeux des élèves les idées de nation, de souveraineté nationale, d'autorité publique, de liberté, d'égalité, de propriété, qu'il leur définisse les rapports des citoyens entre eux, ceux du citoyen avec l'État, les droits et les devoirs de l'individu et ceux de l'État, qu'il leur montre la délicatesse du mécanisme politique, la complexité de la vie sociale, qu'il leur fasse sentir par quels innombrables liens ils tiennent à la société et comprendre la grandeur de la dette contractée envers elle, — en un mot qu'il leur fasse concevoir clairement l'obligation et la moralité de l'action sociale. Pour tout dire, il est nécessaire que notre Enseignement secondaire soit un enseignement *social*. Social, c'est-à-dire encore philosophique; car c'est dans la philosophie seule que la politique et la sociologie trouvent leur fondement. Toute conception politique, toute organisation économique et sociale implique une conception générale de l'homme et de l'univers, une philosophie en un mot. En France, dans le pays qui a fait la révolution de 1789, un enseignement social ne peut pas ne pas être un enseignement philosophique.

Un solide enseignement philosophique, orienté vers les choses sociales, tel nous paraît être le remède à l'apathie politique de nos classes moyennes. Et si l'on nous objecte que, pour préparer nos élèves à bien remplir leur devoir de citoyen, c'est sans doute beaucoup, mais ce n'est point encore assez que de le leur avoir enseigné, nous en tomberons volontiers d'accord. Il faudrait surtout, cela est certain, le leur avoir fait aimer; il faudrait, par une initiation prudente et sage, leur avoir fait goûter les joies que réserve la plus riche, la plus pleine des formes de l'action, l'action sociale. Nous pensons qu'il est possible d'atteindre ce but par une éducation pratique qui viendrait compléter et fortifier l'enseignement des maîtres. On peut, croyons-nous, habituer, dès le lycée, les jeunes gens à faire acte de solidarité. Mais, pour cela, c'est à l'initiative privée des professeurs et des élèves qu'il faudrait s'adresser, c'est la création d'œuvres complémentaires du lycée qu'il faudrait encourager, tout comme on a encouragé les « œuvres complémentaires de l'école ». Peut-être même est-ce dans des œuvres de ce genre (patronages scolaires, associations de bienfaisance, etc.), dans l'apprentissage en un mot de l'action sociale qu'il faut chercher la solution de l'apparente antinomie dénoncée entre l'Enseignement classique et les besoins de notre société moderne ?

En tout cas, et puisque nous ne nous occupons ici que de l'Enseignement proprement dit, il est certain que cet Enseignement peut, pour sa part, qui est considérable, travailler à vaincre la « somnolence sociale » qui menace si gravement notre démocratie. Il le peut ; donc il le doit.

Créateur d'unité et excitateur d'activité sociale, c'est-à-dire un et philosophique, tel doit être l'Enseignement secondaire, s'il veut remplir son rôle dans notre démocratie, qui est de former des classes moyennes unies dans l'amour du bien public, et capables, par leur exemple et leurs conseils, de guider la volonté nationale.

Quelle doctrine pédagogique nous proposera le type d'enseignement qui réalise le mieux ces conditions, c'est ce qu'il nous faut maintenant rechercher.

LIVRE II

PÉDAGOGIE UTILITAIRE
ET PÉDAGOGIE LIBÉRALE

CHAPITRE I

La pédagogie utilitaire.

Il n'entre pas dans notre dessein de passer en revue les diverses théories pédagogiques, ni même d'examiner en détail les plus importantes. Ce serait un travail inutile, — du moins pour le but que nous nous proposons. Ce but, en effet, n'est point de rechercher, dans chaque système, les idées justes ou les méthodes ingénieuses qui s'y peuvent rencontrer ; nous voulons seulement savoir lequel d'entre ces systèmes pourra nous proposer l'enseignement un et philosophique que nous cherchons. Ne nous embarrassons donc point du détail des préceptes et des applications pratiques, ne nous arrêtons point à la lettre des doctrines, mais essayons d'en pénétrer l'esprit.

Aussi bien, la diversité des systèmes pédagogiques, qui frappe au premier abord, n'est-elle qu'apparente. A les envisager de haut et dans leur principe, on s'aperçoit bientôt que cette diversité s'ordonne d'elle-même en deux larges groupes nettement différenciés. Au premier appartiennent les doctrines qui, convaincues avant tout de l'utilité du savoir, considèrent l'acquisition des connaissances comme la véritable *fin* de l'éducation ; ce sont les doctrines utilitaires. Dans le second se rangent les doctrines où domine la tendance à n'employer le savoir que comme un *moyen* pour réaliser une fin supérieure à lui, et ce sont les doctrines libérales. Voyons rapidement les traits essentiels de ces deux groupes et, pour cela, étudions-les dans le ou dans les systèmes les plus représentatifs de chaque groupe.

I

De toutes les doctrines utilitaires la plus cohérente, la plus solidement liée en toutes ses parties, celle qui se présente avec la plus forte consistance logique, est celle de Spencer[1]. Elle est, par cela même, la plus représentative du premier groupe ; c'est donc elle que nous choisirons, sans nous interdire d'ailleurs d'emprunter certains traits significatifs à d'autres systèmes utilitaires.

Spencer commence par poser nettement le principe de l'éducation utilitaire. Il faut, dit-il, acquérir le savoir, parce que le savoir a une valeur propre, qui lui vient de son utilité, — entendons, de son utilité positive et pratique, de son utilité immédiate et, pour ainsi dire, palpable. Savoir en effet, c'est pouvoir. Celui qui *sait* le plus est aussi celui qui *peut* le plus, celui qui, dans le combat pour la vie, est le plus fort et le mieux armé. Or, jamais ce combat ne fut plus âpre et plus acharné qu'aujourd'hui ; jamais l'individu ne fut ainsi contraint de rassem-

1. H. Spencer, *De l'Éducation intellectuelle, morale et physique.*

bler ses armes et de se dresser pour la lutte. De quels secours lui seraient, dans ce brutal combat, la finesse du goût, la richesse ou la grâce de l'imagination, l'élégance subtile de la pensée, toutes ces qualités qu'une éducation esthétique s'efforçait jadis de cultiver? Vain luxe, et qui ne convient plus à notre époque de rude concurrence! Plutôt que d'affiner et d'orner les esprits, cherchons à les instruire, à les *munir*, dans le sens fort du mot. A l'éducation mondaine substituons une éducation positive et pratique, conforme aux nécessités de la vie moderne.

Mais, dès l'abord, se présente une difficulté. La somme des connaissances est aujourd'hui si considérable que le cerveau humain, quelque vaste et réceptif qu'on le suppose, ne saurait l'embrasser et la contenir tout entière. Les temps ne sont plus des Pythagore et des Aristote, de ces hommes qui, vivantes encyclopédies, tenaient enclos en leur esprit tout le savoir humain. Les siècles ont entassé les découvertes, amoncelé les vérités. La science humaine aujourd'hui déborde l'homme, et les esprits les plus avides doivent se résigner à ne connaître qu'une partie de ce qu'on peut savoir. Dans cet énorme amas de connaissances, il faut de toute nécessité que l'éducateur opère un triage et fasse un choix. Quelles sont donc les connaissances dont il convient de faire la matière de l'enseignement? On conçoit que là est le problème capital, le nœud de la doctrine utilitaire. Dire que la possession du savoir doit être la fin dernière de l'éducation intellectuelle, c'est n'avancer à rien si l'on ne détermine quelle sorte de savoir il faut posséder.

Les pédagogues qui, dès avant Spencer, ont prôné l'éducation positive, ne soupçonnaient pas l'importance de la question ni ne s'étaient embarrassés de chercher, pour la classification des savoirs, un criterium rigoureux. La règle de leur choix n'était pas fondée en raison ni conforme à la logique de leur système, mais s'appuyait sur des conceptions arbitraires, sur des préférences personnelles ou sur des observations psychologiques sans grande portée. C'est ainsi que l'abbé de Saint-Pierre, pour déterminer l'espèce de savoir qu'il convient d'enseigner, se fonde sur la nécessité de « soulager l'attention par la diversité », et introduit alors dans son plan d'études « quelque chose de tous les arts et de toutes les sciences ». C'est ainsi également que Locke, adoptant un criterium plus incertain encore, choisit, pour composer ses programmes, le genre de savoir qui convient le mieux au parfait « gentleman ». Qui ne voit combien de pareils choix sont arbitraires et satisfont mal aux exigences d'une pensée un peu rigoureuse? Qui ne voit qu'adopter ainsi un critère au hasard, sans discussion ni contrôle, c'est s'exposer à introduire dans l'éducation positive des éléments auxquels elle répugne, à s'écarter peut-être de son principe, à ne construire, en un mot, qu'un système incohérent, dispersé ou chancelant?

Diderot, qui a poussé en tous sens tant de pointes hardies et devancé, sur bien des points, les philosophes de notre siècle, semble avoir eu, le premier, nettement conscience du vrai principe de l'éducation positive. Après avoir dénoncé les disconvenances entre l'éducation toute littéraire de son temps et les besoins modernes, après avoir proclamé qu'il faut, « à l'étude des mots », « substituer aujourd'hui l'étude des choses[1] », il établit que c'est « la raison d'utilité plus ou moins générale[2] » des diverses sciences qui doit fixer leur place dans les programmes de l'enseignement. Puisque, en effet, c'est l'utilité intrinsèque du savoir qui lui confère son droit à être enseigné, il faut, si l'on veut demeurer fidèle à l'esprit du système utilitaire, choisir les savoirs et les doser, pour ainsi dire, selon leur degré d'utilité.

Quelles sont donc, se demande Diderot, les sciences qu'il faut enseigner aux enfants, et dans quel ordre faut-il les enseigner? La première est « celle qui leur convient à tous, quelle que soit la condition de la société qu'ils embrassent[3] », c'est-à-dire, celle qui est de l'utilité la plus générale. « Quelle sera la seconde? Celle qui, d'une utilité un peu moins générale », conviendra cependant à la plus grande partie des élèves. « Et ainsi de suite jusqu'au bout de la carrière, l'utilité de l'enseignement diminuant[4] » à mesure qu'on approche de la fin des études. Le principe, on le voit, est nettement posé.

Il est vrai que Diderot ne s'est pas mis en peine de définir ce qu'il entend par l'utilité d'une science. En faveur de l'étude de la mécanique, il atteste l'utilité matérielle et pratique de cette science. Parle-t-il de l'astronomie? c'est son utilité mondaine, pour ainsi dire, qu'il invoque. « Il serait honteux pour un homme élevé de ne rien savoir ni du globe sur lequel il marche, ni de la voûte sous laquelle il se promène[5]. » Il réclame une place pour la logique en raison de son utilité mo-

---

1. Diderot, *Œuvres*, éd. Assézat, t. III, p. 421.
2. *Ibid.*, p. 447.
3. *Ibid.*, p. 442.
4. *Ibid.*, p. 442.
5. *Ibid.*, p. 459.

rale. Sous la plume de Diderot, le mot d'utilité reçoit des acceptions très différentes, contradictoires même. Rien d'étonnant dès lors qu'un principe si mal défini n'engendre qu'une classification superficielle, et que la hiérarchie proposée par Diderot — mathématique, mécanique, astronomie, histoire naturelle et physique, chimie et anatomie, logique et grammaire générale, langues anciennes et poésie — nous paraisse une œuvre de fantaisie plutôt que de raison.

Notre inquiétude augmente d'ailleurs à mesure que se développe la pensée de Diderot. Incapable de se tenir fermement à une idée, à peine a-t-il adopté comme principe de ses programmes l'utilité plus ou moins générale de chaque science, qu'il fait presque aussitôt intervenir un nouveau principe, peu compatible avec le premier, le principe de l'enchaînement naturel, de la dépendance logique des sciences. Précédant ici et annonçant Condorcet et A. Comte, il montre que les sciences s'appuient les unes sur les autres, que la mécanique se fonde sur les mathématiques, que l'astronomie ne peut être comprise et enseignée qu'après la mécanique, qu'en un mot, comme le dira Comte, il existe, entre les diverses études scientifiques, une dépendance réelle, un ordre rationnel « déterminé par le degré de simplicité, ou, ce qui revient au même, par le degré de généralité des phénomènes [1] » dont connaît chaque science. Cet ordre rationnel, déclare Diderot, doit être reproduit dans l'éducation. — Mais alors surgit une difficulté. L'ordre rationnel des sciences coïncide-t-il avec leur ordre utilitaire? Diderot avoue lui-même qu'il n'en est rien

---

1. Comte, *Cours de philosophie positive*, 2ᵉ leçon.

« La liaison d'une science avec celle qui la précède, reconnaît-il, son enchaînement naturel avec celle qui la suit et dont elle faciliterait l'enseignement lui désigne une place », et « la raison d'utilité plus ou moins générale lui en fixe une autre [1] ». Diderot a beau affirmer que « cette contradiction ne se présente qu'une fois », outre que nous ne saurions l'en croire sur parole, un tel aveu suffit à infirmer la valeur de la classification qu'il nous propose.

Et que dire encore lorsque Diderot expose qu'il s'est efforcé d'aménager son plan d'études de manière à suivre le développement naturel des facultés de l'enfant? S'il reporte la logique à la sixième année des études, c'est parce que « cet enseignement abstrait » n'est pas « à la portée des enfants ». Mais si l'on ne considérait que l'utilité de cette science, c'est assurément, déclare-t-il, par elle « qu'il faudrait commencer », puisqu'elle est « l'art de penser juste... art sans lequel toutes les connaissances sont peut-être plus nuisibles qu'utiles à l'homme, qui en devient ridicule, sot ou méchant [2] ».

Le plan d'études de Diderot n'est donc pas conforme au principe de l'utilité plus ou moins générale des sciences. Diderot a bien posé le principe de l'éducation utilitaire; mais, faute d'avoir su s'y tenir, faute aussi d'en avoir nettement conçu la portée, il n'en a pas su développer les conséquences.

Spencer s'est mis en garde contre toutes ces incertitudes. Non seulement il n'a point fait appel, pour établir

1. Diderot, *OEuvres*, éd. Assézat, t. III, p. 447.
2. *Ibid.*, p. 405.

ses programmes, à d'autre principe pédagogique que l'utilité plus ou moins générale des sciences, mais encore il a défini avec précision ce qu'il faut entendre par utilité. Quand on parle de l'utilité d'une science, déclare-t-il, on ne veut point désigner par là le profit moral qu'elle peut apporter, ni les qualités intellectuelles que développe son étude, ni les succès mondains que sa possession peut procurer. Si on le fait, ce ne peut être que par un abus de mots. Le mot d'utilité s'emploie pour désigner un avantage matériel et tangible, un profit d'ordre pratique. L'utilité d'une science se mesure à la quantité et à la fécondité de ses applications immédiates.

Le sens du mot utilité étant ainsi fixé, il ne s'agit plus, pour dresser le plan d'études, que de classer les sciences d'après leur degré d'utilité positive. C'est là une simple opération d'arithmétique, qui ne laisse aucune place à l'arbitraire ni à l'erreur. Bentham avait établi l'arithmétique des plaisirs, Spencer établit l'arithmétique des savoirs.

Quel est donc le savoir le plus utile? La réponse à cette question ne saurait être douteuse : c'est la science. Qu'est-ce, en effet, qui mesure l'utilité d'une connaissance? C'est son degré de certitude; car, plus une connaissance est certaine, plus aussi les applications pratiques qu'elle comporte sont précises et infaillibles. C'est ce que Bacon exprimait en disant que l'on est maître de ce que l'on connaît et que la puissance de l'homme est en raison de sa science. Le savoir le plus utile est donc le savoir le plus certain, c'est-à-dire le savoir scientifique.

C'est empiriquement d'ailleurs, plus encore que déductivement, que Spencer démontre l'utilité primordiale de la science et établit sa classification utilitaire des savoirs. Quels sont, se demande-t-il, les besoins essentiels de tout homme? C'est d'abord de conserver sa santé et sa vie. Or, l'homme ne peut conserver sa vie que s'il fortifie et endurcit son corps, s'il écarte les causes de destruction qui menacent son organisme, s'il combat les germes de maladie qui s'y peuvent glisser. Mais comment le pourrait-il, s'il ne possède une connaissance exacte de l'organisme humain? Par suite, « un cours de physiologie suffisamment complet pour conduire à l'intelligence des vérités générales de cette science et pour nous enseigner à en tenir compte dans la vie journalière doit faire essentiellement partie d'une éducation rationnelle [1] ». La physiologie, l'hygiène, les éléments de la science médicale, tels sont les premiers éléments d'une instruction utilitaire.

Le même instinct de conservation impose à l'homme la nécessité de pourvoir à sa subsistance quotidienne par un travail rémunérateur, par l'exercice d'un métier ou d'une profession. Mais, « à part quelques classes peu nombreuses, à quoi les hommes sont-ils employés? Ils sont employés à la production, à la préparation et à la distribution des marchandises. Et de quoi dépend le succès dans la production, la préparation et la distribution des marchandises? Il dépend de l'emploi de méthodes adaptées à la nature spéciale de chacune de ces denrées, de la connaissance exacte de leurs propriétés physiques, chimiques ou vitales, selon le cas; en un mot, il dépend de la science [2] ». Une éducation

---

1. H. Spencer, *De l'Éducation intellectuelle, morale et physique*, p. 26.
2. *Ibid.*, p. 28.

positive comporte donc, après l'enseignement de la physiologie, celui des sciences qui procurent les « connaissances » nécessaires au commerçant, à l'industriel, à l'agriculteur, c'est-à-dire les mathématiques, la géométrie, la mécanique, la physique, la chimie, l'astronomie, la géologie, la biologie, l'économie politique.

L'homme cependant, lorsqu'il a assuré sa conservation et pourvu à sa subsistance n'a pas satisfait tous ses besoins. Comme il n'est pas fait pour vivre seul, comme l'instinct de perpétuer sa race le pousse à fonder une famille, il faut qu'il soit préparé à bien remplir sa fonction paternelle. Or, la science seule peut l'y préparer. « Il est indispensable de connaître les premiers principes de la physiologie et les vérités élémentaires de la psychologie, si l'on veut élever convenablement les enfants[1] ». Ainsi la psychologie fait logiquement partie d'un plan d'études utilitaire.

Mais la famille ne doit pas absorber toute l'activité de l'homme. L'homme est aussi membre d'une société, citoyen d'un État. C'est dire qu'il a une fonction sociale et politique à remplir. Pour qu'il la puisse bien remplir, la première condition est qu'il connaisse les lois qui régissent les sociétés et les régimes politiques. Or, « tous les phénomènes sociaux sont les phénomènes de la vie; les manifestations les plus complexes de la vie doivent se conformer aux lois de la vie et ne peuvent être comprises que par ceux qui connaissent ces lois[2] ». Ces lois, ce n'est pas l'histoire — du moins l'histoire réduite à l'exposé des faits — qui les peut enseigner; c'est la science sociologique avec ses « deux interprètes

---

1. H. Spencer, *De l'Éducation intellectuelle, morale et physique*, p. 50.
2. *Ibid.*, p. 59.

indispensables, la biologie et la psychologie [1] ». Ajoutons en conséquence la sociologie à notre programme.

Voilà donc que, grâce à la science, l'individu a été mis en mesure de pourvoir à la conservation et à l'entretien de sa vie ; il a été rendu capable de bien remplir ses fonctions de père et de citoyen. Nous avons le droit maintenant de songer à ses jouissances esthétiques. Ces jouissances remplissent agréablement les heures de loisir ; or, le loisir et le repos sont nécessaires à l'homme. On peut donc affirmer que les jouissances poétiques et artistiques sont utiles, quoique bien après les soins du corps, la pratique d'un métier, les occupations du chef de famille et du citoyen. Une éducation utilitaire, pour être complète, doit mettre l'homme à même de jouir de la beauté dans la nature, dans les lettres et les arts. Mais qui pourra le mieux préparer l'âme aux émotions esthétiques, affiner et élargir le goût ? Spencer répond : c'est encore la science. Dans une argumentation très paradoxale — et sur laquelle nous n'insisterons pas — il entreprend de prouver que l'art, « étant représentatif des phénomènes objectifs et subjectifs », ne peut avoir de valeur que dans la mesure où il est conforme aux lois de ces phénomènes et que, par conséquent, soit qu'il s'agisse de créer l'œuvre d'art, soit qu'il s'agisse de la comprendre et de la goûter, il faut préalablement avoir étudié ces lois, c'est-à-dire avoir reçu une éducation scientifique. « La science est nécessaire, non seulement pour produire, mais pour apprécier les œuvres d'art [2] ».

1. H. Spencer, *De l'Éducation intellectuelle, morale et physique*, p. 59.
2. *Ibid.*, p. 70.

Ainsi, conclut Spencer, « à la question qui nous a servi de point de départ. — Quel est le savoir le plus utile? — la réponse uniforme est : la science. C'est le verdict prononcé sur toutes les questions[1] ». La science doit donc être le premier mot comme le dernier de l'éducation, doit faire le principal, ou plutôt l'unique objet de l'enseignement. Il n'en est pas ainsi actuellement :

Ce bienheureux moment n'est pas encor venu.

« La science est encore la Cendrillon qui cache dans l'obscurité des perfections inconnues. Tout le travail de la maison lui a été donné à faire. C'est par son adresse, son intelligence, son dévoûment, que l'on a obtenu toutes les commodités et tous les agréments de la vie; et tandis qu'elle s'occupe incessamment de servir les autres, on la tient à l'écart, afin que ses orgueilleuses sœurs puissent étaler leurs oripeaux aux yeux du monde[2] ». Mais, ainsi que dans le conte, l'humiliation de Cendrillon n'aura qu'un temps. Le dénoûment approche. « Et alors les situations seront changées. Les sœurs orgueilleuses tomberont dans un abandon mérité, tandis que la science, proclamée la meilleure et la plus belle, régnera souverainement[3] ».

Ne nous laissons point abuser cependant par les derniers mots de cette parabole. Ce n'est point la beauté de la science qui la rend, aux yeux de Spencer, digne de notre étude et de notre culte, c'est son utilité. S'il veut que la science « règne souverainement » dans l'éduca-

1. H. Spencer, *De l'Éducation intellectuelle, morale et physique*, p. 84.
2. *Ibid.*, p. 87.
3. *Ibid.*, p. 87.

tion, c'est parce que seule elle est capable de satisfaire
les besoins matériels de l'homme ; seule, elle peut l'aider
à devenir « un bon animal, ce qui est la première condition du succès dans le monde [1] » ; seule, elle peut lui
donner les moyens de réussir et de s'enrichir ; seule, en
un mot, elle peut lui fournir les armes défensives et
offensives qui assureront son triomphe dans la lutte
pour la vie. C'est donc bien, en dernière analyse, l'idée
d'utilité pratique qui domine tout le plan d'études de
Spencer.

Nous aurons achevé l'exposé du système pédagogique
de Spencer si nous signalons une autre direction de sa
pensée. Par un détour brusque, Spencer, abandonnant
tout à coup le principe de l'utilité, introduit dans sa
doctrine un élément assez inattendu. Un bon système
d'éducation, nous dit-il, ne doit pas seulement tenir
compte de l'utilité des savoirs ; il doit encore se conformer à « la marche naturelle de l'évolution mentale [2] ».
S'agit-il de choisir les matières de l'enseignement — ce
qui est la première démarche de la pédagogie pratique
— c'est l'utilité respective des savoirs qu'il faut considérer. Mais si nous voulons résoudre les deux autres
questions qui se posent à la pédagogie, d'abord, « dans
quel ordre faut-il enseigner les diverses matières des
programmes », ensuite, « quelles doivent être les
méthodes d'enseignement », alors nous n'avons plus à
considérer que « l'ordre du développement des facultés ».

En premier lieu, dans quel ordre doit-on enseigner
les « savoirs » qui composent les programmes utili-

1. H. Spencer, *De l'Éducation intellectuelle, morale et physique*, p. 233.
2. *Ibid.*, p. 105.

taires? Deux faits, selon Spencer, doivent nous guider, deux faits, ou plutôt deux lois : d'une part, « l'esprit se compose d'abord d'un petit nombre de facultés actives, et les facultés développées en lui plus tard entrent successivement en jeu, jusqu'à ce qu'enfin elles fonctionnent toutes simultanément [1] »; d'autre part, « l'intelligence, considérée dans son ensemble ou dans chacune de ses facultés, commence par les distinctions les plus grossières entre les objets et les actions, pour finir par des distinctions d'une finesse et d'une netteté croissantes [2] ». Quelles conséquences ces deux lois entraîneront-elles relativement à l'ordre des études? La première est que « l'enseignement ne doit embrasser d'abord qu'un petit nombre de sujets, et y ajouter ensuite successivement, jusqu'à ce qu'il les comprenne tous [3] ». La seconde est que « nous devons nous contenter, dans l'éducation, de commencer par des notions grossières, puis tendre à les éclaircir graduellement, en facilitant à l'enfant l'acquisition d'une expérience qui corrigera d'abord les plus grosses erreurs, et ensuite, successivement, les erreurs moindres [4] ».

Cela est fort bien. Mais Spencer ne voit pas que ces règles ne sont que des règles de méthode, applicables à toute éducation, quel que soit l'ordre des sciences enseignées, et non pas des règles propres à déterminer cet ordre. La question reste donc entière. Si Spencer, poursuivant son argumentation, avait réussi à prouver que l'ordre d'utilité des savoirs coïncide exactement

---

1. H. Spencer, *De l'Éducation intellectuelle, morale et physique*, p. 117.
2. *Ibid.*, p. 118.
3. *Ibid.*, p. 117.
4. *Ibid.*, p. 119.

avec leur ordre considéré du point de vue du « développement des facultés », il eût certes renforcé singulièrement la thèse utilitaire. Ce serait en effet un sérieux avantage de la classification utilitaire des savoirs que d'être conforme, par surcroît, à la « marche naturelle de l'évolution mentale », c'est-à-dire de constituer l'ordre le plus éducatif pour des esprits en voie de formation. Mais Spencer n'a pas fait la démonstration, qui, au surplus, n'était pas aisée. Il a négligé de rattacher les deux anneaux de la chaîne. Aussi pouvons-nous conclure que l'ordre des études est, dans son système, déterminé uniquement par le degré d'utilité des sciences. Le principe de la concordance entre l'ordre des études et le développement naturel des facultés, principe que Spencer croit devoir invoquer, mais dont il ne tient, en fait, nul compte, est donc, dans son système, un rouage inutile, une pièce rapportée et qui ne fait pas corps avec la doctrine utilitaire [1].

Pour ce qui est des méthodes, ce n'est pas seulement un abandon de principes que nous aurons à signaler dans Spencer, c'est une véritable contradiction. Son point de départ demeure le même : il faut, dit-il, se conformer, dans le choix des méthodes, à « la marche naturelle de l'esprit » ; et, pour cela, il faut bien se garder de troubler l'évolution des facultés intellectuelles de l'enfant, et même de la hâter. L'idéal serait que l'enfant s'instruisît tout seul, qu'il « fût conduit à faire lui-même les recherches, à tirer lui-même les conséquences de ses découvertes. Il faudrait lui *dire* le

---

1. Bain, dont l'utilitarisme est moins exclusif que celui de Spencer, a traité aussi ce point, mais sans y apporter de plus grandes précisions. Cf. *La Science de l'éducation*, liv. II, ch. I.

moins possible, et lui faire *trouver* le plus possible [1] ».
— Nous concéderons volontiers à Spencer qu'une telle
méthode peut, entre les mains de bons maîtres, développer excellemment les esprits. Mais nous lui demanderons si elle est compatible avec le principe de
l'utilité dont il a fait la clef de voûte de tout son système. La fin de l'éducation, nous a dit Spencer, c'est
l'acquisition du savoir le plus utile. Ce que l'éducateur
doit obtenir, c'est que l'enfant possède, à sa sortie de
l'école, toutes les connaissances nécessaires à la vie. Or,
le meilleur moyen en est-il de laisser l'enfant les
trouver par lui-même, les découvrir à nouveau, et
recréer, pour ainsi dire, à lui seul, toute la science?
Que l'on songe au temps, aux efforts, au génie dépensés
pour la moindre découverte. Peut-on raisonnablement
espérer qu'un enfant, même averti et guidé par le
maître le plus habile, puisse refaire à la fois l'œuvre
d'un Euclide, celle d'un Galilée, celles d'un Descartes,
d'un Newton, d'un Pasteur? L'instruire suivant la
méthode que préconise Spencer, n'est-ce pas le condamner à ne posséder jamais qu'un mince bagage de
connaissances utiles? Entre la méthode qui consiste à
« faire trouver le plus possible » et le principe utilitaire, il y a une contradiction manifeste.

Bain est un utilitaire plus conséquent, qui déclare
qu'une telle méthode ne saurait constituer que « les
friandises et les bonbons [2] », non le fond même de l'enseignement. Comte, d'ailleurs, avait réfuté par avance
Spencer quand il montrait que l'emploi de la méthode

1. Spencer, *De l'Éducation intellectuelle, morale et physique*, p. 123
2. Bain, *La Science de l'éducation*, p. 70.

historique, qui consiste, non pas même à faire trouver à l'enfant la science, mais simplement « à exposer les connaissances dans le même ordre effectif suivant lequel l'esprit humain les a réellement obtenues, et en adoptant, autant que possible, les mêmes voies [1] », était beaucoup trop lente pour qu'on pût l'employer dans l'éducation. Si le but de l'éducation est de faire parvenir, en peu d'années, un seul entendement, le plus souvent médiocre, à la connaissance de toutes les découvertes utiles faites depuis les origines de la science — et c'est bien là le but que vise l'éducation utilitaire — il est clair que, « quoiqu'il soit infiniment plus facile et plus court d'apprendre que d'inventer, il serait certainement impossible d'atteindre le but proposé si l'on voulait assujettir chaque esprit individuel à passer successivement par les mêmes intermédiaires qu'a dû suivre nécessairement le génie collectif de l'espèce humaine [2] ». Spencer, en choisissant une méthode d'enseignement qui a pour résultat, non de faire acquérir la plus grande somme possible de savoir utile, mais de former l'esprit, s'est laissé influencer malgré lui par les procédés de l'éducation littéraire qu'il condamne. Pour que sa doctrine demeure cohérente, il en faut écarter toute conception contradictoire avec le principe de l'utilité pratique. Ce principe doit, non seulement déterminer la composition des programmes, mais encore fixer l'ordre des études et commander le choix des méthodes. C'est lui qui doit être générateur du système tout entier.

Laissons donc de côté les considérations, d'ailleurs

---

1. A. Comte, *Cours de philosophie positive*, 2ᵉ leçon.
2. *Ibid.*, 2ᵉ leçon.

secondaires, par lesquelles Spencer a cru fortifier la doctrine utilitaire et qui, en réalité, ne s'y ajoutent que pour l'affaiblir. Tenons-nous-en au noyau solide et cohérent de sa doctrine, à son esprit, tel que nous avons essayé de le dégager.

II

On sait les rapides progrès qu'a faits en France cette doctrine utilitaire et la faveur dont elle jouit aujourd'hui. C'est d'abord sans doute dans sa forte et simple unité, dans la conscience nette qu'elle a de son principe, de sa fin et de ses moyens qu'il faut chercher une des causes principales des succès décisifs que nous l'avons vu remporter. Il est certain que la doctrine de Spencer, telle que nous l'avons exposée — c'est-à-dire débarrassée des concessions qu'il a cru devoir faire à la tradition libérale et qui sont d'ailleurs de pure forme — se présente à nous comme un tout bien lié, homogène, dont la logique séduit l'esprit.

Mais, plus encore peut-être qu'à sa force logique, la pédagogie utilitaire doit ses promptes victoires à l'appui que lui ont prêté les thèses de philosophie générale dont les esprits, voici seulement une quinzaine d'années, étaient encore imbus. La pédagogie utilitaire est en effet étroitement solidaire d'une métaphysique déterministe, de cette métaphysique reçue, vers le milieu du XIXe siècle, et professée quasi comme un dogme, qui a inspiré la plupart des doctrines psychologiques, morales, sociales, politiques, économiques [1], aussi bien que les

1. Sur ce point, cf. Henry Michel, *L'Idée de l'État*, liv. IV, p. 424, 426 et *passim*.

doctrines pédagogiques de la seconde moitié du XIXᵉ siècle.

Que tous les défenseurs de la pédagogie utilitaire aient aperçu clairement ce lien de dépendance, qu'ils se soient réclamés d'une philosophie déterministe, certes nous ne le prétendons pas. Mais, outre que Spencer, le champion le plus clairvoyant et le plus autorisé de l'utilitarisme pédagogique, déduit formellement sa pédagogie de l'hypothèse déterministe, on peut affirmer que, logiquement, tout système utilitaire d'éducation se fonde sur cette hypothèse. Il n'est pas d'enseignement, si pratique et si humble qu'il soit, qui n'implique une conception de l'homme et de la vie, qui ne suppose une certaine solution du problème métaphysique. Que l'on n'objecte pas que la pédagogie n'a rien de commun avec la métaphysique, et que, pour la plupart des pédagogues, le problème philosophique ne se pose même pas. M. Jourdain ne sait pas qu'il fait de la prose; s'ensuit-il que ses paroles ne soient pas de la prose? Un système pédagogique ne se réclame pas d'une conception métaphysique; s'ensuit-il qu'il n'en relève pas logiquement? C'est pourquoi il nous semble légitime, disons plus, nécessaire, si l'on veut juger une doctrine d'éducation, de remonter jusqu'aux principes philosophiques sur lesquels, en dernière analyse, elle repose, d'examiner la valeur de la conception métaphysique qu'elle postule.

La doctrine utilitaire présente, disions-nous, des affinités certaines, une étroite liaison avec la théorie déterministe. N'en est-ce pas déjà un indice bien significatif que de voir les progrès de cette doctrine suivre toujours les progrès de la science, ouvrière de la conception déterministe? C'est au XVIII° siècle, en effet, que la pédagogie positive prend vraiment conscience d'elle-même en s'opposant à l'éducation littéraire et désintéressée, — au XVIII° siècle, c'est-à-dire à l'époque où les esprits, délaissant la recherche métaphysique et l'analyse de l'âme humaine, se prennent d'une curiosité passionnée pour les problèmes de la science et d'une estime sans borne pour le savoir scientifique. — Au XIX° siècle, les plus décisives conquêtes de la doctrine utilitaire dans notre enseignement public coïncident précisément avec le grand essor scientifique du milieu du siècle et le triomphe du positivisme [1].

Mais n'est-ce pas un fait plus probant encore que les plus illustres défenseurs de l'éducation utilitaire aient été des savants, c'est-à-dire des esprits dominés par l'idée d'un rapport nécessaire entre les phénomènes? C'est, par exemple, Rabelais, qui, versé dans la botanique, l'astronomie, la médecine, et aussi savant que quiconque à son époque, pressentit l'éducation utilitaire [2]. C'est Diderot, directeur de l'Encyclopédie. C'est l'abbé de Saint-Pierre, Helvétius, Comte, Spencer, Bain, M. Berthelot, tous, à des titres divers, savants ou hommes férus de science. De ces coïncidences constantes, n'avons-nous pas le droit de conclure à une corrélation entre la pédagogie utilitaire et l'esprit scientifique? N'est-il pas légitime de penser que, si les pro-

---

1. L'Enseignement spécial a été créé en 1865.
2. M. Faguet (*Études litt. sur le XVI° siècle*) a très justement insisté sur « l'esprit positiviste » qui anime le système d'éducation de Rabelais. « Ponocrates, dit-il, est un professeur du XVI° siècle, qui ressemble beaucoup moins à un Budé ou à un Érasme qu'à un Buffon, un Darwin ou un Spencer. Surtout, il ne ressemble pas à un Montaigne. » Cf. p. 105.

grès de la science ont déterminé l'éclosion et le développement de la doctrine utilitaire, c'est que cette doctrine procède du même besoin que la science, de ce besoin de notre esprit de voir toujours, entre les phénomènes, un enchaînement nécessaire de cause à effet?

Au surplus, ce n'est pas seulement une affinité probable, ce sont des rapports réels et profonds qui, selon nous, existent entre la doctrine d'éducation positive et la métaphysique déterministe. La pédagogie utilitaire fait plus que d'interférer avec l'hypothèse de la nécessité ; elle s'appuie sur elle, elle en est directement issue. Par quelque biais en effet qu'on l'envisage, que l'on en considère le principe, la fin, les moyens ou les résultats, c'est toujours à la conception déterministe que l'on aboutit. A tous les tournants se dresse l'idée de nécessité. C'est ce que nous voudrions montrer brièvement.

Le principe de la doctrine utilitaire, tel que l'a posé Spencer, est celui-ci : L'éducation doit viser avant tout l'utilité de l'individu. Dans quel sens restreint et positif Spencer entend ce mot d'utilité, c'est ce que le seul exposé de son système nous a déjà montré. Nous avons vu, en effet, que son plan d'éducation est dominé par le souci presque exclusif des intérêts matériels de l'individu. Faire de l'homme d'abord un « bon animal », suivant son expressive formule, lui procurer ensuite les moyens de bien vivre matériellement, de se bien nourrir, lui et sa famille, tel est, selon Spencer, le premier objet de l'éducation. Mais si la pédagogie utilitaire s'enquiert si diligemment des besoins physiques et matériels de l'homme, si c'est eux qu'avant tous les autres elle veut satisfaire, si c'est en un mot aux parties inférieures et

« animales » de l'activité humaine qu'elle s'adresse, ne serait-ce pas qu'elle ne voit en effet dans l'homme qu'un animal, un être organisé semblable en tout aux autres êtres organisés, soumis aux mêmes lois d'existence et de progrès, — et non pas un être à part, assujetti sans doute aux lois de la vie, mais en qui pourtant réside un pouvoir autonome et libre, force distincte des forces naturelles? Or, cette conception de l'homme est justement celle que nous propose le déterminisme, lorsque, se refusant à considérer l'homme comme « un empire dans un empire », il le replonge tout entier dans l'univers physique, c'est-à-dire dans le monde des phénomènes déterminés nécessairement. Et nous constatons là un premier rapport entre la pédagogie utilitaire et la théorie déterministe.

Au lieu du principe, regardons la fin que se propose l'éducation utilitaire. Cette fin, affirme Spencer, c'est l'acquisition du savoir le plus utile. Ainsi la pédagogie utilitaire n'assigne point pour but à l'éducation le développement et la culture de l'esprit; elle ne se préoccupe point de le fortifier, de l'affiner, de lui donner de la justesse, de la promptitude, de la pénétration; en un mot, elle ne voit point en lui, suivant le mot de Plutarque, un « instrument à forger ». Ce qu'elle veut, c'est simplement emmagasiner dans l'esprit la plus grande quantité possible de connaissances utiles; elle traite l'intelligence comme « un vase à remplir ». Qu'est-ce à dire, sinon qu'elle nie l'activité originale de l'esprit? Un système d'éducation qui se fonde sur la seule valeur positive et pour ainsi dire objective des savoirs, qui, pour les comparer et les classer, ne considère point d'abord leur effet sur l'esprit auquel ils sont destinés, mais seulement leur utilité matérielle et palpable, un système qui se construit ainsi tout entier en dehors de l'esprit, sans tenir compte de la nature intime des intelligences, qui prosterne le *sujet* devant l'*objet*, — qu'est-il, sinon la négation même de l'esprit en tant que force distincte et *sui generis*?

Il est vrai que Spencer a essayé de se défendre de cette conséquence. Nous avons vu qu'influencé malgré lui par la tradition libérale, il a prétendu faire une place, dans son système, à la formation de l'esprit, et qu'il a complété sa première formule, « la fin de l'éducation est l'acquisition du savoir le plus utile », par celle-ci, « la fin de l'éducation est *aussi* la formation de l'esprit ». — Affirmation certes inattendue, et qui, loin de renforcer l'argumentation de Spencer, soulève contre elle de nouvelles difficultés. Car, comment accorder ensemble ces deux fins différentes, acquisition du savoir le plus utile, et formation de l'esprit? Spencer croit lever l'objection en la niant. Il n'y a point contradiction entre ces deux fins, affirme-t-il, parce que, distinctes en apparence, elles se confondent en réalité au point de n'en faire qu'une. Le savoir le plus utile est, en même temps et par cela même, le plus éducatif. Ne serait-il pas « tout à fait contraire au bel ordre de la nature qu'une sorte de culture nous fût nécessaire comme instruction et une autre sorte comme gymnastique mentale [1] »? — Médiocre argument, nous semble-t-il, et qui soutient mal un paradoxe sans vraisemblance. Qui voudra prétendre sérieusement que la géographie élé-

---

1. Spencer, *De l'Éducation intellectuelle, morale et physique*, p. 74.

mentaire, le calcul, l'orthographe, l'hygiène, ces connaissances pratiquement les plus utiles, soient aussi de toutes les plus éducatives? — Mais passons condamnation, et tenons pour vraie cette proposition non démontrée. Qu'en résulte-t-il? Si la seule acquisition des connaissances les plus utiles suffit à former l'esprit, c'est donc que l'intelligence, modelée et pétrie par le savoir, cire molle sur laquelle il vient s'inscrire et déposer son empreinte, ne tire sa valeur que des connaissances qu'elle reçoit; c'est donc qu'elle est dénuée de toute activité propre, de toute force originale; c'est donc qu'elle n'existe que par le savoir qu'elle absorbe, ou plutôt qu'en elle le savoir seul existe. Mais qui ne voit que cette conception de l'esprit est précisément celle que résume la célèbre proposition des déterministes : *nihil est in intellectu quod non prius fuerit in sensu?* Nous découvrons ici, pris sur le vif, un rapport étroit et frappant entre la pédagogie utilitaire et la philosophie déterministe.

Le système de Spencer n'est pas le seul, d'ailleurs, où nous puissions découvrir ce rapport; il est facile de le discerner, non seulement dans tous ceux qui, comme celui de Spencer, négligent la formation des esprits, mais encore dans ceux qui, tout en se flattant de conserver le souci éducatif, le subordonnent, en fait, à des préoccupations d'une autre nature. De toutes ces doctrines l'on peut dire qu'elles supposent une conception déterministe de l'esprit.

C'est le cas, par exemple, du système d'éducation positive de Comte. Il semblerait d'abord, à s'en tenir aux affirmations de son auteur, que ce système doive être rangé parmi les systèmes libéraux, c'est-à-dire parmi ceux qu'inspire la préoccupation de former les esprits. On sait en effet que si Comte voulait, comme Spencer l'a voulu après lui, substituer une éducation toute scientifique à la vieille éducation littéraire, la principale raison qu'il en donnait était que la science est une meilleure éducatrice intellectuelle que les lettres. On sait aussi le soin avec lequel il a caractérisé, pour chacune des six sciences fondamentales, les procédés propres qu'elle met en œuvre, les particularités de sa méthode, en un mot le genre de discipline intellectuelle qu'elle constitue. On sait enfin que « le résultat le plus important » qu'il se flattait d'obtenir, en écrivant son *Cours de philosophie positive*, était la constitution d'un « système d'éducation rationnelle », destiné à façonner tous les esprits suivant une même discipline, et à jeter ainsi les bases d'un ordre social stable. D'ailleurs les formules frappantes sur la valeur de la méthode, la sévérité de la discipline qu'impose la science, abondent chez Comte, et l'on s'explique qu'un philosophe, séduit par ces formules, ait cru pouvoir, à ce point de vue, le rapprocher de Descartes [1].

Cependant, à y regarder de plus près, on s'aperçoit vite que ces déclarations de Comte ne doivent pas faire illusion et que les vraies tendances de l'éducation positive la classent parmi les systèmes utilitaires. Le point culminant de la pédagogie de Comte, comme d'ailleurs du positivisme tout entier, c'est la détermination et la classification des six sciences fondamentales : mathématiques, astronomie, physique, chimie, biologie, socio-

1. A. Bertrand, *L'Enseignement intégral*.

logie. Or, quelle est l'idée génératrice de cette hiérarchie? C'est qu'il existe entre les diverses sciences fondamentales un ordre déterminé par « le degré de simplicité ou, ce qui revient au même, de généralité des phénomènes » correspondants. Mais, ce critère, d'après lequel Comte a dressé les programmes de l'éducation positive, est pris en dehors de l'esprit qu'il s'agit de former. C'est un *criterium* pour ainsi dire objectif. Comte détache la science de l'effort humain qui l'a produite et de l'esprit auquel elle est destinée, la considère abstraitement et en soi, et, sans plus se soucier des exigences propres des esprits qui la recevront, la verse telle quelle dans les intelligences. En d'autres termes, ce sont des considérations de logique pure, non des considérations éducatives, qui déterminent, aux yeux de Comte, la valeur de chaque science et fixent son rang dans les programmes. Quoi que proclame ensuite Comte sur l'excellence des sciences comme discipline intellectuelle, il n'en demeure pas moins vrai que cette considération n'a pesé d'aucun poids dans l'établissement des programmes. L'éducation positive est donc bien fondée uniquement sur une conception tout *objective* de la science; elle subsisterait en ce qu'elle a d'essentiel, quand bien même les sciences dont Comte a composé ses programmes ne constitueraient pour l'esprit que de médiocres disciplines. D'où nous pouvons conclure que Comte, lui non plus, n'a point eu le sentiment vif des besoins, ni de l'autonomie de l'esprit. L'éducation positive, tout comme l'éducation utilitaire, repose sur une conception déterministe de l'esprit.

Mais il nous faut ici prévoir une objection. Il est certains systèmes d'éducation qui, prenant leur point d'appui sur des données psychologiques, semblent, au premier abord, comme celui de Comte, devoir être rangés parmi les systèmes libéraux et qui, cependant, par leurs programmes et leur esprit, nous apparaissent comme nettement déterministes. Tel le système de Bain. — Que devient alors, va-t-on nous dire, votre classification des systèmes pédagogiques en deux catégories, les utilitaires, d'où le souci éducatif est absent et que vous déclarez déterministes, et les libéraux, qui se préoccupent de former l'esprit et qui, selon vous, ne seraient pas déterministes? Elle n'embrasse pas toutes les espèces qu'il s'agit de classer, puisqu'il en est une au moins, celle des systèmes à la fois libéraux et déterministes, qui n'y saurait trouver place. — Nous répondrons que cette variété de systèmes à la fois libéraux et déterministes n'existe pas en réalité. De tels systèmes ne sont libéraux qu'en apparence; en fait, ils sont utilitaires. Ce n'est en effet qu'à la faveur d'une équivoque que la pédagogie de Bain pourrait être dite libérale[1].

Elle propose bien comme but à l'éducation de « former l'esprit ». Mais elle n'entend pas cette expression « former l'esprit », dans le sens où la prend la pédagogie libérale. Former l'esprit, pour les systèmes vraiment libéraux, c'est le modeler sur un idéal, conçu par la raison, et dont l'expérience nous suggère, mais ne nous donne pas l'image complète; c'est le convier à

---

1. Il en est de même pour la pédagogie de M. Lacombe, qui vise elle aussi, à développer chez l'enfant ces facultés : « observation, réflexion, jugement, raison », et prétend y réussir en présentant à l'enfant les connaissances qu'il réclame de lui-même, et celles-là seules, dans l'ordre et suivant la méthode que suggèrent les circonstances et les questions de l'enfant. Cf. *Esquisse d'un enseignement basé sur la psychologie de l'enfant*, p. 5, 6, 45 et *passim*.

s'élever jusqu'à ce modèle parfait. Un tel dessein, on le voit, suppose que l'on tient l'esprit pour une force originale, douée du pouvoir de se diriger, de se régler, plus encore, douée du pouvoir de se créer pour ainsi dire elle-même et de se donner les qualités qu'elle a reconnues les meilleures.

Telle n'est pas la pensée de Bain. Il institue une enquête sur la nature de l'esprit, il recherche le *processus* de son évolution, il fonde, en un mot, la pédagogie sur la psychologie; mais cette information psychologique n'est pas seulement pour lui le point de départ de sa pédagogie, elle en est aussi le point d'arrivée. Selon Bain, il ne s'agit pas pour l'enfant de se créer avec effort un esprit plus vigoureux, plus droit, un esprit aussi conforme que possible à ce type parfait que conçoit la raison; il s'agit simplement de laisser se dérouler, sans la gêner, l'évolution fatale des facultés. Il ne prétend pas faire de l'enfant le propre ouvrier, mais bien le spectateur de son progrès intellectuel. Il le lie à lui-même, l'enchaîne à sa propre nature. Qu'il déclare, après cela, que l'éducation doit « former l'esprit »; nous savons ce qu'il entend par cette expression; elle signifie, pour lui, « abandonner l'esprit à sa marche naturelle[1] ». Qu'il construise sa pédagogie sur les observations que la science psychologique lui fournit; nous savons que cette pédagogie n'aura aucune haute visée, qu'elle n'aboutira qu'à enfermer l'esprit dans l'imitation morne, dans la répétition stérile des procédés par lesquels furent acquises les connais-

1. Cf. dans Lacombe, *Esquisse d'un enseignement basé sur la psychologie de l'enfant,* l'exposé le plus récent de cette méthode, p. 35 et suiv.

sances que nous possédons aujourd'hui. Mais quant à forger l'intelligence, à la préparer à la recherche, à la conquête des vérités inconnues, quant à en faire l'instrument des découvertes futures — ce qui est l'objet même que se proposent les systèmes libéraux — quant à traiter l'esprit comme une force qui conçoit elle-même et choisit la fin idéale vers laquelle elle tendra, de tout cela il n'est point question. Hésiterons-nous, après cela, à conclure que la pédagogie scientifique de Bain, sous ses apparences libérales, est déterministe? Elle l'est, parce que le souci éducatif — nous ne disons pas le souci psychologique, ce sont deux choses différentes — en est complètement éliminé et parce qu'elle rentre ainsi dans la classe des systèmes que nous avons appelés utilitaires.

Concluons que tout système pédagogique qui ne prend pas son point d'appui sur une conception idéale de l'esprit, qui ne s'organise pas tout entier, programmes et méthodes, par rapport à cette conception idéale, tout système en un mot qui considère l'intelligence comme un docile appareil d'acquisition, est issu, qu'il le veuille ou non, d'une philosophie de la nécessité.

Elle apparaît encore, cette affinité, ou mieux cette filiation entre le déterminisme et l'utilitarisme, dans les programmes de l'éducation utilitaire. Ce qui constitue ces programmes, avons-nous vu, c'est le savoir le plus utile, le savoir le plus fécond en applications pratiques, c'est-à-dire les sciences. Les lettres n'y apparaissent que pour « remplir les heures de loisir[1] ».

1. Spencer, *De l'Éducation intellectuelle, morale et physique*, p. 63.

Ainsi, ce qu'un enfant, instruit selon les programmes de l'éducation utilitaire, aura appris à connaître, c'est le monde physique, ce sont les phénomènes naturels et leurs causes. Cet enfant pourra exposer les effets de la pesanteur, ceux de l'électricité et de la chaleur; il pourra décrire les propriétés des corps et leurs innombrables combinaisons; il connaîtra la structure des plantes et celle des organismes; il saura les lois qui régissent la matière organisée et celles qui règlent les mouvements des astres; il connaîtra la nature tout entière, le ciel, l'univers, tout enfin,... excepté lui-même. Car, ce qu'on ne lui aura point enseigné, c'est cette science, la première de toutes, que le « Connais-toi toi-même » de Socrate résume tout entière; on ne l'aura point initié à cet art difficile de lire en sa propre conscience; on n'aura point créé en lui l'aptitude à juger des choses morales, le goût de l'observation intérieure, le souci de son propre perfectionnement. On lui aura laissé ignorer cet autre monde, que l'homme porte en soi, le monde de la pensée et de la « charité », comme dit Pascal, le monde de la *liberté*, dirons-nous, cet univers intérieur où règne l'activité libre et souveraine de l'être humain. Ces enfants qui connaîtront la nature, c'est-à-dire les apparences, les aspects illusoires d'une force inconnaissable, ne sauront rien de leur âme, c'est-à-dire de la seule réalité certaine qu'il nous soit donné de saisir. Ils seront exclus des rêves, des contemplations et des efforts qui ne sont pas le charme de la vie, comme dit Spencer, mais qui sont vraiment l'essence même de la vie humaine.

Qu'on n'objecte pas que la psychologie est inscrite dans les programmes utilitaires. Il serait trop facile de répondre que la psychologie descriptive et générale ne peut en aucune façon suppléer à l'observation directe de soi-même, à l'analyse du sujet par le sujet. L'éducation utilitaire se borne à initier les élèves aux résultats acquis de la science psychologique. Elle place, pour ainsi dire, sous leurs yeux une carte soigneusement dressée d'un pays inconnu, mais ne s'inquiète point de leur donner le goût des voyages ni les qualités de l'explorateur. C'est là une besogne à peu près vaine et stérile et qui ne fera point avancer les jeunes gens dans la connaissance d'eux-mêmes et de leurs semblables. Mais surtout l'éducation utilitaire ne leur donnera point la nette conscience de cette force libre, de ce pouvoir autonome qui gît en eux, ignoré d'eux-mêmes, et qui constitue toute leur dignité d'homme. La psychologie positive, par cela même qu'elle se prétend une science et rien qu'une science, qu'elle s'approprie l'esprit et les méthodes scientifiques, étudie l'homme moral comme les sciences naturelles étudient l'homme physique, c'est-à-dire comme un ensemble de phénomènes soumis aux lois de l'universel mécanisme. « L'esprit, comme le corps, dit Spencer (et, par esprit, il entend l'âme tout entière), a son évolution déterminée d'avance. » Ainsi, la psychologie et la morale sont des sciences au même titre que les autres. La moralité, la volonté, l'effort, le sacrifice sont des phénomènes semblables aux autres phénomènes, et dont on peut établir la genèse et déterminer les causes. Tout, dans l'âme, s'accomplit nécessairement. Il n'y a pas, pour l'homme, de possibilité d'un progrès intérieur dont il serait l'artisan souverain. Suivant une forte expression de Renouvier, l'homme est absent de lui-même.

Envisageons enfin les résultats intellectuels que produit chez l'élève l'éducation utilitaire; nous y découvrirons un lien de plus avec le déterminisme. Quelles méthodes, en effet, cette éducation emploie-t-elle pour former les esprits? Puisque tout doit être aménagé, dans l'éducation, en vue de l'*utilité* positive et pratique et que, d'autre part, l'utilité suprême réside dans le *savoir*, il faut donc que les méthodes employées soient les plus utiles, c'est-à-dire celles qui sont capables d'emmagasiner dans les cerveaux la plus grande quantité possible de connaissances. L'enseignement utilitaire ne doit donc pas, quoi que prétende Spencer, que nous avons surpris sur ce point en flagrant délit de contradiction [1], « *dire* à l'enfant le moins possible et lui faire *trouver* le plus possible ». Ce qui importe, ce n'est pas qu'il apprenne à *trouver*, c'est qu'il *sache*. Ce n'est donc pas la méthode analytique, méthode de découverte, ce n'est pas même la méthode historique que doit recommander la pédagogie utilitaire, mais la méthode synthétique, qui est une méthode d'exposition. Ne perdons pas notre temps à enseigner à nos élèves les voies et moyens par lesquels un Pasteur fut amené à établir les principes de la bactériologie; ne les immobilisons pas dans l'historique de ses recherches, de ses tâtonnements, de ses inductions. Hâtons-nous plutôt de leur exposer ces principes ainsi que les applications pratiques qui en dérivent. L'enseignement utilitaire ne doit et ne peut être, logiquement, qu'une énumération des *faits* observés, des lois établies par la science, en un mot des vérités découvertes [2].

1. Cf. plus haut, p. 129 et 130.
2. Ce sont ces méthodes d'exposition qui, fatalement, devaient

Mais quels pourront être les résultats d'un pareil enseignement? Il aboutit forcément, d'un côté, à un exercice démesuré de la mémoire, de l'autre, à une atrophie des forces vives de l'intelligence. L'élève reçoit, enregistre, absorbe; mais il ne pense pas, n'agit pas, ne crée pas. Son cerveau est meublé, encombré d'une foule de connaissances, utiles il est vrai, mais dont l'amas pesant étouffe la pensée et la réflexion. Son esprit, pour employer une métaphore prosaïque, ressemble à ces docks où s'entassent les produits de toutes les industries, non à une usine frémissante de force qui transforme ce qu'elle reçoit, qui vit et qui produit. L'enseignement utilitaire demeure donc à la surface de l'intelligence, et s'y dépose, et s'y accumule; mais il ne pénètre pas jusqu'à la force vivante de l'esprit, jusqu'à son énergie pensante. Il engendre la passivité, non l'activité. Il aboutit à faire de l'intelligence un mécanisme exact et docile, non un agent libre et créateur. Issue d'une conception déterministe de l'esprit, l'éducation utilitaire crée dans les esprits le déterminisme.

Ainsi, de multiples liens enchaînent la pédagogie utilitaire à une philosophie déterministe. Nous venons d'en faire la preuve dans le détail, et ne suffira-t-il pas, pour résumer et achever la démonstration, d'observer que toute doctrine pédagogique dont la méthode veut être uniquement *expérimentale et scientifique* est invinciblement liée à l'hypothèse de la nécessité? La pédagogie utilitaire, on l'a vu, qu'il s'agisse de l'éducation

s'introduire dans notre Enseignement secondaire en même temps que les tendances utilitaires. Cf. Fouillée, *L'Enseignement au point de vue national*, p. 79 et suiv.

utilitaire de Spencer, de l'éducation positive de Comte, de l'éducation scientifique de Bain, se défend de toute spéculation sur la nature de l'esprit et prétend se construire sur les seules données positives de l'expérience; elle élimine soigneusement tout *à priori*, s'interdit toute spéculation métaphysique; elle part de la science, aboutit à la science, fait de la science l'unique matière de l'enseignement; elle se considère elle-même et veut être considérée comme une science. Or, toute science tend, comme à son point d'appui naturel, à une métaphysique déterministe. Sans doute, tant que le savant se confine dans *une* science particulière, tant qu'il ne prétend appliquer qu'à un ordre déterminé de phénomènes ses procédés et ses méthodes, il demeure sur le terrain du positivisme pur et n'empiète point sur celui de la métaphysique. Mais n'est-il pas presque inévitable que ce même savant soit tenté d'étendre à l'ensemble des phénomènes l'explication qu'il donne de quelques-uns? N'est-il pas fatal qu'il soit amené à généraliser ses conclusions? Dès qu'il le fait, dès que, prolongeant témérairement au delà de leur sphère respective les sciences particulières, il les confond pour ainsi dire en une vaste trame sans solution de continuité, dès qu'il admet l'existence d'une synthèse totale qu'il nomme *la* Science, dès que, pour remplir ce concept de *la* Science, il y place la *loi* suprême, la loi de laquelle on voit, « comme d'une source, se dérouler, par des canaux distincts et ramifiés, le torrent éternel des événements et la mer infinie des choses [1] », dès lors, il renonce à la position de spectateur impartial des luttes métaphysiques, il

<hr>

1. Taine, *Les Philosophes classiques du XIXe siècle*, p. 369.

prend parti pour la solution déterministe, il adopte l'hypothèse de l'universelle nécessité. La pédagogie utilitaire, comme tout système scientifique, verse ainsi naturellement, poussée par son propre poids, dans une philosophie déterministe.

Sous quelque face que l'on envisage la pédagogie utilitaire, on découvre donc par quels liens étroits elle se rattache à l'hypothèse de la nécessité. Encore une fois, nous ne prétendons pas que tous les pédagogues qui ont défendu l'éducation utilitaire aient aperçu clairement cette dépendance. Mais, reconnu ou non, ce rapport existe, enveloppé, impliqué, à l'état latent, et sans doute n'est-il pas inutile, pour juger la valeur de la doctrine utilitaire, de savoir d'abord sur quelle thèse philosophique elle se fonde, et de vérifier la solidité de ce fondement.

On conçoit en effet que, si cette thèse de philosophie générale peut être ébranlée par de graves objections, si elle n'est qu'une théorie incertaine ou chancelante, du même coup la solidité de la doctrine pédagogique qu'elle soutient reçoit une grave atteinte. C'est cette idée que nous voudrions que le lecteur eût présente à l'esprit quand il s'agira de choisir entre les systèmes pédagogiques que nous aurons examinés.

CHAPITRE II

La pédagogie libérale.

I

Pour faire connaître en ses traits essentiels la pédagogie utilitaire, nous n'avons eu qu'à exposer la doctrine de Spencer; elle en est en effet le type à peu près parfait, où se marquent fortement les traits distinctifs de l'espèce. Nous ne pourrons pas procéder de même pour la pédagogie libérale; elle n'a pas trouvé de théoricien qui l'ait établie sur son fondement logique, qui ait déduit de son principe même un système d'éducation cohérent, homogène et solide. Pour mieux dire, la doctrine libérale n'existe pas; ce qui existe, c'est un certain esprit libéral, répandu dans diverses doctrines d'éducation, ce sont certaines idées, certaines tendances communes à ces doctrines. Il faut donc, si l'on veut apprécier la pédagogie libérale, en rechercher les éléments épars dans les divers systèmes libéraux, puis, en les coordonnant, en les complétant, la construire logiquement et l'établir sur ses véritables bases.

La pédagogie libérale peut être définie : celle qui se propose, non l'utilité positive et pratique, mais le perfectionnement intellectuel et moral de l'individu. C'est là en effet le principe commun à toutes les doctrines d'éducation libérales et qui les oppose aux doctrines utilitaires. La conséquence de ce principe est que le savoir ne doit être considéré que comme un instrument propre à réaliser la fin idéale de l'éducation. Le savoir n'a point, aux yeux de la pédagogie libérale, de valeur propre, d'excellence intrinsèque ; il ne vaut que dans la mesure où il perfectionne l'âme. Un enseignement libéral se proposera donc, non de distribuer des connaissances utiles, mais de former les intelligences. Par suite, il dressera la hiérarchie des savoirs, non pas selon leur utilité, mais selon leur valeur éducative.

Telles sont les idées communes à toutes les doctrines d'éducation libérale. On les retrouve chez Montaigne comme chez Rousseau, chez Kant comme chez Condorcet, chez M. Fouillée comme dans les *Instructions* jointes aux *Programmes* de 1890. Mais, sorties de cette source commune, les doctrines libérales se séparent presque aussitôt et coulent dans des directions différentes, parfois opposées. Unies dans cette idée que la fin de l'éducation est de « former des hommes », elles entrent en désaccord dès qu'il s'agit de préciser le contenu de cette formule, de définir avec exactitude ce que c'est que « former un homme ».

Or, c'est cette définition qui est le centre même et le nœud de toute la doctrine libérale. De même que la doctrine utilitaire n'a pas avancé beaucoup sa tâche quand elle a assigné pour but à l'éducation l'acquisition du savoir utile, mais qu'il lui reste encore à déterminer l'utilité respective des savoirs, de même la doctrine libérale n'a rien fait tant que, se bornant à proposer pour fin à l'éducation « la formation de l'homme », elle n'a pas défini ce que c'est que cet « homme » qu'il s'agit de former. Mais, tandis que Spencer a compris l'importance du problème initial et en a proposé une solution ferme, les partisans de l'éducation libérale n'ont pas vu le point où devaient porter leurs efforts ; ils sont demeurés, sur cette question capitale, incertains ou indifférents. Toutes les définitions qu'ils nous ont proposées de « l'homme » sont superficielles ou incomplètes.

C'est précisément là, croyons-nous, l'une des principales causes qui ont favorisé le triomphe de la doctrine utilitaire. Ce triomphe est dû, non à une infériorité de l'idée libérale, mais à l'insuffisance logique des systèmes qui la représentent. Tous ces systèmes manquent par la base, car aucun n'est fondé sur une conception de « l'homme » assez générale, assez profonde, assez exacte. Tandis que Montaigne propose aux efforts de l'éducateur un idéal de « sagesse advisée » et de stoïcisme souriant, Rollin s'attache à former des hommes de goût et des chrétiens fervents, Rousseau a devant les yeux le chimérique modèle de l'homme naturel dans l'intégrité de ses instincts non pervertis, Condorcet voit dans l'homme l'instrument d'un progrès universel et indéfini, le « coopérateur d'un ouvrage éternel ». — Et sans doute toutes ces idées sont justes ou le sont en partie, mais toutes ont le tort de n'être que des « vues » partielles de l'homme, d'envisager la nature humaine sous l'un de ses aspects et non pas en son fond et dans son essence. Aussi, quelque part de vérité qu'elle contienne, aucune de ces idées n'a été capable de fonder un système cohérent et logique, aucune n'a pu servir de large et solide assise pour construire la doctrine libérale.

Il est juste d'ajouter que les contemporains ont mieux compris l'importance de cette première démarche. Ils ont cherché, ils ont essayé d'atteindre le principe, l'idée philosophique qui est comme le centre de gravité de la pédagogie libérale. Ils en ont approché, parfois même ils l'ont touché, mais ils n'ont pas su s'y tenir, ni s'y établir comme sur un point d'appui inébranlable.

Un esprit sagace, attentif aux faits, très informé des choses de l'enseignement, Cournot, va nous montrer, par son exemple, combien la pédagogie libérale perd à se détacher des principes théoriques qui seuls peuvent lui donner la consistance et la force.

Les goûts de Cournot, ses préférences, son éducation semblaient devoir faire de lui le ferme défenseur de l'éducation libérale. Et, de fait, il dénonce les « inconvénients » de cette éducation utilitaire, « qui nous ferait perdre une partie des qualités de notre génie national, à laquelle, par conséquent..., l'homme public doit tâcher de mettre obstacle [1] ». Il s'élève avec force contre « le régime des examens et des concours », qui fait dévier l'enseignement de son véritable but et tend à le représenter comme n'ayant « d'autre utilité que celle de conduire à une profession ou à une place pour laquelle les règlements exigent des preuves d'instruction classique [2] ». Il défend enfin par d'excellentes raisons, puisées au cœur même de la doctrine libérale, l'enseignement du latin.

1. Cournot, *Des Institutions d'instruction publique en France*, 1864, p. 47.
2. *Ibid.*, p. 43.

La langue allemande ni la langue anglaise, selon lui, ne sauraient constituer pour un esprit français une gymnastique comparable à celle du latin ; leurs « formes grammaticales, si différentes des nôtres », sont « en opposition trop grande avec la tournure de nos pensées pour *seconder en nous le mouvement de la pensée*[1] ».

On le voit par cette phrase, nul n'a mieux compris que Cournot l'esprit de l'enseignement libéral. La vertu de cet enseignement, il l'a bien senti et bien dit, « consiste bien moins dans des manifestations actuelles et dans les connaissances qu'il inculque d'une manière durable, que dans le tour qu'il donne à l'esprit et dans les habitudes secrètes qu'il lui fait prendre : de manière que son influence, destinée à produire des effets très sensibles dans le cours continu de la vie, reste pour ainsi dire infiniment petite et comme latente à un moment donné[2] ». Le but de l'éducation libérale, dit encore Cournot, est « de former les âmes et de discipliner les esprits[3] ».

Cette conception très nette du but de l'éducation libérale suggère à Cournot une distinction très fine et très juste — et que, pour notre part, nous retiendrons — entre l'esprit de l'enseignement libéral et sa matière. Il se refuse à lier le sort de l'Enseignement classique à celui de tel ou tel programme d'études, non pas même des études gréco-latines. « Les matières de l'Enseignement secondaire changent en effet selon les lieux et les temps... ; mais le caractère essentiel de l'Enseignement secondaire reste au fond le même, partout où s'établit

<hr>

1. Cournot, *Des Institutions d'instruction publique en France*, 1864, p. 57.
2. *Ibid.*, p. 137.
3. *Ibid.*, p. 43.

un système d'études libérales, considérées comme nécessaires à tous les esprits cultivés et comme l'introduction
commune aux diverses professions studieuses [1]. » En
d'autres termes, la fin de l'éducation libérale est invariable et pour ainsi dire absolue. Conçue par la raison,
elle participe de son universalité. Mais les moyens par
lesquels on poursuit cette fin ne peuvent être déterminés que par l'expérience. Aussi varient-ils avec les
époques et les lieux. Ce sont « les institutions, les lois
et les mœurs » qui fixent, « pour chaque nation, pour
chaque époque, le type » de l'Enseignement classique [2].
« Les Grecs et les Romains n'avaient, en fait de textes
canoniques, qu'Homère et les Douze Tables : bien des
gens leur en ont fait compliment, et aujourd'hui surtout on les entend féliciter tous les jours de ce qu'ils
n'avaient point de *grec* et de *latin*, c'est-à-dire de langues
mortes à apprendre. Or, qu'en est-il arrivé? Qu'ils ont
dû imaginer, pour l'éducation de leur jeunesse, pour les
besoins de leurs écoles, cette rhétorique si subtile, si
technique, si scolastique, qu'Aristote, Cicéron, Quintilien
et les autres rhéteurs de moins haut parage nous font
connaître : rhétorique que les modernes ont avec raison
abrégée, simplifiée, *humanisée*, parce qu'elle est de peu de
valeur intrinsèque, et qu'à titre d'outil ou d'instrument
scolastique, elle ne leur était plus nécessaire, *grâce à
l'invention du latin*; sans qu'il en faille conclure que les
Grecs et les Romains ont eu tort de s'y tant attacher,
lorsqu'ils n'avaient rien de mieux à mettre à la place [3]. »

1. Cournot, *Des Institutions d'instruction publique en France*, 1864,
p. 39.
2. *Ibid.*, p. 40.
3. *Ibid.*, p. 54.

Toutes ces vues et bien d'autres encore — car le livre de Cournot abonde en aperçus ingénieux et pénétrants — procèdent d'un sens très net de la vraie originalité de l'éducation libérale. Toutefois il ne nous semble pas que Cournot ait assez songé à fonder en raison la préférence qu'il accorde à la pédagogie libérale, ni à appuyer sur des principes d'ordre rationnel le système d'éducation qu'il nous propose. D'une part, en effet, il se borne à nous dire que c'est son « opinion bien arrêtée » que l'éducation libérale doit être préférée à l'éducation utilitaire [1]. D'autre part, il avoue que le plan d'éducation libérale qu'il nous propose n'est pas celui qu'il conçoit comme le meilleur. Mais les tendances du temps, déclare-t-il, sont hostiles à l'établissement d'un système d'études libérales ; il faut donc savoir « faire au siècle les concessions qu'il réclame [2] ». La meilleure tactique est de sauver ce qui peut être sauvé des études libérales, et de restreindre ces études « dans des limites tracées par les conditions de l'époque, afin d'y laisser pénétrer... les autres objets d'études que l'opinion y appelle [3] ». Le plan d'études que Cournot nous propose est ainsi le produit d'une sorte de compromis entre les goûts libéraux de Cournot et les goûts utilitaires du siècle.

Aussi conçoit-on quelque inquiétude sur la valeur de ce système hybride, qui, pour se faire accepter, consent à admettre des éléments incompatibles avec son propre principe. On se demande s'il n'a pas dû se glisser beaucoup d'arbitraire dans le choix des exercices et des

---

1. Cournot, *Des Institutions d'instruction publique en France*, 1864, p. 47.
2. *Ibid.*, p. 66.
3. *Ibid.*, p. 72.

matières dont Cournot accepte la suppression (le grec, la composition latine, les vers latins) et de ceux qu'il croit devoir laisser pénétrer dans le vieil Enseignement classique (langue allemande, histoire, sciences physiques et naturelles, philosophie, etc.). On se prend enfin à douter que la tactique que Cournot a cru devoir employer pour défendre la pédagogie libérale soit, comme il le pense, la meilleure. C'est une tactique de découragé, d'homme qui ne croit pas au succès. Tout imprégné de cette philosophie positiviste, qui saturait alors l'air ambiant, Cournot pense que l'évolution des sociétés se poursuit fatalement, « qu'il n'est donné à personne de pétrir ou de repétrir la société, pas plus en dictant des règlements d'éducation publique qu'en promulguant des constitutions politiques [1] » et « que les institutions d'éducation publique sont principalement déterminées par l'état de l'opinion et des mœurs, non l'état de l'opinion et des mœurs par la lente action des institutions d'éducation publique [2] ». S'il était naturel que Cournot mît peu d'acharnement à défendre un système qu'il croyait condamné et se contentât d'opposer une résistance résignée et passive à l'envahissement de l'utilitarisme, il est certain aussi que ce visible découragement d'un libéral qui s'avoue vaincu n'a pas dû médiocrement encourager la pédagogie utilitaire. Les représentants de cette dernière doctrine, en voyant leurs adversaires mollir, consentir des concessions inespérées, mettre, pour ainsi dire, leur drapeau en berne et abandonner leurs principes, devaient naturellement accroître

1. Cournot, *Des Institutions d'instruction publique en France*, 1864, p. 8.
2. *Ibid.*, p. 9.

leurs exigences et pousser plus vivement l'attaque. C'est à quoi ils n'ont pas manqué.

Quelques années plus tard, V. de Laprade, alarmé des progrès de la doctrine utilitaire, entreprenait de restaurer l'éducation libérale. Dans un livre qui fit grand bruit en son temps [1], mais où les tirades poétiques et les pathétiques exhortations tiennent malheureusement plus de place que le raisonnement, il essaya de rompre avec la tactique peureuse que pratiquaient la plupart des pédagogues libéraux et de prendre vigoureusement l'offensive. Il faut lui rendre cette justice qu'il a, tout au moins, clairement aperçu le principe de la doctrine libérale. Le but de l'éducation, dit-il, n'est pas « d'instruire le médecin, l'avocat, le commerçant, l'ingénieur, l'agriculteur », mais « d'instituer l'homme [2] ». Ce n'est encore que la formule courante de toute pédagogie libérale; mais Laprade ajoute — et c'est là qu'il touche vraiment au vif de la question — « instituer l'homme, c'est-à-dire former une personnalité en vue d'elle-même », ou encore « former des intelligences vraiment libres et maîtresses d'elle-mêmes [3] ». Si Laprade s'était tenu fermement à cette formule, s'il en avait précisé le sens et la portée, son système se présenterait avec une forte unité intérieure et ne soulèverait d'objections que celles dont est passible l'hypothèse métaphysique qu'il postule, l'hypothèse de la liberté. Malheureusement, à peine a-t-il énoncé cette formule qu'aussitôt il la surcharge d'idées étrangères qui l'offusquent, la défigurent, et finalement la métamorphosent.

1. Victor de Laprade, *L'Éducation libérale*, 1873.
2. *Ibid.*, p. 203.
3. *Ibid.*, p. 12.

« L'éducation libérale, affirme-t-il, ne peut pas être séparée de l'éducation chrétienne », et, ailleurs, « le christianisme est une armure pour la personnalité humaine [1] ». Ainsi, tandis que nous croyions avoir affaire à une doctrine philosophique, nous nous trouvons soudainement mis en face d'une doctrine théologique. Ce système qui se proposait de former des « intelligences libres » n'aboutit, en fait, qu'à tyranniser les esprits.

On devine quelles incertitudes et quelles faiblesses cette première inconséquence introduit dans tout le système. Quand Laprade en vient à établir les programmes et à choisir les méthodes d'enseignement, c'est par des raisons assez bizarres qu'il défend son choix, souvent excellent d'ailleurs et qui pouvait se justifier par de plus solides arguments. Si, par exemple, il préconise l'étude des langues anciennes, c'est surtout parce que « la Grèce a été chargée de préparer l'esprit humain à la doctrine chrétienne, de même que Rome a été chargée de préparer l'Occident à la discipline, à l'autorité de l'Église [2] ». N'insistons pas davantage. Mais retenons de notre examen cette idée que, si le livre de Laprade n'a fait qu'ajouter un brillant et inutile plaidoyer à tous ceux qui existaient déjà en faveur de l'éducation libérale, c'est parce que l'auteur n'a pas su s'attacher fermement au principe de sa doctrine.

Jules Simon est un esprit autrement souple et libre que Laprade. Les habitudes philosophiques de son esprit le rendaient capable de soutenir des discussions

1. Victor de Laprade, *L'Éducation libérale*, p. 317.
2. *Ibid.*, p. 208.

plus substantielles, plus appuyées aux principes. D'autre part, défenseur, en politique, des idées libérales, il semblait mieux préparé que quiconque à les défendre aussi en pédagogie. Entre le libéralisme politique et le libéralisme pédagogique, les affinités sont nombreuses et étroites.

C'est en vain toutefois que l'on chercherait, dans la *Réforme de l'Enseignement secondaire*, une exposition ferme de la doctrine libérale. On a dit que l'école libérale, sous l'Empire, avait été amenée par les circonstances politiques à faire « surtout la théorie de la résistance au despotisme, despotisme démocratique ou despotisme césarien », et que sa doctrine reflète cette « disposition négative [1] ». C'est également pour des raisons historiques, croyons-nous, que la pédagogie libérale se présente chez J. Simon sous une forme amoindrie et comme rétrécie. La rivalité naissante entre l'Enseignement spécial et l'Enseignement classique, le sourd malaise qui travaillait déjà celui-ci, l'état de l'opinion, enfin, qui s'engouait alors d'un nouvel idéal d'éducation, emprunté à nos vainqueurs de la veille, — toutes ces circonstances rendent compte de l'importance que prennent, aux yeux de J. Simon, les problèmes pratiques, et de l'esprit conciliant des solutions qu'il en donne. Elles expliquent aussi l'insuffisance, surprenante chez un philosophe, de la doctrine proprement dite. Sans doute J. Simon ne néglige pas de remonter aux principes. Il se réclame des grands patrons de l'éducation libérale, de ceux qui en ont posé les fondements, de Platon, de Montaigne, de Descartes, de Rousseau. Après eux, il déclare que le but de l'éducation peut se résumer

1. Cf. H. Michel, *L'Idée de l'État*, p. 365.

en deux mots : « Éclairer la raison, qui doit être l'unique maîtresse de la volonté : développer, fortifier la volonté qui, sous l'impulsion de la raison, doit se rendre maîtresse des obstacles [1]. » Il trouve même une formule frappante, pour définir le vrai principe de la doctrine libérale. « La loi suprême de l'éducation », dit-il, est d'apprendre à l'enfant « à être soi-même, à user de sa liberté, à porter sa responsabilité [2] ». — Il est enfin dans le véritable esprit de la doctrine libérale lorsqu'il proteste contre la tyrannie des examens, qui détournent l'éducation de son véritable but et dont la conséquence est « l'invention d'un art de préparer aux examens, qui se substitue à l'art d'enseigner la science [3] ».

Toutefois, les principes une fois posés, — et il s'est contenté de les poser, sans les méditer assez, ni en exprimer toute la substance — il se hâte vers les questions d'organisation. Une coalition d'intérêts politiques prétendait arracher à l'Université le monopole de la collation des grades. J. Simon institue sur ce point une longue discussion [4]. Les utilitaires avaient mené grand bruit autour de l'éducation physique, négligée jusqu'alors par la pédagogie libérale. J. Simon rivalise de zèle avec ses adversaires, tente de les vaincre sur leur propre terrain, réclame la diminution des heures d'études, l'introduction d'exercices physiques de toute nature, l'amélioration des locaux, etc. [5].

Mais, à se laisser ainsi absorber par des soucis de polémique, on court le risque d'être entraîné par l'ennemi

---

1. J. Simon, *La Réforme de l'Enseignement secondaire*, 1874, p. 5.
2. *Ibid.*, p. 6.
3. *Ibid.*, p. 31.
4. *Ibid.*, p. 55 et suiv.
5. *Ibid.*, p. 114, 152 et suiv.

sur le terrain où il est le plus fort et de perdre le bénéfice de la position que l'on avait d'abord choisie. C'est bien ce qui est arrivé à J. Simon, et son désavantage éclate dès qu'il aborde la question de l'enseignement proprement dit, c'est-à-dire des programmes et des méthodes. Lorsqu'en effet il réclame l'introduction, dans les programmes classiques, de six leçons d'hygiène, l'augmentation du nombre des heures consacrées à la géographie, aux langues vivantes, au français, la suppression des vers latins, la diminution du nombre des thèmes, etc., les raisons par lesquelles il prétend justifier ces réformes, loin d'être puisées à la source même de la pédagogie libérale, sont empruntées, soit à des préoccupations passagères de l'esprit public, soit — ce qui est plus grave — aux thèses des utilitaires eux-mêmes. S'il insiste pour l'introduction de six leçons d'hygiène, c'est parce que « nous n'entendons pas l'hygiène, en France, et même nous n'y pensons pas. On y pensera maintenant; c'est tout ce qu'il faut[1] ». S'il augmente la part de la géographie et des langues vivantes dans les programmes, c'est que, après la guerre, s'élevait « un cri contre notre ignorance en géographie. On répétait de tous côtés avec indignation qu'aucun de nos soldats, réguliers ou volontaires, ne savait la géographie ni l'allemand[2] ». J. Simon n'a donc fait « qu'obéir au sentiment général », en renouvelant ces deux enseignements. Et d'ailleurs, pour ce qui est des langues vivantes, le commerce, la marine marchande, les consulats demandent à grands cris qu'elles soient enseignées[3]. On

1. J. Simon, *La Réforme de l'Enseignement secondaire*, 1874, p. 301.
2. *Ibid.*, p. 306.
3. *Ibid.*, p. 315.

reconnaît l'argument des utilitaires. Enfin, comme l'introduction de toute matière nouvelle dans des programmes déjà remplis doit se payer au prix de suppressions correspondantes, il faut sacrifier les vers latins, diminuer le nombre des thèmes et des devoirs écrits. La seule raison, d'ailleurs, de ces suppressions, c'est que, « si on ne les accepte pas, il faudra renoncer aux langues vivantes et à la géographie[1] ».

On pourrait multiplier les exemples. Ceux-ci suffisent pour mettre en lumière le caractère tout empirique des réformes proposées par le pédagogue, et, malheureusement, réalisées par le ministre de l'Instruction publique. Elles ne sont pas, ces réformes, les applications logiques d'un principe nettement choisi et fermement maintenu, mais les expédients ou, si le mot paraît trop fort, les habiletés d'un libéral aux abois, délogé de ses positions et réduit, pour se défendre, à prendre des armes de toutes mains. Avec J. Simon, la pédagogie libérale se détache de ses principes; et l'on ne voit pas ce qu'elle y a gagné, mais on voit bien ce qu'elle y a perdu, c'est-à-dire la solidité avec la cohésion.

Nous aimerions à nous arrêter quelque temps sur des livres de valeur, tels que ceux de MM. Bréal[2], A. Dupuy[3], Manœuvrier[4], etc., et à y puiser les excellents conseils qu'ils renferment en abondance. Mais ce que nous cherchons en ce moment, ce ne sont pas des conseils d'ordre pratique, si excellents soient-ils, c'est une théorie géné-

1. J. Simon, *La Réforme de l'Enseignement secondaire*, 1874, p. 315.
2. *Quelques mots sur l'Instruction publique en France.*
3. *L'État et l'Université, ou la vraie réforme de l'Enseignement secondaire.*
4. *L'Éducation de la bourgeoisie sous la troisième République.*

rale d'éducation, c'est la moelle, pour ainsi dire, de la pédagogie libérale. Et les considérations théoriques, dans les ouvrages que nous venons de citer, sont ou absentes ou jetées en passant.

Nous aurions plus à prendre dans les écrits de Marion. Nul n'a mieux compris ce qu'est le libéralisme pédagogique, nul ne l'a fait mieux comprendre ou plutôt mieux sentir. Nul enfin n'a mieux parlé que l'auteur de l'*Éducation dans l'Université* de cet esprit libéral « qui, dans l'éducation, consiste à prendre pour fin et pour moyen, au lieu du mécanisme, qui fait des automates, la liberté, qui fait les hommes[1] ». Mais Marion, moraliste plus encore que professeur, était attiré par les problèmes d'éducation proprement dite plus que par ceux de l'enseignement[2]. Et, d'autre part, s'il est vrai que son livre est inspiré par la plus pure doctrine libérale, il ne contient point cependant d'exposé de cette doctrine. L'esprit libéral y circule, à la façon d'un souffle qui fait bruire et frémir toutes les feuilles, sans qu'on puisse nulle part le voir ni le saisir.

L'éducation libérale a trouvé en M. Fouillée[3] le plus ardent en même temps que le plus subtil de ses défenseurs. M. Fouillée l'a bien vu : ce qui fait la faiblesse de la doctrine libérale, c'est qu'il lui manque un fondement philosophique, et il a tenté de le lui donner. Tous les malentendus, toutes les controverses soulevés autour des questions d'enseignement proviennent, dit-il, « de

1. Marion, *L'Éducation dans l'Université*, p. XXIII.
2. Il n'a consacré à l'enseignement que les deux derniers chapitres de son livre.
3. Fouillée, *L'Enseignement au point de vue national*, 1891. — *Les Études classiques et la démocratie*, 1898.

ce qu'on ne s'élève pas à un point de vue assez général [1] ». L'important est donc « d'établir des principes », de fixer avec précision le but de l'éducation. De la solution de ce problème tout le reste découle par voie de conséquence. Quel est donc le but dernier de l'éducation ? C'est, répond M. Fouillée, « d'assurer le développement de la nationalité, de la Patrie [2] ». « Il faut qu'il y ait en chacun de nous un citoyen animé de « l'esprit public », toujours prêt à mettre l'intérêt de la Patrie au-dessus de ses intérêts personnels, de ses travaux propres, de son industrie, de son commerce, de ses propres richesses [3] ». La thèse, on le voit, est nette. L'éducation doit former des citoyens. Nous sommes en présence d'une théorie « socialiste » de l'éducation.

M. Fouillée ne laisse d'ailleurs subsister aucun doute sur sa pensée. Sa théorie « socialiste » de l'éducation est déduite formellement d'une conception réaliste de la société. « La nation, dit-il, est un organisme doué d'une certaine conscience collective, quoique non concentrée en un moi [4]. » De cet organisme chaque citoyen est une

---

1. Fouillée, *L'Enseignement au point de vue national. Intr.*, p. v.
2. *Ibid., Intr.*, p. vii.
3. *Ibid., Intr.*, p. xii.
4. *Ibid.*, p. vii. — M. Fouillée s'est flatté, en refusant à la société un *sensorium commune*, d'échapper aux conséquences de la thèse de l'organisme social ; il a prétendu fondre les deux conceptions, regardées généralement comme incompatibles, du *contrat social* et de l'*organisme social*, en une conception synthétique, celle de l'*organisme contractuel*. Sans entrer dans une discussion qui est hors de notre sujet, nous dirons seulement que la restriction que M. Fouillée apporte à la thèse de l'*organisme social* ne va à rien moins qu'à la ruiner. Si la société n'a pas de *sensorium commune*, n'est pas un « grand individu », c'est donc qu'elle n'est pas un organisme, le propre de tout organisme étant d'être concentré en un *moi*, si rudimentaire d'ailleurs qu'on le suppose. Mais, d'ailleurs, c'est du côté de la thèse de l'*organisme social* que penche M. Fouillée, et toutes

cellule, une sorte d'élément anatomique, vassal du tout dont il fait partie, vivant par lui et pour lui. Il ne faut donc pas assigner pour but à l'éducation le développement intégral et parfaitement indépendant des facultés de l'homme, « comme si l'éducation n'avait à faire qu'à des individus », — mais le développement des qualités de la race. Ce n'est pas la « personne morale » qu'il faut avant tout former, c'est le génie national qu'il faut fortifier et enrichir.

Or, quels sont les moyens généraux dont dispose l'éducation pour assurer le développement, ou, comme aime à dire M. Fouillée, « l'évolution » du génie national? Il en est deux principaux, la sélection et l'organisation. Pour une société, en effet, « le seul moyen de s'élever, c'est d'avoir d'abord dans son sein des individus et des groupes qui par le talent, le mérite et la moralité, s'élèvent au-dessus des autres [1] ». « L'évolution nationale ne peut avoir lieu sans une élite littéraire, scientifique et politique : tout peuple a besoin de savants, de lettrés et de philosophes; tout peuple a besoin d'une classe dirigeante, capable à la fois de conserver les traditions nationales et d'y ajouter les progrès réclamés par le temps [2]. » En d'autres termes, il faut à l'organisme national « une sorte de cerveau national [3] ». — Mais, d'autre part, le développement du génie national ne peut être assuré que si la nation est organisée. « Plus

les adresses de sa souple dialectique n'ont pu lui épargner les objections que soulève cette doctrine et qui se dressent toutes contre sa thèse de l'*organisme contractuel*. — Pour l'exposé de la thèse, cf. *La Science sociale contemporaine*.

1. Fouillée, *L'Enseignement au point de vue national*, p. 43.
2. *Ibid.*, p. 131.
3. *Ibid.*, p. 131.

la civilisation fait de progrès, plus la force appartient à tout ce qui est organisé, systématisé, coordonné hiérarchiquement [1]. » « Tout peuple qui se divise, qui se désorganise, qui s'individualise à l'excès, devient une poussière d'hommes ; un tourbillon l'emporte [2]. »

Le meilleur système d'éducation sera donc celui qui sera le plus capable, d'une part, de créer cette élite nécessaire au progrès national, d'autre part, d'organiser la nation, de faire d'elle un tout. L'Enseignement secondaire doit être aménagé en vue de ces deux fins. — Pour créer une élite nationale, il faut qu'il s'applique à « cultiver les facultés les plus hautes,... les facultés vraiment désintéressées et humaines », c'est-à-dire, « l'amour de la vérité pour elle-même, l'amour du beau, l'amour du bien universel [3] ». Un tel enseignement s'appelle, de son vrai nom, un enseignement libéral.

Pour « sauvegarder l'unité nationale », notre Enseignement secondaire « doit être *un* lui-même et animé d'un esprit unique [4] ». « La nation qui saurait introduire dans l'Enseignement l'organisation la plus puissante et la plus une aurait par cela même, dans le domaine intellectuel, une supériorité analogue à celle des gouvernements et des armées fortement organisés [5]. »

Libéral, animé d'un esprit unique, tel doit être un Enseignement secondaire, s'il veut réaliser sa véritable fin, c'est-à-dire, « le perfectionnement de l'espèce », l'évolution progressive du « génie national ».

1. Fouillée, *L'Enseignement au point de vue national, Intr.*, p. IX.
2. *Ibid.*, p. 56.
3. *Ibid.*, p. 33.
4. *Ibid.*, p. 181.
5. *Ibid., Intr.*, p. X.

Ces considérations générales posées, M. Fouillée en déduit les conséquences relatives à l'organisation de l'Enseignement secondaire, c'est-à-dire aux programmes et aux méthodes. « C'est sur l'évolution nationale... qu'il faut se régler dans le choix des objets d'études[1]. » Seules, ces matières doivent entrer dans les programmes, qui sont « en harmonie avec l'esprit même de la nation, avec ses habitudes et ses aptitudes, avec son histoire, avec les traditions mêmes de son éducation, de sa langue, de sa littérature et de ses arts; bref, avec toutes les formes et les conditions essentielles de l'évolution nationale[2] ».

Quelles sont ces traditions nationales, quel est le génie de la France? « La France s'enorgueillit d'être par excellence le foyer des idées proprement *humaines* et des sentiments *humains* : elle est le pays de l' « humanité » au sens large où le XVIII⁰ siècle prenait ce mot. Sa littérature et son art classiques sont une littérature et un art d'expansion tout humaine et universelle; enfin, au point de vue de l'éducation, elle est le pays classique par excellence, le pays des humanités ». « Le premier devoir de tout gouvernement français est de maintenir, dans l'éducation, l'honneur littéraire et artistique de la France, en même temps que sa foi à une morale et à une philosophie profondément humaines[3] ». Ainsi se justifient les études classiques, et particulièrement les études latines, en faveur desquelles M. Fouillée se prononce énergiquement. Elles ne sont pas, ces études, « un

---

1. Fouillée, *L'Enseignement au point de vue national*, p. 118.
2. *Ibid.*, p. 133.
3. *Ibid.*, *Intr.*, p. xiv.

simple préjugé », elles ont une raison d'être « vraiment philosophique en même temps que patriotique [1] ».

Ainsi se justifient également les réformes que M. Fouillée veut introduire dans l'enseignement des sciences et qui tendent à faire des sciences de véritables « humanités ». Par les mêmes raisons enfin se légitime l'introduction, réclamée par M. Fouillée, des sciences vraiment « humaines », de celles qui étudient l'homme, la société et les grandes lois de l'univers, c'est-à-dire des sciences morales, sociales, esthétiques, et, en un mot, philosophiques.

Nous pourrions suivre jusque dans le détail l'analyse des vues pédagogiques de M. Fouillée ; nous y constaterions que, fidèle à ce « point de vue national » qu'il a choisi, c'est toujours au nom des intérêts de la nation et de la race françaises qu'il critique l'institution existante, propose des réformes, réorganise sur un plan nouveau l'Enseignement secondaire.

Nous ne méconnaissons certes pas l'intérêt ni la valeur de ce point de vue. Mais nous ne croyons pas que la doctrine libérale gagne, à s'y placer, un profit certain. Est-ce, en effet, avoir beaucoup fortifié une doctrine que de l'avoir rendue solidaire d'une autre doctrine contestable et, à tout le moins, indémontrée ? Cette thèse de l'*organisme social*, à laquelle M. Fouillée suspend toute sa pédagogie, prête à de graves objections et n'est pas de celles qui peuvent être universellement acceptées. M. Fouillée l'accepte et il a ses raisons, mais des raisons qu'il ne réussit pas à nous faire admettre, parce qu'elles ne sont pas décisives. Et

____

1. Fouillée, *L'Enseignement au point de vue national*, p. 137.

dès lors, n'est-il pas permis de regretter qu'il ait ainsi lié la fortune de l'éducation libérale à celle d'une théorie dont la résistance n'a pas été encore suffisamment éprouvée?

Au surplus, cette théorie de l'organisme social, loin de présenter une affinité avec la pédagogie libérale, la repousse au contraire et l'exclut. M. Fouillée a soudé ensemble deux thèses inconciliables. La thèse de l'organisme social implique une métaphysique déterministe, puisque la société, d'après elle, se réalise, non en vertu d'un contrat librement consenti par les individus, mais nécessairement et par l'effet de lois immanentes. L'éducation libérale, au contraire, — nous le montrerons tout à l'heure, — fait partie d'un système d'idées qui postule l'hypothèse de la liberté.

M. Fouillée l'a bien senti, et, soucieux de réconcilier les deux théories, il affirme que l'éducation n'a pas rempli toute sa tâche quand elle a formé des citoyens, des Français; il veut encore qu'elle forme des « hommes libres, intacts au milieu des servitudes de la vie[1] ». — Mais alors nous nous demandons comment cette seconde formule peut s'accommoder avec la première. Car, si les deux fins que M. Fouillée propose à l'éducation, former le citoyen d'une part, développer l'individu d'autre part, sont deux fins distinctes et parfaitement indépendantes l'une de l'autre, que devient alors la thèse initiale de M. Fouillée, la thèse de l'*organisme social*? Reconnaître à l'individu son droit à être développé en lui-même et pour lui-même, n'est-ce pas nier le principe de la subordination de la cellule à l'orga-

---

1. Fouillée, *L'Enseignement au point de vue national*, *Intr.*, p. XII.

nisme, de l'individu à la société? — M. Fouillée nous dira-t-il, pour échapper à la contradiction, que la santé de l'organisme dépend de la vigueur des cellules et que le perfectionnement de l'individu n'est qu'un moyen pour assurer la prospérité de la nation? Nous retombons alors dans la thèse toute pure de l'organisme social. Car, si c'est seulement en vue de la nation qu'on cultive les qualités « proprement humaines » de l'individu, on continue à subordonner en fait l'individu à la nation, à ne considérer l'homme qu'en tant que citoyen. — Entre la thèse individualiste et la thèse socialiste, M. Fouillée n'a pas voulu choisir; il a préféré les amalgamer, les fondre, au prix d'une contradiction. Si cette contradiction n'enlève rien à l'intérêt de son livre si abondant en aperçus ingénieux, en idées fortes et pénétrantes, en conseils excellents, en revanche elle lui ôte la valeur d'une démonstration. Aussi ne pensons-nous pas que, malgré ses mérites, l'ouvrage de M. Fouillée ait mis la doctrine libérale en mesure de répondre victorieusement aux attaques de la doctrine utilitaire.

Les *Instructions et programmes* de 1890 nous offrent-ils une conception plus nette et une justification plus solide de l'éducation libérale? Ces *Instructions* commencent par affirmer de la manière la plus forte et la plus précise le principe de l'éducation libérale. « La vraie fin que le maître, tout en s'attachant avec passion à sa tâche journalière, doit avoir constamment présente à l'esprit, c'est de donner, par la vertu d'un savoir dont la majeure partie se perdra, une culture qui demeure. Par delà les objets et les exercices quotidiens de la classe, c'est à l'esprit, c'est à l'âme même de ses élèves qu'il doit viser... Les études classiques, comme on l'a dit si souvent, n'ont d'autre but que de contribuer, pour leur part, à former des hommes[1]. »

Jusqu'ici, tout est bien. Mais c'est ici seulement, nous le savons, que commence la difficulté. A cette question essentielle : Qu'est-ce que ces hommes qu'il s'agit de former? — que répondent les *Instructions*? Former un homme, nous disent-elles, c'est « développer harmonieusement les facultés normales d'un esprit bien fait[2] », ou encore, « l'objet essentiel de l'Enseignement secondaire est évidemment la formation harmonieuse de l'esprit[3] ». A maintes reprises nous retrouvons cette même formule, séduisante, mais combien vague! Car, ce que nous avons besoin de savoir maintenant, c'est ce qu'il faut entendre par « esprit bien fait », par « facultés normales », par « formation harmonieuse de l'esprit ». Une « harmonie » suppose la convergence de plusieurs éléments vers une même fin, et, entre ces éléments eux-mêmes, une proportion déterminée. Or, quelle est, dans une éducation libérale, la fin à laquelle doivent concourir les divers éléments qui constituent l'esprit? Au nom de quel criterium fixe-t-on le rôle précis et, pour ainsi dire, la part contributive de chaque élément? Qui orchestrera, pour continuer la métaphore, cette symphonie de l'âme humaine? C'est là justement ce que les *Instructions* ne nous disent pas et ce que pourtant il faudrait nous dire. Car, faute d'avoir établi le principe qui doit régler l'harmonie, on s'expose à ce que chaque maître, s'en fiant à ses propres lumières,

---

1. *Instructions, programmes et règlements,* 1890, p. XII.
2. *Ibid.,* p. X.
3. *Ibid.,* p. 13.

conçoive différemment l'idéal de l'esprit bien fait, et qu'ainsi, bien loin d'être « harmonieusement formé », l'esprit des élèves, soumis à vingt régimes divers et contradictoires, ne soit que désordre, confusion et discordance. Il fallait commencer par une définition nette et précise de « l'esprit bien fait ». L'absence d'une telle définition se fait sentir à chaque page des *Instructions* et y crée l'incertitude, l'imprécision la plus regrettable.

Prenons un exemple. Les *Instructions* nous affirment que la philosophie est « un moyen de culture intellectuelle ayant sa valeur propre et son efficacité originale », parce qu'elle exerce et développe des facultés nécessaires à un esprit bien fait, à savoir « l'esprit d'analyse, l'esprit d'examen, l'abstraction et la généralisation, le raisonnement, en un mot, toutes les facultés discursives, mais appliquées aux faits moraux qui ne tombent pas sous les sens et qui ne sont pas pesés dans des balances matérielles [1] ». Mais ce que l'on ne nous dit pas, c'est pour combien ces « facultés discursives appliquées aux faits moraux » doivent entrer dans la « formation harmonieuse de l'esprit ». Bien plus, on ne nous prouve même pas qu'elles soient nécessaires. Est-ce là cependant une de ces vérités évidentes, un de ces axiomes qui s'imposent à la raison? Ne pourrait-on pas soutenir que ces facultés discursives, « l'esprit d'analyse, l'esprit d'examen », — sans parler de leurs effets sur la volonté et la sensibilité — paralysent la fermeté et la décision de l'intelligence, énervent l'esprit d'invention et d'initiative? C'est une thèse qui a été souvent

1. *Instructions, programmes et règlements*, 1890, p. 107.

soutenue et qui s'appuie sur des raisons, sinon vraies, à tout le moins plausibles. Si bien qu'en définitive la démonstration de la vertu éducative de l'enseignement philosophique demeure suspendue à un postulat indémontré. A quelle valeur logique peut-elle dès lors prétendre et comment s'imposerait-elle avec évidence à l'esprit des maîtres ?

On pourrait multiplier les exemples. Partout on constaterait la même incertitude, la même insuffisance. Partout on s'apercevrait que les théories pédagogiques des *Instructions* vacillent sur leur base. Seule une définition de « l'esprit bien fait », ou, pour mieux dire, une définition de « l'homme » eût pu leur donner un fondement solide, leur assurer l'unité intérieure qui eût fait d'elles une véritable doctrine. Pour n'avoir pas dès l'abord posé cette définition, les *Instructions* se sont condamnées à ne produire en faveur de l'éducation libérale que de contestables arguments. Elles n'ont point efficacement servi la cause qu'elles prétendaient soutenir.

II

Ces exemples, tirés des plus récents exposés de la pédagogie libérale, suffisent sans doute à prouver ce que nous disions en commençant, à savoir que les défenseurs de cette pédagogie n'en ont point présenté une théorie ferme, cohérente, consciente de ses moyens et de ses fins. Aux armes neuves et solides des pédagogues utilitaires, ils n'ont su opposer que des armes émoussées ou fragiles ; aux troupes homogènes et

compactes de leurs adversaires, des forces dispersées
et errantes; enfin, ils n'ont pas même eu l'habileté de
choisir un terrain de combat propice.

Ces armes et ce terrain, la pédagogie libérale ne pouvait les trouver que dans une philosophie de la liberté,
comme la doctrine utilitaire avait trouvé les siens dans
une philosophie de la nécessité. On nous dispensera
sans doute d'exposer longuement les rapports et comme
les points de fusion qui existent entre la pédagogie
libérale et la métaphysique de la liberté. Ces rapports
sont facilement discernables, et aussi bien, à ceux qui
n'en seraient point frappés, nous n'aurions qu'à répéter,
mutatis mutandis, ce que nous avons dit plus haut de
l'accord constant de la pédagogie utilitaire avec une philosophie de la nécessité.

C'est ainsi, par exemple, que nous verrions, dès la
première démarche de la doctrine libérale, apparaître la
croyance à la liberté. La méthode de la pédagogie utilitaire était *expérimentale* et scientifique; celle de la
pédagogie libérale est *à priori* et, pour ainsi dire, métaphysique. Non pas que la pédagogie libérale prétende
se passer des données de l'expérience; elle interroge
ces données lorsqu'il s'agit d'établir les programmes
et de choisir les méthodes d'enseignement, c'est-à-dire,
lorsqu'elle en arrive aux problèmes pratiques. Mais,
pour résoudre le problème qui domine tout système
pédagogique, et qui est de déterminer le but de l'éducation, elle use du raisonnement *à priori*. Elle propose
en effet à l'éducation une fin idéale, un objet dont
l'expérience ne lui fournit qu'une incomplète et imparfaite ébauche. Elle place devant les yeux de l'éducateur

un modèle parfait, un type achevé de « l'homme », type sur lequel il devra former l'enfant, et qui sans doute prétend représenter l'homme réel aussi intégralement que possible, mais qui prétend aussi exprimer plus et mieux que l'homme réel. Qu'ils s'appellent J. Simon, de Laprade ou M. Fouillée, les pédagogues libéraux se font tous de l'homme une certaine *idée*, et tous demandent à l'éducation de former et comme de modeler l'enfant sur cette *idée*. Or, assigner ainsi à l'éducation un but qui dépasse l'expérience, n'est-ce pas affirmer implicitement que l'enfant n'est pas fatalement asservi à sa nature intellectuelle et sensible, qu'il peut, au contraire, dans une certaine mesure, s'affranchir de cette nature et la dépasser, et que l'éducation a précisément pour suprême utilité de lui apprendre à s'élever au-dessus de lui-même? N'est-ce pas, en un mot, affirmer que l'enfant est doué du pouvoir de se libérer, au moins partiellement, de ses instincts, c'est-à-dire, doué de liberté?

Enveloppée dans les prémisses mêmes de toute pédagogie libérale, l'affirmation de la liberté se retrouve encore dans l'idée que cette pédagogie se fait du rôle du maître. Elle considère en effet l'éducation, non comme une *science*, dont les lois immuables, universelles et absolues doivent être ponctuellement obéies, mais comme un *art*, l'art de conduire les esprits — par des moyens qu'il faut diversifier à l'infini selon l'infinie variété des natures et qu'il appartient à chaque maître de découvrir — vers l'idéal qu'elle a proposé. Il ne s'agit point ici pour le maître, comme dans l'éducation utilitaire, d'enseigner à tous les élèves, strictement et mécaniquement, ce programme des connaissances les plus utiles, établi d'après les règles de la méthode scientifique. C'est tout autrement que procède la pédagogie libérale : « Faites des hommes, dit-elle aux maîtres, tel est mon seul précepte. C'est à vous de chercher comment on y peut réussir. Tout au plus puis-je vous donner quelques conseils, vous indiquer quelques moyens généralement efficaces. Expliquez à vos élèves les œuvres des grands écrivains. Aidez-vous de l'histoire, de la philosophie, des sciences. Servez-vous des compositions françaises, des versions et des thèmes. Mais sachez bien que ces moyens ne valent que s'ils sont employés judicieusement, s'ils sont adaptés aux besoins particuliers de chaque intelligence. C'est à vous de procéder à cette délicate appropriation. Cherchez et tâtonnez; étudiez les âmes; devenez habiles en l'art de les pénétrer et de les deviner. A cette condition seulement vous serez de bons maîtres. » — Ainsi, tandis que la pédagogie utilitaire veut être prise à la lettre, et n'admet point que les maîtres l'interprètent, — car la science ne s'interprète point, elle s'accepte, — la pédagogie libérale, elle, demande à être interprétée, commentée, comprise. Elle exige l'adhésion et la collaboration des maîtres. Elle n'est point une formule qu'il faut appliquer, elle est une sorte d' « esprit » dont on doit se pénétrer. Elle admet, elle réclame, dans les méthodes d'enseignement, une souplesse, une largeur, une variété qui supposent, chez les maîtres, l'activité, l'esprit d'invention et d'initiative, c'est-à-dire la liberté.

Comme elle fait fond sur la liberté du maître, la pédagogie libérale fait fond aussi sur la liberté de l'élève. L'éducation, à ses yeux, ne consiste pas en un ensemble méthodique de connaissances, que l'enfant n'a qu'à absorber machinalement, ou, si l'on veut, en un système de procédés qui façonnent du dehors son esprit et son âme; elle est, au contraire, une excitation, un appel, une exhortation, qui, sans doute, agissent puissamment sur l'âme de l'enfant, mais qui n'agissent qu'autant qu'il répond à cet appel, réagit sous cette excitation, s'enflamme à cette exhortation. En somme, l'éducation libérale opère à la façon d'un adjuvant. Elle aide l'enfant, mais à la condition qu'il s'aide lui-même. Elle n'est efficace que dans la mesure où elle l'amène à prendre en main l'œuvre de son perfectionnement. Mais une telle conception de l'éducation implique la croyance à la liberté. S'il n'est de vrai progrès pour l'enfant que le progrès intérieur, celui dont il est le propre ouvrier, c'est donc que l'enfant n'est pas le produit fatal des influences plus ou moins savantes qui se sont exercées sur lui, c'est qu'il possède une activité propre, une volonté libre, dont l'exercice constitue le facteur essentiel de son développement intellectuel et moral.

Quels sont enfin les programmes que recommande la pédagogie libérale? Des programmes composés principalement de lettres et de philosophie, c'est-à-dire d'études désintéressées, d'études qui répondent aux besoins les plus immatériels de l'homme, à ceux qui le distinguent de l'animal, à son amour du beau et à son aspiration vers l'absolu. Et pourquoi ce souci de satisfaire les besoins supérieurs de l'homme, sinon parce que la pédagogie libérale voit en lui un être à part, distinct des autres êtres, un être qui échappe, par quelque portion de lui-même, aux lois qui régissent le monde organisé? La pédagogie utilitaire voyait dans l'homme, avant tout, un « animal », un peu plus compliqué seulement et mieux doué que les autres animaux, et ne voulait que pourvoir cet « animal » d'armes offensives et défensives; elle replongeait l'homme dans l'univers. La pédagogie libérale l'en excepte et le traite en homme; et en quoi l'homme diffère-t-il essentiellement des autres êtres, si ce n'est par la liberté?

Cette idée de la liberté humaine est vraiment le centre et le foyer où convergent tous les éléments de la pédagogie libérale. Par son but, par son principe, par ses moyens, par ses résultats, elle postule invariablement l'idée de la liberté; — par son but, qui est de former l'homme, former l'homme, c'est-à-dire développer, enrichir ce qui, dans l'homme, est vraiment « humain », la liberté; — par son principe, qui est que le savoir n'a d'autre valeur qu'une valeur éducative, qu'il ne mérite d'être acquis que dans la mesure où il nourrit, stimule, fortifie la « personne », entendons, la « personne libre »; — par ses méthodes d'enseignement, qui tendent toutes à éveiller la curiosité de l'enfant, à solliciter ses aptitudes, à essayer pour ainsi dire ses facultés, qui supposent que l'enfant a une nature propre et pour ainsi dire irréductible, qui le traitent en être dont il faut respecter l'originalité foncière, c'est-à-dire en être libre; — par ses résultats enfin; car une éducation vraiment libérale réussit à former « des têtes bien faites plutôt que bien pleines »; elle excite les forces vives de l'intelligence, donne du mouvement à l'esprit, développe la puissance d'invention, la force créatrice, en un mot, crée plus de liberté.

Ainsi, de quelque côté qu'on envisage la pédagogie libérale, il suffit de pousser un peu loin, de creuser un peu avant, toujours on rencontre l'hypothèse de la liberté. La pédagogie libérale est tout entière imprégnée de la croyance à la liberté : elle plonge en elle par toutes ses racines, elle y puise toute sa vigueur, elle s'en nourrit, depuis le tronc jusqu'à son dernier rameau. Et cependant les défenseurs de cette doctrine libérale n'ont point proclamé cette étroite union; ils ne sont pas remontés jusqu'à cette source première pour y chercher la formule de leur système. Ils n'ont point su dire : « La fin de l'éducation libérale est de former des hommes; or, la liberté est l'essence de l'homme; la fin de l'éducation est de former des *hommes libres* ».

De tout ce qui précède il nous faut retenir deux idées principales, qui devront nous guider lorsqu'il s'agira de choisir la doctrine pédagogique dont l'Enseignement secondaire doit s'inspirer. Celle-ci d'abord, c'est que l'apparente diversité des doctrines pédagogiques se peut ramener à une classification très simple, composée de deux groupes seulement, les doctrines utilitaires et les doctrines libérales. Cette classification, fondée sur le principe même des doctrines, limite forcément notre choix. Aussi bien, aucun système, pas plus celui de Spencer que celui des *Instructions*, ne se présentant pour ainsi dire à l'état pur, ce n'est point entre deux systèmes que nous aurons à choisir, mais simplement entre l'*idée* utilitaire et l'*idée* libérale. Ce choix fait, nous chercherons à construire logiquement le système qui doi. manifester pleinement l'*idée* choisie.

En second lieu, nous avons vu que tout système péda-

gogique implique, consciemment ou non, une philosophie générale, et qu'en elle seulement il trouve son fondement rationnel, sa vigueur et son unité. Examiner la
philosophie que suppose une doctrine pédagogique,
c'est donc éprouver la solidité des bases sur lesquelles
repose la doctrine. La pédagogie utilitaire se fonde sur
une philosophie de la nécessité, la pédagogie libérale,
sur une philosophie de la liberté. Choisir entre ces deux
pédagogies, c'est choisir entre les deux philosophies
dont elles sont solidaires.

La lutte étant ainsi circonscrite, nous nous garderons
de nous laisser influencer, quand nous prendrons parti,
par les récentes victoires de la pédagogie utilitaire. Ces
victoires s'expliquent par des raisons historiques, passagères par conséquent, et ne préjugent rien de la valeur
respective des deux systèmes en présence. La bataille
n'est donc pas perdue pour la pédagogie libérale. Les
deux doctrines se retrouvent face à face, appuyées sur
deux conceptions philosophiques opposées, soutenues
solidement par elles, et c'est seulement ainsi que peut
s'engager l'action décisive.

CHAPITRE III

Conclusions du livre deuxième.

Il nous faut choisir, et choisir nettement; car, entre les deux systèmes pédagogiques qui se proposent à nous, il n'est ni accommodement ni conciliation, pas plus qu'entre les deux philosophies dont ils sont solidaires.

Comment choisir? Existe-t-il des raisons spéculatives capables de nous déterminer dans un sens ou dans l'autre? Il ne le semble pas. La conception de la liberté et la conception déterministe ne sont que des hypothèses invérifiables et qui ne passeront jamais au rang des certitudes. Car, pour *démontrer* la liberté, il faudrait la rattacher à un principe supérieur à elle, dont elle découlerait à titre de conséquence nécessaire, ce qui serait contradictoire. Et, d'autre part, la *démonstration* du déterminisme ne serait possible qu'une fois la science complètement achevée, puisque, tant qu'existe un phénomène inconnu, il est légitime de se demander si ce phénomène n'échappe pas aux lois qui gouvernent tous les autres. Nécessité et liberté sont et seront toujours de simples hypothèses. Aucun argument sans réplique ne nous impose l'une ou l'autre.

Notre choix pourtant ne sera pas arbitraire. Si les deux hypothèses en présence ne sont ni l'une ni l'autre rigoureusement démontrables, l'une cependant peut être plus plausible que l'autre. Or, c'est ici le cas. C'est en faveur de l'hypothèse de la liberté qu'existent les plus fortes présomptions, si d'abord elle est, des deux, la plus large et la plus complète, puisqu'elle admet que certains phénomènes sont nécessaires, tandis que l'hypothèse du déterminisme exclut tout acte libre, — si ensuite elle explique (ce que ne peut faire l'hypothèse déterministe) le fait de l'erreur et rend ainsi possible la certitude scientifique, — et si enfin sa valeur pratique est la plus considérable, puisqu'elle seule peut fonder l'ordre de la moralité.

Ces raisons seraient suffisantes déjà pour désigner à notre choix l'hypothèse de la liberté. Mais il en est une autre, d'ordre pédagogique, et par conséquent la plus importante à notre point de vue, c'est que seule une pédagogie fondée sur la croyance à la liberté peut répondre exactement aux besoins actuels de la démocratie française et lui fournir l'enseignement qui lui convient.

Nous avons dit, en effet, que l'Enseignement secondaire, s'il veut former des classes moyennes capables de conduire la démocratie vers ses véritables fins, doit présenter deux caractères : il doit être un enseignement *un* et il doit être un enseignement philosophique. Or la doctrine utilitaire ne satisfait à aucune de ces conditions.

§ 1. — En premier lieu, elle ne peut pas fonder un enseignement *un*. Le principe de l'utilité, sur lequel elle s'appuie, n'est pas, quoi que prétende Spencer, un principe unificateur. L'utilité, du moins l'utilité toute matérielle et pratique, varie d'un individu à l'autre. Sans doute des notions de physiologie et d'hygiène sont utiles à *tous* les individus également, et le savoir élémentaire ou primaire est nécessaire à l'exercice de *tous* les métiers. Mais, passé ce minimum de connaissances indispensables à tout homme, la diversité commence entre les besoins. Ce qui est utile à celui-ci est inutile à celui-là. Les connaissances techniques et spéciales qui sont nécessaires au futur homme de lettres, au futur médecin, au futur agriculteur sont absolument différentes. Comment alors concevoir un enseignement utilitaire qui serait le même pour tous? Le programme de Spencer, qui impose, dans le même ordre, dans la même proportion, selon une hiérarchie immuable, les mêmes connaissances, n'est-il pas un flagrant démenti au principe de l'utilité?

La plupart des pédagogues utilitaires ont d'ailleurs bien senti cette antinomie qui existe entre l'utilité immédiate et pratique de l'enseignement et son unité. Aussi se sont-ils résignés, suivant leur tempérament, à sacrifier l'une ou l'autre de ces deux exigences contradictoires. Comte a sacrifié l'utilité. Le programme des études positives est général et valable également pour tous les élèves; mais il n'a pas d'utilité pratique. Des jeunes gens nourris, comme le veut Comte, de mathématiques, d'astronomie, de physique, de chimie, de biologie et de sociologie, et qui d'ailleurs ne connaîtront de chacune de ces six sciences que les grandes lois, les résultats les plus généraux, les méthodes de recherche, ces jeunes gens ne seront pas plus en état de protéger leur santé et de gagner leur pain que des jeunes gens instruits seulement dans les lettres et la philosophie.

Et quant aux modernes défenseurs de l'éducation vraiment utilitaire, dans le sens où l'entend Spencer, ils ont renoncé à établir un type unique d'enseignement. Ils se sont rendu compte qu'à une époque où la division extrême du travail social a multiplié, entrecroisé, opposé les intérêts, il est impossible que l'*utilité* soit exactement la même pour toutes les catégories de jeunes gens. Et ils ont prêché, non seulement l'établissement, dans un même lycée, de plusieurs types d'enseignement, industriel, commercial, agricole, colonial, etc., mais encore l'adaptation, l'appropriation de l'enseignement de chaque lycée aux caractères particuliers de chaque région. Ils ont déclaré que l'enseignement devait se modeler sur les besoins locaux, par conséquent se diversifier selon les provinces. Et l'on sait combien cette thèse a fait de chemin, et qu'elle a séduit nombre d'excellents esprits. Il suffit, pour s'en convaincre, de parcourir les dépositions faites devant la Commission d'enquête de la Chambre des Députés [1].

Seulement ces partisans de la pluralité des types de l'Enseignement secondaire n'osent pas aller jusqu'au bout de leur pensée. Ils se tiennent pour satisfaits si l'Enseignement secondaire se diversifie en cinq ou six types nettement caractérisés. Pourquoi cependant ce chiffre fatidique? Serait-ce par hasard qu'il n'est que cinq ou six professions exigeant des connaissances spéciales, requérant une éducation appropriée? Il est clair que

---

1. *Enquête*. Dépositions de MM. R. Poincaré, Maneuvrier, etc.

non. Toutes les professions, et même les plus modestes, ont leur technique particulière. Si les pédagogues utilitaires étaient logiques, ils devraient établir, non pas cinq ou six types d'enseignement, mais quarante, mais cinquante, mais cent. S'ils ne poussent pas si loin leurs exigences, c'est parce qu'elles feraient éclater le vice radical de leur pédagogie, parce qu'elles manifesteraient trop évidemment la fausseté du principe utilitaire. Non, il n'est pas vrai que l'éducation doive être organisée en vue de l'utilité pratique de l'individu, puisque, dès qu'on le tente, on est amené à diversifier l'enseignement en un si grand nombre de genres, d'espèces, de variétés, de familles, qu'une telle organisation apparaît comme pratiquement absurde.

Mais, d'ailleurs, cet enseignement divers et multiforme est-il celui qui convient à notre démocratie? Est-ce lui qui nous donnera les classes moyennes unies, cohérentes, dont nous avons besoin? — Certains utilitaires le prétendent[1]. La principale cause de l'anarchie sociale, disent-ils, doit être cherchée dans cette éducation générale qui ne prépare l'individu à aucun métier, qui, le déclassant, pour ainsi dire, en fait un être inutile, improductif, dangereux par conséquent pour la société, ferment de trouble et de révolte. L'éducation utilitaire, tout au rebours, prépare l'individu à une fonction déterminée, à un rôle précis. Elle lui donne une place dans la société, lui assigne une fonction dans l'organisme social. En faisant de lui une cellule dont la vie est nécessaire à la vie de l'organisme, mais qui, par

1. Cf. Durkheim, *La Division du travail social*, p. 452, note. — C'est une thèse analogue, au fond, que présente M. Barrès dans *Les Déracinés*.

réciprocité, est intéressée à la vie de l'organisme dont elle fait partie, elle attache fortement l'individu à la société, établit entre toutes les cellules sociales une étroite solidarité. C'est précisément parce qu'elle ne prépare l'individu qu'à un métier et le laisse impropre à tout autre, qu'elle lui fait sentir sa dépendance vis-à-vis du tout.

Il nous semble toutefois que c'est un abus de mots que d'appeler du nom de solidarité une dépendance organique et fatale, une servitude pesante et subie malgré soi. La solidarité qui seule mérite ce nom, parce que seule elle est indissoluble et féconde, est celle qui est volontaire et librement consentie. Nous n'avons que faire, pour nos classes moyennes, de cette homogénéité qui ne résulterait que de l'impossibilité matérielle, pour chaque individu, de se passer des autres individus. Nous voulons, entre les hommes de ces classes, une union toute morale et volontaire, née de la claire notion de l'identité des intérêts humains, fondée sur l'amour des hommes et cimentée par le zèle à servir ses semblables. Et cette union, seule une éducation générale, qui entretient les jeunes gens dans la curiosité et dans l'intelligence de ce qui intéresse également tous les hommes, est capable de la créer.

Multiple en ses programmes, parquant chaque élève dans le cercle étroit d'une éducation spéciale, l'enseignement utilitaire semble incapable de préparer des classes moyennes unies et homogènes. Mais peut-être nous dira-t-on que ce qui fait la valeur d'un enseignement, ce par quoi il façonne et modèle les esprits, ce ne sont point ses programmes, enveloppe matérielle dont il lui faut bien se revêtir, lettre indifférente et inerte, — mais ses méthodes, son esprit, l'âme vivante qui l'anime et le soutient, et qu'ainsi l'éducation utilitaire peut réaliser par le dedans l'unité des enseignements les plus divers? Peut-être dira-t-on qu'il n'importe point que l'enseignement utilitaire ait des programmes uniformes s'il a une méthode *une*? — Nous le voulons bien. Mais nous demandons alors quelle est cette âme de l'enseignement utilitaire, cette âme capable d'animer d'une même vie des programmes différents et spéciaux. On nous répond : c'est l'esprit scientifique. Prenons garde ici de nous laisser duper par un mot. Il n'y a pas une *Science*, mais des sciences particulières ; il n'y a pas un esprit scientifique, mais bien des méthodes scientifiques différentes, et propres à chaque ordre d'études. Chaque science requiert des aptitudes spéciales et développe chez qui l'étudie des habitudes de pensée particulières. L'esprit déductif et abstrait des mathématiques n'est point l'esprit observateur et inductif du physicien ou du physiologiste, lequel à son tour ne saurait être confondu avec l'esprit d'analyse intuitive du psychologue ou du sociologue. Autant d'études et d'enseignements scientifiques, autant de méthodes. Et ce serait donc s'abuser que de croire que, pour maintenir une réelle unité entre des enseignements scientifiques différents, il suffit de les avoir donnés d'après la méthode et dans l'esprit propres à chaque science.

N'exagérons rien cependant ; il est bien vrai que les diverses méthodes scientifiques, à les prendre d'un peu haut, peuvent se concilier et se fondre pour ainsi dire en une méthode générale unique, et qu'ainsi il existe, en effet, un « esprit scientifique ». Goût de l'exactitude, besoin de l'évidence, rigueur du raisonnement, habitude de n'affirmer jamais que sur des preuves certaines et vérifiées, imagination abstraite et constructrice d'hypothèses, mais surtout amour désintéressé, curiosité passionnée de la vérité, voilà bien, nous semble-t-il, tous les traits de cet « esprit scientifique », dont on prétend qu'il est l'âme de l'enseignement utilitaire.

Mais en le prétendant, on oublie deux choses. C'est d'abord que cet esprit scientifique, ou du moins ce qu'il y a en lui de plus haut, c'est-à-dire l'amour patient et désintéressé du vrai, le scrupule et la probité dans la recherche, tout ce qu'en un mot on peut appeler les vertus intellectuelles et morales du savant, tout cela ne peut exister réellement qu'en ceux qui font la science, mais non pas en ceux qui l'apprennent. Or, dans les classes de nos lycées — et pour les professeurs aussi bien que pour les élèves —, la science n'est et ne peut être qu'un objet d'étude, non un objet de recherche et de découvertes. On peut rendre cette étude intéressante et vivante [1]; elle ne fera jamais que fournir un élément noble à l'imagination des élèves, qu'élargir leur sentiment esthétique; elle ne saurait créer en eux le véritable « esprit scientifique ».

D'ailleurs, et même en réduisant l'esprit scientifique aux qualités plus humbles de l'intelligence, à ces habitudes de précision, de justesse, de prudence et de méthode qui sont, pour ainsi dire, la portion communicable de l'esprit scientifique, même alors il serait faux de prétendre que cet esprit puisse être pour l'enseigne-

1. Cf. Fouillée, *L'Enseignement au point de vue national*, liv. II, ch. III.

ment utilitaire un principe d'unité intérieure. Les habitudes scientifiques ne peuvent être créées chez les élèves que par un enseignement *libéral* des sciences, c'est-à-dire par un enseignement éducatif et actif, qui se préoccupe, non pas de distribuer le savoir, mais de former l'intelligence. Pour donner aux esprits les qualités de précision et de rigueur scientifiques, pour les dresser aux habitudes d'observation méthodique et de raisonnement exact, il faut toute une adaptation, une appropriation expresse de l'enseignement des sciences. Or, cette adaptation est incompatible et contradictoire avec le principe utilitaire, qui — nous l'avons vu — n'autorise dans l'enseignement qu'une seule méthode, la méthode d'exposition, méthode passive par excellence, méthode qui n'aboutit qu'à exercer la mémoire de l'élève, non à stimuler la force vive de sa pensée, non à développer en lui les qualités scientifiques, qui sont des qualités actives. Distribuer la plus grande somme possible de savoir utile, — développer les qualités scientifiques de l'esprit, — ce sont là deux fins absolument différentes, et l'on peut dire inconciliables.

La pédagogie utilitaire ne saurait nous offrir un enseignement capable de préserver nos classes moyennes de la dissociation et de l'anarchie. Est-elle davantage en mesure de nous offrir un vigoureux enseignement philosophique, qui excite les jeunes pensées à l'action virile, énergique et persévérante? Peut-être soutiendra-t-elle qu'elle aussi peut donner un enseignement d'idées; elle alléguera que la philosophie déterministe n'est ni moins générale que celle de la liberté, ni moins capable d'ouvrir aux esprits de larges perspectives sur la vie et le monde, et qu'elle peut donc, à sa façon, élever et fortifier les intelligences en leur montrant l'éternel déroulement, suivant des lois immuables, des événements fatals et des phénomènes nécessités.

Ici encore nous répondrons que le principe même de la pédagogie utilitaire lui interdit ces vastes exposés où la pensée s'agrandit et prend de l'élan. D'abord la métaphysique déterministe n'est qu'une hypothèse et ne doit donc point entrer dans un enseignement qui se flatte de ne nourrir les esprits que de faits certains, de vérités bien établies. Et quand même elle serait vraie — car il faut nous placer au point de vue même des déterministes — elle ne constitue pas un gain réel, un profit matériel; elle n'a pas de valeur pratique immédiate et n'a donc pas droit de cité dans un enseignement dont le principe et le criterium sont la seule utilité positive. Tout au plus, cette idée de nécessité pourrait-elle apparaître dans l'enseignement utilitaire sous la forme d'une loi purement scientifique, applicable aux phénomènes d'ordre physique. Elle ne saurait y être exposée comme une doctrine métaphysique et morale. C'est dire qu'elle ne peut entrer dans l'enseignement utilitaire qu'en se dépouillant de toute sa grandeur, de toute sa puissance, de tout ce qui pourrait en faire un aliment et un excitant pour les esprits.

En résumé, nous croyons que la doctrine utilitaire ne peut engendrer qu'un enseignement multiforme et passif, et qu'elle est donc aussi incapable de préparer l'unité intellectuelle et morale de nos classes moyennes, qu'incapable de créer en elles le goût des idées, l'aptitude à la réflexion philosophique.

§ 2. — Tout au rebours, la doctrine libérale nous offre cet enseignement un et philosophique que réclament aujourd'hui les intérêts de notre démocratie.

Il est bien évident, d'abord, que la fin même que poursuit l'enseignement libéral lui impose d'être unique. Cette fin est, non pas l'utilité matérielle de l'homme, utilité variable d'un individu à l'autre, mais la formation, en chaque individu, d'un homme libre. L'enseignement libéral ne se préoccupe point d'instruire le commerçant, l'agriculteur, l'industriel, mais d'élever l'homme. Ce n'est donc point à cette portion toute superficielle de l'homme, par quoi les individus diffèrent les uns des autres, qu'il s'adresse, mais, au contraire, à cette portion profonde qui se retrouve identique chez tous, et qui, invariable, inébranlable, constitue le fond de la nature humaine ; c'est, en un mot, à l'homme *moral*. Aussi, tandis que l'enseignement utilitaire devrait, logiquement, établir autant de programmes qu'il y a d' « utilités », c'est-à-dire de professions, l'enseignement libéral doit, au contraire, composer les siens avec le genre de savoir qui convient à l'homme *moral*, c'est-à-dire qui convient également à tous les individus. Les connaissances que tout individu doit posséder par ce seul fait qu'il est homme, celles qui augmentent en lui « l'humanité », voilà la véritable matière de l'enseignement libéral. Il n'y aura donc pour cet enseignement qu'un programme possible, programme valable pour tous les élèves. Tandis que l'enseignement utilitaire, parce qu'il est spécial, est multiple, l'enseignement libéral, parce qu'il est général, est unique. Et ainsi, dans la mesure du moins où le genre du savoir influe sur la formation de l'esprit, l'enseignement libéral, qui nourrit tous ses élèves du même savoir et les éveille aux mêmes curiosités, prépare par là même l'union des esprits.

Seul encore, un enseignement libéral est capable de faire des esprits actifs et vigoureux. Car un enseignement libéral est, avant tout et en son essence même, philosophique. Puisqu'il se propose de former des hommes libres, de créer la « personne morale », ne va-t-il pas de soi qu'en tête même de ses programmes il inscrira la science de la liberté, c'est-à-dire la philosophie morale? Si d'ailleurs la liberté n'est pas autre chose que le triomphe dans la conduite des motifs d'ordre rationnel sur les motifs d'ordre sensible, des motifs généraux et humains sur les motifs particuliers et individuels, en un mot le triomphe des idées sur les appétits et les instincts, n'est-il pas évident qu'un enseignement qui veut créer la liberté dans les âmes doit être un enseignement excitateur d'idées, fondateur de principes? Mais qu'est-ce qu'un enseignement d'idées et de principes, sinon encore un enseignement philosophique? Enfin si l'enseignement libéral ne veut retenir, dans chaque science, que les connaissances proprement générales et humaines, s'il s'applique à dégager de l'histoire, de la poésie, des sciences les grands principes qui intéressent tous les hommes, que fait-il, sinon dégager la philosophie de l'histoire, la philosophie de la poésie, la philosophie des sciences? Mais dire que, jusque dans les matières en apparence les plus étrangères à la morale et à la philosophie, c'est encore la morale et la philosophie que cherche l'enseignement libéral, n'est-ce pas dire qu'il est tout entier et par son fond même philosophique?

Tels sont les deux types d'enseignement entre lesquels nous avons à choisir. L'un, en se faisant le serviteur docile des instincts égoïstes de l'individu, aggrave encore l'état d'anarchie où nous a menés la déviation de l'individualisme; en privant les esprits de l'atmosphère vivifiante des idées morales et philosophiques, en les retenant assoupis et inertes dans les bas-fonds de la science, il prépare des générations où l'incapacité de concevoir les raisons abstraites et désintéressées, de s'attacher aux principes, de s'élever aux idées générales, en un mot l'inaptitude à penser, engendrera fatalement l'indifférence politique, l'insouciance des vrais intérêts du pays, l'abandon du devoir social. — L'autre, dédaigneux des intérêts pratiques et positifs qui divisent les hommes, ne considère dans l'individu que ce par quoi il est semblable aux autres hommes, et s'attache uniquement à instituer en lui l'être moral, l'être libre; saisissant les esprits dans leur diversité native, il s'efforce, par des méthodes diverses et appropriées, de les modeler tous sur le même type idéal; il ressuscite la ressemblance profonde des âmes; il crée entre elles une parenté intellectuelle et morale qui, plus tard, malgré les différences apportées au cours de la vie, subsistera, indestructible, et rendra possible l'union des citoyens pour le bien de la patrie. Il fait plus encore; excitateur puissant des forces vives de l'esprit, créateur d'activité intellectuelle, stimulant de la réflexion philosophique, il éveille dans les intelligences la curiosité des problèmes sociaux et politiques, en même temps qu'il leur enseigne les moyens de les résoudre dans le sens de la justice et de la raison.

§ 3. — C'est sans doute ici le moment de rappeler ce que nous disions en abordant notre recherche, à savoir que le but de l'éducation est double, et que tout enseignement digne de ce nom doit se proposer, d'abord de développer la « personne morale », ensuite de fournir à cette « personne morale » les moyens de se comporter comme elle le doit vis-à-vis des autres « personnes » auxquelles elle s'est librement associée. Nous venons de constater que l'enseignement utilitaire ne réussit pas, tandis que l'enseignement libéral réussit à former de bons serviteurs de la société. Est-il besoin de dire maintenant que l'enseignement utilitaire réussit moins encore, que l'enseignement libéral réussit mieux encore à respecter, à former, à développer la « personne morale »? La chose ressort avec une pleine clarté de tout ce que nous avons dit des deux enseignements rivaux, et nous n'y voulons pas insister. Nous avons vu en effet que nul souci de moralité n'anime et n'échauffe l'enseignement utilitaire, ou plutôt que la moralité est niée par lui, qu'elle n'est, à ses yeux, qu'un produit, comme « le sucre ou le vitriol ». Comment cet enseignement formerait-il la « personne morale », puisqu'il la méconnaît?

Au contraire, c'est la première préoccupation ou plutôt c'est la seule préoccupation de l'enseignement libéral que de faire de l'enfant un « homme », c'est-à-dire un être libre, une « personne ». Il n'a d'autre souci que de l'aider à s'affranchir, à conquérir cette liberté qui est comme la marque propre, en même temps que la seule vraie grandeur de l'homme. Et c'est du même coup, sans y tâcher et comme par surcroît, qu'il forme de bons citoyens. Car c'est la moralité qui est la source première où s'alimentent à la fois les vertus privées et les vertus civiques. La question sociale, a-t-on souvent et justement dit, est une question morale. L'enseignement libéral, qui s'attache à résoudre la question morale, travaille en même temps à résoudre la question sociale. Notre démocratie a besoin d'hommes libres. Seuls les hommes libres font vivre une démocratie, parce que seule la « vertu », comme disait Montesquieu, la moralité, dirons-nous, fait vivre une démocratie. L'enseignement libéral, qui fait des hommes libres, est donc le seul qui serve efficacement la cause commune de la moralité et de la démocratie.

II

Il est un reproche qu'on ne manquera pas de nous faire, et auquel nous tenons à répondre. A tout ce qui précède et quand bien même on serait d'accord avec nous, on objectera que notre discussion est trop théorique, trop abstraite, qu'elle perd tout contact avec la réalité. On nous dira que les problèmes d'éducation sont des problèmes vivants, réels, dont les termes sont donnés par les faits, et qu'il s'agit de résoudre, non pas théoriquement, mais pratiquement. On nous reprochera de poser la question entre l'enseignement utilitaire et l'enseignement libéral, systèmes idéaux, au lieu de la poser entre l'Enseignement moderne et l'Enseignement classique, types réels et actuels. En un mot, on nous fera un grief de n'avoir point tenu le débat dans le cercle habituel où nous sommes accoutumés de le voir tourner interminablement.

A cela nous répondrons que c'est justement pour n'être pas remontés jusqu'aux principes que les défenseurs et les adversaires de notre système actuel d'enseignement, au lieu de hâter la solution nécessaire, ne font qu'obscurcir et éterniser le débat. Si la question si grave de l'Enseignement secondaire n'a point avancé d'un pas, c'est d'abord parce qu'on a déserté le domaine de la théorie, le seul où il soit possible de se comprendre et de se réconcilier; c'est aussi que, faute de s'être placé à un point de vue assez général, on n'a point aperçu les faits dans leur vraie perspective, dans leur relief exact, mais qu'on s'est embarrassé et égaré dans les questions de détail; c'est encore, et surtout, parce qu'on a oublié l'essentiel, à savoir qu'il est nécessaire, pour trouver la solution d'un problème, d'en définir préalablement les termes, c'est-à-dire, dans le cas présent, de préciser le rôle de l'Enseignement secondaire et de fixer le sens de ces mots : enseignement utilitaire, enseignement libéral, — à moins cependant que l'on ne prétende que l'idée utilitaire est étrangère à notre Enseignement moderne, que l'idée libérale n'a rien de commun avec notre Enseignement classique.

Nous avons tenté, pour notre part, d'éviter cette triple faute. Il nous a paru qu'on pouvait à la fois élargir le débat et le circonscrire nettement, élever la question et la préciser. Et peut-être en effet jugera-t-on qu'après la discussion théorique qui précède, la question pratique de l'Enseignement classique et de l'Enseignement moderne se pose, sinon d'une manière nouvelle, du moins dans des termes assez différents de ceux où on l'envisage généralement, — et que la réponse nous est par là même singulièrement facilitée.

Un point est acquis en effet, sur lequel nous ne reviendrons pas, c'est qu'il ne faut qu'un seul Enseignement secondaire. Puisqu'il y en a deux aujourd'hui, c'est donc un de trop. On nous dira que chacun d'eux répond à un besoin réel, à un intérêt évident de notre société. Il se peut; nous le croyons, et nous le dirons. Mais tous les besoins ne sont pas également impérieux. Le premier besoin de cette société, le plus pressant, c'est de vivre. Pour vivre, il faut qu'elle sorte de l'état d'anarchie où elle se désorganise. L'un des moyens les plus efficaces pour l'en tirer, c'est, nous l'avons montré, de faire de l'Enseignement secondaire un instrument d'unification et de concorde, et, pour cela, de l'unifier lui-même. Entre l'Enseignement classique et l'Enseignement moderne, il nous faut donc choisir, et nous ne pouvons pas ne pas choisir. Il faut, nous ne disons pas supprimer l'un des deux, mais déclarer nettement que l'un est l'Enseignement secondaire et que l'autre ne l'est pas, en d'autres termes, réserver à l'un, pour les refuser à l'autre, les sanctions, les droits et la dignité qui aujourd'hui appartiennent à l'un comme à l'autre.

La question qui se pose maintenant est donc celle-ci : de notre Enseignement classique et de notre Enseignement moderne, lequel doit disparaître ou plutôt doit s'effacer devant l'autre? Nous avons vu qu'un enseignement libéral était le seul qui pût satisfaire aux besoins de notre démocratie actuelle. Si donc l'Enseignement classique est libéral et l'Enseignement moderne utilitaire, la réponse est facile; c'est l'Enseignement classique qui doit demeurer, qui doit être, lui seul, l'Enseignement secondaire, tandis que l'Enseignement moderne redescendra au rang inférieur qu'il occupait autrefois sous le nom d'Enseignement spécial. Si, au contraire, comme le soutiennent ses partisans, l'Enseignement moderne n'est point utilitaire, s'il est « un haut enseignement de culture générale, parfaitement équivalent à l'Enseignement classique quant à la formation de l'esprit et du caractère[1] », alors la discussion reste ouverte et la réponse s'ajourne. Mais, exactement délimité, ramené à ses termes précis, le débat ne présente plus l'importance qu'on lui attribuait. Il se réduit désormais à une question de fait, puisqu'il ne s'agit plus que de savoir si les moyens qu'emploie l'Enseignement moderne pour former des intelligences actives et libres — ce qui est le but de toute éducation libérale — sont meilleurs que ceux dont se sert l'Enseignement classique, si les langues vivantes et les sciences sont de plus puissants instruments de culture morale et intellectuelle que les langues anciennes et les lettres. Cette question, d'ordre tout pratique, ne présentera point de graves difficultés si l'on a reconnu d'abord et si l'on ne cesse d'admettre, comme un fait établi et hors de cause, la nécessité absolue pour notre Enseignement secondaire d'être uniquement et purement libéral. Car, après tout, ce qui importe, c'est que l'on soit d'accord sur la *fin* de l'Enseignement secondaire; il importe bien moins que cette fin soit réalisée par tel *moyen* plutôt que par tel autre. Il est nécessaire que l'Enseignement secondaire soit libéral; il n'est point nécessaire qu'il le soit de cette façon plutôt que de cette autre.

Mais ce que précisément l'on ne voit pas, c'est que la première question qu'il faudrait résoudre est celle de

1. Cf. le discours de M. Bourgeois à la Chambre des députés, séance du 24 novembre 1896.

savoir si l'Enseignement classique est libéral et si l'Enseignement moderne est utilitaire. Comme à plaisir les défenseurs de l'Enseignement moderne, par leur tactique capricieuse, accroissent notre incertitude. Tour à tour, et avec la même énergie, ils proclament la valeur éducative de l'Enseignement moderne et son utilité pratique ; et tantôt pour l'une, tantôt pour l'autre de ces raisons, ils l'exaltent aux dépens de l'Enseignement classique. Un jour on nous affirme que nous devons préférer l'Enseignement moderne parce qu'il est libéral, plus libéral même que l'Enseignement classique[1] ; le lendemain on nous presse de l'adopter parce que, sans cesser d'être plus libéral, il est en même temps plus pratique. Et l'on semble croire que ces deux arguments s'ajoutent et se renforcent, tandis qu'au contraire, étant contradictoires, ils ne font que se détruire. — Mais, à leur tour, les partisans de l'Enseignement classique n'ont pas médiocrement accru la confusion du débat quand ils ont essayé de prouver, programmes en main, que l'Enseignement classique était, lui aussi, utilitaire, puisqu'il contenait, comme l'Enseignement moderne, des langues vivantes, des sciences, de l'hygiène et qu'au surplus le grec et le latin étaient utiles, indispensables à qui voulait exercer la profession de pharmacien, celles de médecin[2], d'avocat, ...et connaître le sens exact des mots français[3]. On juge combien de tels arguments sont faits pour éclairer la discussion.

La vérité, c'est que personne aujourd'hui ne saurait dire si l'Enseignement classique et l'Enseignement moderne sont libéraux ou utilitaires. L'Enseignement

1. Cf. le discours cité plus haut.
2. Cf. *Enquête*. Déposition de M. Brouardel.
3. Cf. *Enquête*. Déposition de M. Brunetière.

classique était autrefois libéral. Mais la redoutable concurrence de l'Enseignement moderne l'a incité à employer les mêmes moyens qui faisaient le succès de son rival, à se « moderniser », si bien qu'aujourd'hui ses programmes sont à demi utilitaires, tandis que ses méthodes continuent à s'inspirer de la tradition libérale Quant à l'Enseignement moderne, ses origines mêmes faisaient de lui un enseignement strictement utilitaire. Quand on fonda l'Enseignement spécial, on prétendit créer un instrument pour former des commerçants, des industriels, des agriculteurs. L'Enseignement spécial était, suivant les expressions mêmes du ministre qui le transforma en Enseignement moderne, « un enseignement d'une nature très particulière, spéciale, comme l'indiquait son nom, où les préoccupations de la culture générale n'avaient pas encore pénétré[1] ». Plus tard, en 1890, lorsqu'on voulut rendre quelque vigueur et quelque prestige à cet Enseignement qui végétait, on pensa que le vrai moyen serait d'emprunter à l'Enseignement classique ce qui avait fait sa force et son autorité, c'est-à-dire le souci de la culture générale. On remania donc ses programmes, et, tout en conservant l'ancien fond d'études « spéciales », on y ajouta quelques études désintéressées; on y fit plus grande la part des lettres; on y introduisit même, au moyen des traductions, l'étude des littératures grecque et latine. Et l'on crut de bonne foi avoir créé « un haut enseignement de culture générale », alors qu'on n'avait abouti qu'à fonder un enseignement hybride, à demi utilitaire, à demi libéral, c'est-à-dire ni utilitaire ni libéral.

1. Cf. le discours de M. Bourgeois.

Comment s'étonner, après cela, des interminables querelles entre l'Enseignement classique et l'Enseignement moderne, puisque ni l'un ni l'autre ne sait exactement ce qu'il est ni ce qu'il veut être? Mais aussi qui ne voit combien la « question de l'Enseignement secondaire » serait plus claire, plus nette, et l'entente plus proche, si l'on avait d'abord pris soin de définir précisément la nature de chacun des deux Enseignements, si chacun d'eux était pleinement et exclusivement ce qu'il doit être, rien de plus et rien d'autre? — Confusion dans les faits, confusion dans les idées, tel est actuellement l'état de la question. Et nous ne prétendons certes pas qu'il suffise de débrouiller l'énoncé du problème pour que la solution apparaisse, évidente et éclatante. Mais nous croyons du moins que là est la première démarche, celle à défaut de laquelle les autres ne sauraient aboutir.

LIVRE III

ESQUISSE D'UN ENSEIGNEMENT LIBÉRAL

CHAPITRE I

Les principes généraux.

L'histoire des doctrines pédagogiques nous a révélé
deux grands principes d'éducation, entre lesquels nous
avons dû choisir. Nous avons choisi le principe libéral.
Mais, puisque les systèmes libéraux existants ne représentent qu'imparfaitement l'*idée* libérale, il nous faut
maintenant chercher ce que serait, dans ses grands
traits, une pédagogie libérale vraiment fidèle à son
principe.

I

Nous avons, croyons-nous, donné à la pédagogie libérale son vrai fondement, en l'appuyant sur une philosophie de la liberté, en établissant que « former des
hommes » signifie « former des hommes libres ». Mais
qu'est-ce qu'un homme libre, quel est cet homme idéal
que l'éducateur doit instituer en chacun de ses élèves,
voilà ce qu'il nous faut maintenant déterminer.

N'oublions pas qu'il s'agit ici d'une démarche d'ordre tout pratique. Nous n'avons point à discuter, en philosophes, le problème de la liberté. Nous acceptons la liberté comme un fait réel, quoique indémontrable. Ce que nous voulons faire, c'est simplement, en consultant sans doute la réalité, mais plus encore en interrogeant notre conscience morale et notre raison, fixer avec quelque précision les traits auxquels se reconnaît un homme libre.

Le premier élément que le sens commun et l'observation découvrent dans la liberté, c'est l'activité. On n'est point un homme libre si l'on n'agit point, si l'énergie intérieure ne se répand pas en actes, ne s'épanouit pas en œuvres. L'homme libre est celui qui, à travers les obstacles que lui opposent les hommes et les choses, accomplit volontairement une tâche, humble ou grande : c'est un créateur.

Il est vrai qu'ici les philosophes s'inscrivent en faux contre le sens commun. Sans doute, nous disent-ils, la liberté est essentiellement activité. Mais l'activité ne consiste pas dans l'action, elle est tout entière dans le vouloir. Pour être un homme libre, il suffit que la volonté se hausse jusqu'à la décision ; peu importe ensuite si des obstacles la désarment et l'empêchent d'exécuter ce qu'elle a décidé. Il ne faut pas dire, avec le sens commun, que l'homme libre est celui qui agit. Il faut dire : l'homme libre est celui qui choisit et qui veut.

Les philosophes ont raison et le sens commun n'a pas tort. Les philosophes ont raison de rappeler que l'action s'alimente aux sources profondes de l'énergie, qu'agir, c'est d'abord et avant tout vouloir fortement. Mais le sens commun n'a pas tort d'affirmer que l'homme qui se borne à vouloir, sans agir, est un homme qui ne veut pas assez. Une décision qui ne s'extériorise pas en un acte n'est qu'une décision faible. Une volonté vraiment forte ne s'épuise pas tout entière dans la décision; elle se prolonge et se répand au delà; c'est l'intensité de l'effort tenté pour passer de la décision à l'acte qui mesure, pour ainsi dire, le degré de liberté contenue dans la décision. L'énergie intérieure du vouloir est donc bien la racine de la liberté, mais l'action en est le fruit; bien loin d'établir un divorce entre le vouloir et l'action, il faut les lier étroitement et déclarer que l'une est la suite naturelle et comme l'efflorescence de l'autre [1]. Nous conserverons donc notre première définition, en la corrigeant un peu. L'homme libre, dirons-nous, est celui qui veut et qui agit, celui dont la vie féconde en œuvres manifeste la puissance d'une volonté forte.

Mais pénétrons plus avant. A quoi se reconnaît une volonté forte? Ce n'est pas seulement à l'intensité du vouloir, c'est encore à sa constance. Ceux qui veulent avec intensité et brièveté sont des passionnés, non des volontaires. C'est le désir qui soutient leur volonté, — le désir, c'est-à-dire le plus mobile, le plus instable des appuis. Dès que le désir manque, leur volonté s'affaisse, épuisée. Le sens commun ne s'y trompe pas. Il ne les appelle pas des forts, ces hommes impétueux qui se jettent à la poursuite d'un objet, y dépensent d'abord avec une obstination passionnée leur temps et leurs forces, puis soudain s'en détournent, repartent, avec

1. Cf. Marion, *La Solidarité morale*, p. 6 et suiv.

une fougue nouvelle, vers un autre but, qu'ils abandonneront bientôt, et s'acharnent ainsi, dans leur existence dispersée, à vingt tâches toujours inachevées. Ces hommes sont des agités, des violents, non des forts. Celui à qui nous réservons le nom de fort est au contraire celui dont la volonté ferme, calme, bien disciplinée, ne connaît pas de défaillance et marche d'un pas égal vers son but. Les événements et les obstacles ne la déconcertent ni ne la font dévier. Elle va droit devant elle, guidée par une règle invariable, imprimant à toutes les démarches de la vie un mouvement aisé et régulier. C'est pourquoi la vie de l'homme fort est harmonieuse et belle; elle se déroule sans à-coups, sans revirements, comme en ligne droite. Une logique intérieure l'anime et la soutient, — tel un livre bien composé, telle une statue parfaite.

Volonté énergique et persévérante, qui jaillit incessamment au dehors et s'épanche en actes, tel nous semble être le premier des traits qui caractérisent l'homme libre.

En voici un second, complémentaire du premier : l'homme libre est un sage.

Un sage, c'est-à-dire d'abord un homme pur de tout égoïsme, qui ne considère point ses intérêts ou ses plaisirs comme un but digne de son activité et ne se propose pas plus de conquérir la fortune qu'il ne cherche à étonner les hommes. C'est un principe désintéressé, c'est une *idée* qui dirige la vie et règle les actions de l'homme libre. Et c'est justement la fidélité à ce principe qui, donnant à sa volonté la constance, donne à sa vie l'unité et la belle harmonie. Car les intérêts de l'individu sont multiples, changeants et contradictoires. Leur soumettre sa conduite, c'est obéir à mille maîtres. Seul un principe désintéressé peut ordonner, unifier une existence, parce que seul il peut être fixe et invariable.

L'homme libre est un sage, c'est-à-dire encore un homme d'intelligence clairvoyante et ferme. Car ce principe qu'il choisit comme règle de sa vie doit être le meilleur possible, c'est-à-dire le plus large, le plus compréhensif, celui qui contient la vue la plus complète des choses. Or, ce principe ne se rencontre pas en une seule fois et comme par une inspiration soudaine. C'est peu à peu et par l'effort d'une réflexion obstinée qu'on le découvre. Aussi l'homme libre est-il attentif et réfléchi. Il se consulte, il observe, il compare; ce n'est qu'après mûre réflexion qu'il adopte la règle de sa conduite. Et même, il ne pense pas l'avoir trouvée une fois pour toutes. Après qu'il l'a choisie, il la confronte sans cesse avec l'expérience quotidienne, avec les vérités nouvelles dont s'enrichit son intelligence. Chacun de ses actes est une leçon dont il profite pour les actions prochaines.

Encore ne suffit-il pas, pour découvrir le meilleur principe de conduite, d'y réfléchir attentivement; il faut aussi savoir réfléchir. Savoir réfléchir, c'est d'abord être habile à démasquer les sophismes dont l'intérêt, le sentiment, la passion se revêtent pour nous convaincre, c'est savoir préserver de ces souffles capricieux la lumière de sa raison. C'est encore et surtout conduire sa pensée suivant une sévère méthode; c'est, par un exercice incessant, aiguiser en soi ce sens du vrai, ce tact délicat et sûr, qui pressent la vérité, la devine sous les voiles qui l'enveloppent, et, l'ayant aperçue, montre la voie et fraye le passage au raisonnement.

Armé de cette intelligence pénétrante et ferme comme d'un instrument à la fois puissant et délicat, l'homme libre voit la vie et l'humanité d'une vue juste et profonde. Et, à mesure que s'élargit sa conception du monde, il s'efforce d'élargir la règle de sa conduite jusqu'à la rendre adéquate à la complexité des choses. Il n'est point l'homme d'un devoir étroit et borné, mais celui de tous les devoirs. Ses actes sont ceux d'un homme pleinement homme.

Telle est à peu près, nous semble-t-il, la physionomie de l'homme libre. Volonté forte, clairvoyante sagesse, voilà les deux traits qui la résument. L'homme libre est celui qui emploie son énergie intérieure à vivre selon la raison.

De tels hommes sont rares à notre époque; et notre époque ne les comprend pas. Et pourtant, de tels hommes sont la force et l'élément vital d'une démocratie. Ils sont la sève puissante sans laquelle l'arbre se dessèche et meurt. Si notre démocratie dépérit, c'est parce qu'elle n'a plus d'hommes libres. Que l'éducation donc lui en fasse. « Point de régénération nationale, disait Fichte, sans une régénération morale; point de régénération morale sans une éducation énergique... » Or, seule une éducation franchement et fortement libérale peut être cette éducation énergique qui, en formant des hommes libres, régénérera notre démocratie.

II

Quels seront les principes généraux d'une éducation qui veut former l'enfant sur le modèle idéal que nous venons d'esquisser?

Nous disons à dessein éducation, et non pas enseignement. C'est que, pour la doctrine libérale, la fin de l'enseignement et celle de l'éducation sont identiques. Pour l'une comme pour l'autre, le but est de faire de l'enfant un homme libre. Il y a ainsi accord intime entre l'éducation et l'enseignement. Accord n'est même pas assez dire; intégration, fusion seraient des mots plus exacts. L'enseignement et l'éducation ne sont pas choses parallèles ou convergentes. L'enseignement n'est que la partie dont l'éducation est le tout; il est un des moyens — le plus puissant — que met en œuvre l'éducation. Les principes de l'enseignement ne peuvent être qu'une application des principes généraux de l'éducation[1]. Cherchons donc ces principes généraux, et lorsque nous les aurons établis, il ne nous restera plus qu'à les appliquer et à les adapter à l'enseignement.

§ 1. — Qu'une éducation libérale doive être avant tout et essentiellement une éducation de la volonté, la chose ressort avec évidence du portrait que nous avons tracé de l'homme libre. Si être un homme libre, c'est d'abord agir et vouloir, c'est donc avant tout à accroître

---

1. On oppose couramment aujourd'hui, dans le public, ces deux termes : éducation et instruction. Et il est bien vrai qu'il y a entre eux opposition, mais seulement dans une pédagogie utilitaire. Si l'on admet que le savoir est bon en soi et qu'il faut enseigner uniquement pour enseigner, on est réduit à charger la discipline proprement dite de pourvoir à l'éducation morale, d'*élever*. Éducation et instruction se superposent alors, sans se toucher; ce sont deux compartiments distincts. Si l'accusation que l'on porte contre nos lycées, de donner une excellente instruction, mais de négliger l'éducation, n'est point toujours aussi injuste qu'on le souhaiterait, c'est parce que notre Enseignement secondaire — nous avons expliqué comment — s'est peu à peu imprégné d'utilitarisme.

l'énergie intérieure, productrice d'actes, que doit viser d'abord une éducation libérale.

Or, la force de la volonté dépend, avons-nous vu, de deux conditions essentielles. Elle dépend, en premier lieu, de la richesse de cette spontanéité primitive qui est le centre même de notre être et la source de toute notre vie psychique. Qu'est en effet la volonté, sinon cette spontanéité même, devenue réfléchie? Plus cette activité originelle, *matière*, en quelque sorte, dont est faite notre volonté, a d'intensité, plus aussi notre volonté aura d'énergie.

Mais, d'autre part, une volonté n'est forte que si elle est constante, persévérante, attachée sans relâche à l'objet qu'elle poursuit. Pour que l'activité spontanée de notre être acquière toute sa puissance, il faut qu'un système d'habitudes générales la recueille, la canalise, pour ainsi dire, afin de la distribuer aux points précis où elle sera efficace. Ces canaux, cet appareil de distribution constituent la discipline, la méthode, et comme la *forme* de la volonté.

Faire jaillir à flots plus abondants la source vive de l'énergie intérieure, discipliner cette énergie, voilà les deux parties de la tâche qui s'impose à l'éducation libérale; et voilà les deux points que nous toucherons successivement. Nous ne nous dissimulons pas ce qu'une telle division a de factice. Si nous l'adoptons, ce n'est pas qu'elle nous paraisse correspondre exactement à la réalité vivante, c'est simplement pour la commodité de l'exposition.

Pour accroître l'énergie intime de l'enfant, il n'est qu'un moyen, c'est de le faire agir. C'est une loi psychologique bien connue que toute activité acquiert, en se déployant, une aptitude à se déployer de nouveau. L'exercice de l'activité volontaire engendre l'habitude de vouloir et fait de cet exercice même un besoin. Si nous voulons développer l'activité volontaire de l'enfant, faisons-le vouloir et agir.

Mais que d'objections se présentent! Car, d'abord, on ne veut point, on n'agit point *à vide* et pour ainsi dire dans l'abstrait. Faire vouloir, faire agir l'enfant, ce sera donc lui faire prendre certaines résolutions, lui faire accomplir certains actes. Qu'est-ce à dire? Sous couleur d'accroître sa volonté, puissance d'émancipation et de renouvellement, source d'initiatives et de choix personnels, nous ne ferons qu'emprisonner cette libre activité dans des modes prédéterminés. Nous créerons en lui, non l'habitude générale de vouloir, mais des habitudes, c'est-à-dire des tendances à agir dans certains sens et non dans d'autres, à accomplir tels actes et non tels autres; nous aurons, en somme, forgé des entraves au vouloir.

D'ailleurs, ces deux mots, *faire vouloir*, n'offrent-ils pas une irréductible contradiction? La volonté n'est pas un mécanisme qu'on peut mettre en mouvement du dehors. Je ne *veux* que lorsque l'impulsion vient de moi. Quand vous me faites vouloir, de quelque manière d'ailleurs que vous vous y preniez, soit que vous me signifiez un ordre, soit que vous me persuadiez par de pressantes raisons, soit que, par de lentes insinuations, vous glissiez en moi, à mon insu, un mobile puissant, dans tous ces cas, l'impulsion vient de vous, non de moi. C'est vous qui avez voulu; je n'ai fait qu'exécuter. La volonté est autonome, ou n'est pas. Et il faut donc conclure que toute éducation de la volonté est destructrice de la volonté.

Psychologiquement, l'éducation de la volonté est impossible; moralement, elle est condamnable. Comme l'éducateur ne peut pas être sûr que les actes qu'il prescrit à l'enfant sont bons *absolument*, il faut bien qu'il lui prescrive les actes qu'il *croit* bons. Et ainsi l'éducation de la volonté n'aboutit qu'à modeler la volonté de l'enfant sur celle de l'éducateur, c'est-à-dire à confisquer la personnalité de l'enfant. Tout maître consciencieux se refusera à jouer un tel rôle.

Ces objections ne tendent à rien moins qu'à nier la légitimité de l'éducation. Si elles étaient fondées, nous devrions, non seulement renoncer à donner une éducation systématique, mais encore nous abstenir de toute intervention, même intermittente, de tout conseil, même discret. Toute influence n'est-elle pas une atteinte à l'autonomie de la volonté? Il suffira sans doute d'énoncer cette conséquence pour faire apparaître l'inanité des objections qu'on nous oppose.

Mais c'est un fâcheux procédé que de combattre un argument par l'absurde. Prenons donc l'objection en elle-même. Selon nous, elle repose sur une conception fausse de la liberté. Toute intervention du maître, nous dit-on, est une entreprise sur la liberté de l'enfant. Sans doute, si la liberté consiste en une indépendance absolue, si elle est le pouvoir de se déterminer sans raison. Mais une telle liberté ne serait que le triomphe du hasard. La liberté consiste au contraire dans l'identification de la volonté avec la loi posée par la raison. Lors donc qu'il l'incline à vouloir conformément à cette loi, le maître n'attente pas à la liberté de l'enfant; il l'aide plutôt à secouer le joug de ses instincts et de ses passions et à conquérir sa liberté. Sans doute, le maître doit être prudent, et se garder de confondre *la* raison avec *ses* raisons. Mais nous verrons que si l'éducateur ne peut, théoriquement, déterminer avec une certitude entière ce que commande la loi, il peut, dans la pratique, l'établir avec une approximation suffisante. Pour le moment, retenons ce point, c'est que l'intervention du maître ne porte pas atteinte à la liberté de l'enfant, lorsqu'elle a pour résultat de lui faire vouloir des actes conformes à la loi.

On nous dit, d'autre part, que faire agir l'enfant dans certaines directions déterminées, c'est lui faire contracter des habitudes, c'est-à-dire emmailloter et comprimer sa volonté et qu'ainsi, bien loin de former des hommes libres, l'éducation de la volonté ne créerait que des automates. C'est là, nous semble-t-il, une vue superficielle. On oublie, en parlant ainsi, que nous avons affaire à un enfant, c'est-à-dire à un être en qui la volonté n'existe qu'en puissance. L'éducateur ne se trouve pas en face d'une volonté formée et développée, capable d'agir de son propre mouvement, mais en face d'une volonté faible, incertaine, dont les premiers pas errent et chancellent. Sa tâche est dès lors toute tracée : il doit faire de l'âme de l'enfant un milieu tel que la volonté puisse y grandir et s'y fortifier. Et d'abord il lui faut garantir cette volonté naissante contre les assauts répétés des instincts et des passions, et, pour cela, la revêtir d'une armure assez légère pour ne point l'écraser, assez solide pour la protéger. Un système de bonnes habitudes sera cette armure à l'abri de laquelle la volonté livrera ses premiers combats et que le maître élargira peu à peu d'une main prudente jusqu'au jour où, devenue assez forte, la volonté la brisera et la rejettera loin d'elle. Ce jour-là, la volonté s'affranchira de ses habitudes. Ou plutôt, elle s'en emparera et les fera siennes ; elle les voudra, au lieu de les subir. Ce mécanisme, d'abord tout extérieur, elle le transformera en un instrument de liberté et le fera servir à des fins librement choisies. Kant lui-même, qui a protesté vigoureusement contre la tyrannie de l'habitude, reconnaît la nécessité de donner à l'enfant de bonnes habitudes. Il le soumet à une discipline douce, mais ferme ; il exige de lui l'obéissance. Accoutumer l'enfant à une règle extérieure, nous dit-il, c'est le meilleur moyen de le préparer à obéir à la loi intérieure du devoir, lorsque sa raison plus développée la concevra [1]. Écoutons encore un des maîtres de la pédagogie moderne : « Aux règles qu'on a données [à l'enfant], dit M. Gréard, substituer insensiblement celles qu'il se donne, à la discipline du dehors, celle du dedans ; l'affranchir, non pas d'un coup de baguette, à la manière antique, mais jour à jour, en détachant, à chaque progrès, un des anneaux de la chaîne qui attachait sa raison à la raison d'autrui,... tels sont les principes de l'éducation qui, de la discipline du collège, peut faire passer l'enfant sous la discipline de sa propre raison, et qui, en exerçant sa personnalité morale, la crée [2] ».

Il y a plus encore. Il faut distinguer entre les habitudes. Toutes ne sont pas également destructrices de la volonté réfléchie et libre. S'il est des habitudes passives et mécaniques, que le maître peut faire contracter à

1. Kant, *Traité de pédagogie*, trad. Barni, p. 58.
2. Cf. Gréard, *Éducation et instruction*, t. II, p. 191.

l'enfant sans que l'enfant y soit pour rien, il est des habitudes volontaires dont sans doute le maître peut bien déposer le germe et surveiller la croissance, mais que l'enfant seul, par son propre effort, peut enraciner en lui-même. De telles habitudes, produit de la collaboration du maître et de l'élève, sont, non pas destructrices, mais plutôt créatrices de la volonté réfléchie. Elles sont, non de la contrainte passivement subie, mais de la liberté créée.

Dire enfin que la volonté est autonome ou n'est pas, c'est prendre une formule pour une vérité. Une volonté n'est jamais, dans aucun de ses actes, absolument autonome. Elle est toujours inclinée, sollicitée par certaines influences indépendantes d'elle-même. Il suffit, pour qu'elle puisse se dire autonome, que, dans la décision finale, elle intervienne par un mouvement spontané. Le maître peut donc conseiller une volonté naissante, l'éclairer, l'entraîner, il ne portera pas atteinte à son autonomie si, après tous les conseils et toutes les sollicitations, c'est d'elle, et d'elle seulement, que vient l'impulsion créatrice.

Toutes ces objections auxquelles nous venons de répondre ont pourtant un trait commun, par où elles touchent de bien près à la vérité; elles révèlent un vif sentiment du respect dû à la personne de l'enfant; elles sont empreintes d'une haute moralité pédagogique. Nous en retiendrons ceci, c'est que l'éducation de la volonté est chose infiniment délicate et que l'éducateur n'y saurait apporter trop de scrupules et de défiance de soi. Qu'il se garde de vouloir trop bien faire : l'écueil, en éducation, c'est l'excès de zèle. Le maître a une naturelle tendance à élever trop. La haute idée qu'il se fait de sa tâche, le désir même qu'il a de s'en bien acquitter l'inclinent à se croire nécessaire à l'enfant, à l'envelopper de prescriptions, de recommandations, de conseils, à créer autour de lui, par sa vigilance et sa surveillance continues, une atmosphère tiède et tutélaire. Une éducation si attentive et minutieuse se retourne contre elle-même. Les volontés qu'elle forme sont des plantes de serre, frileuses et délicates, non des arbustes vivaces, prêts à affronter les coups de vent et les orages.

L'éducation de la volonté, pourvu qu'elle soit conduite avec prudence, est donc possible et légitime. Le maître a le droit, il a le devoir d'exercer la jeune volonté de l'enfant. Mais quelles actions doit-il lui faire vouloir, et comment doit-il les lui faire vouloir? La réponse découle de la définition même de la liberté : le maître ne doit faire vouloir à l'enfant que les actions qui sont conformes à la loi universelle, et il doit obtenir que ces actions, l'enfant les veuille de lui-même et librement. Telles sont les deux règles que doit observer l'éducateur qui se propose de former des volontés autonomes [1].

Nous ne devons faire agir l'enfant que suivant des maximes universelles. Nous n'avons le droit de lui prescrire que les actions conformes au bien absolu, de lui défendre que les actions absolument mauvaises. Mais quelle difficulté! Comment discerner ce qui est bon absolument et universellement? Qui nous donnera un *criterium* infaillible? Un système philosophique? Mais il n'en est aucun qui détienne la formule de ce bien absolu que nous cherchons. Notre conscience?

---

1. Cf. Boutroux, *Questions de morale et d'éducation*, p. VI.

Mais si la loi morale y est inscrite en traits profonds, n'y est-elle pas aussi comme voilée par des préjugés sans nombre? Le consentement universel? Mais c'est un pauvre guide que « tout le monde ». Et cependant notre tâche nous réclame. Des enfants sont là, qui attendent que nous les élevions, qui nous demandent ce qu'ils doivent faire. Quelle réponse leur donnerons-nous?

Tout le problème consiste à concilier deux exigences contradictoires : nécessité de faire agir l'enfant suivant des règles universelles, impossibilité de connaître avec une certitude entière ces règles universelles. Théoriquement, l'antinomie est insoluble. Mais nous ne sommes point des spéculatifs. L'éducateur est un homme d'action. Or, il est possible de trouver au problème une solution pratiquement suffisante. — Comment l'homme libre s'y prend-il pour composer le système de règles rationnelles auxquelles il soumet sa conduite? Il consulte tour à tour sa conscience, la philosophie et ses semblables. C'est en confrontant le résultat de ses propres réflexions avec les méditations des philosophes et l'opinion des meilleurs de ses semblables, en demandant à leur raison d'exciter et de guider sa propre raison qu'il découvre la formule la plus juste et la plus complète de la loi morale. — Prenons exemple sur lui pour déterminer les règles que nous devrons proposer à la volonté de l'enfant. Cherchons-les d'abord dans notre conscience, par une réflexion attentive et comme impersonnelle, en nous appliquant à nous détacher de nous-mêmes, de nos préventions, de nos goûts, à penser sous la catégorie de l'universel. Demandons ensuite à nos semblables de mettre leur expérience à notre service. Ceux qui furent et ceux qui sont les meilleurs d'entre les hommes, qui ont inventé les formules les plus belles et les plus hautes de la loi morale, viendront, par delà les siècles et les distances, nous aider dans notre tâche. Enfin, ces règles que nous aurons ainsi recueillies en nous-mêmes et chez nos semblables, nous demanderons aux philosophes de nous aider à les ordonner, à les systématiser. De cette collaboration de notre propre pensée avec la pensée de l'humanité sortira peu à peu le code des prescriptions que nous proposerons à l'enfant, — code imparfait sans doute, jamais achevé, et que nos réflexions, nos lectures, nos expériences ne cesseront de perfectionner, mais qui, en définitive, devra suffire aux plus exigeants moralistes. Tout ce que l'on peut demander à l'éducateur, c'est de faire agir l'enfant comme il agirait lui-même s'il agissait le mieux possible.

Mais il ne suffit pas, pour qu'une volonté soit autonome, qu'elle accomplisse les actes conformes à la loi universelle; il faut encore que ces actes, elle les veuille d'elle-même, qu'elle se porte librement vers eux. Comment nous y prendrons-nous pour que la volonté de l'enfant conserve tout son ressort, toute son énergie?

Nous nous abstiendrons d'abord de la contraindre. La contrainte brise la volonté, ou, si elle ne la brise pas, elle fait pis, elle la raidit et la soulève contre la règle qu'on lui impose. Il est certains cas exceptionnels où le devoir du maître est peut-être d'y recourir. Mais ce ne saurait jamais être qu'en présence d'un danger certain et pour éviter un mal plus grand. Théoriquement, l'usage de la contrainte est contradictoire avec la fin de l'éducation libérale; quoi qu'en dise J.-J. Rousscau, une volonté que l'on force à être libre n'est pas libre.

La contrainte écartée, emploierons-nous la séduction? Nous efforcerons-nous d'enjôler la volonté de l'enfant et de l'amener doucement, par l'appât de flatteuses récompenses, à accepter la loi? Outre qu'un tel moyen est indigne du maître, parce qu'il exige de lui une sorte de duplicité, il est, lui aussi, radicalement opposé à l'esprit d'une éducation libérale. Un homme libre n'est pas celui qui accepte la loi par intérêt, mais celui qui veut la loi par respect pour la loi. Habituer l'enfant à faire le bien par désir des récompenses, de quelque nature d'ailleurs qu'elles soient, c'est en réalité l'empêcher d'agir librement; c'est aussi détruire en lui le sentiment même de la moralité; c'est enfin, par un régime énervant et amollissant, préparer à sa volonté des défaites certaines; car, le jour où, livrée à elle-même, elle devra combattre sans être soutenue par l'attrait de la récompense, elle retombera sur elle-même, sans force et impuissante.

Ni contrainte ni artifices. Quel moyen emploierons-nous donc? Il n'en est que deux qui soient vraiment légitimes en même temps qu'efficaces, c'est le conseil d'abord, mais le conseil viril, l'appel à la raison, à la conscience, — et non pas le conseil insinuant et caressant. C'est ensuite et surtout l'exemple. L'exemple donne au conseil la force qui touche et qui entraîne. Certes, l'énoncé seul de la loi peut exercer sur la volonté un attrait assez fort pour qu'elle s'élance vers elle. Mais cet attrait ne s'exerce pas sur toutes les volontés ni sur toutes avec une force suffisante. N'espérons pas que des enfants puissent être conquis par la seule beauté de l'idée de devoir. Mais plutôt plaçons sous leurs yeux des images frappantes de la loi morale acceptée et accomplie par une volonté ferme et courageuse. Qu'ils nous voient agir et vivre comme nous leur disons qu'ils doivent agir et vivre. L'enfant a une naturelle tendance à imiter; spontanément il fera ce qu'il nous voit faire. Le grand moyen, pour élever une volonté, c'est de lui donner le spectacle d'une volonté : on ne fait d'un enfant un homme qu'en lui montrant un homme.

Donc, ni ordres ni caresses, des actes. Le secret de l'éducateur, ce n'est pas de se faire craindre, ce n'est pas d'être habile, c'est tout simplement d'être homme et de parler et d'agir en homme.

Faire agir l'enfant, programme excellent, mais programme incomplet. Ce n'est pas tout d'accroître, par l'exercice, l'énergie intérieure de l'âme. Pour que cette énergie acquière toute sa valeur, donne tout son rendement, il faut la régler, il faut la couler dans certaines formes qui, resserrant son cours, en décupleront la puissance; il faut, en un mot, la soumettre à une sévère discipline, lui donner de bonnes habitudes.

Mais, ici encore, nous devrons être prudents. Gardons-nous d'oublier que notre but est de former des volontés libres. En parlant d'habitudes et de discipline, une éducation libérale n'entend point une discipline tâtillonne et tyrannique ni des habitudes mécaniques, imposées du dehors, mais bien une discipline large et libérale, des habitudes volontaires, créées du dedans par la collaboration de l'élève avec le maître.

Conçue d'après cette idée, l'éducation formelle de la volonté consisterait simplement à donner à l'enfant l'habitude d'agir avec réflexion, avec persévérance et avec régularité.

Avec réflexion ; car c'est la réflexion seule qui fait de l'acte volontaire un acte libre. Vouloir au hasard, étourdiment, sans avoir délibéré sur ce qu'il est bon de vouloir, ce n'est pas vouloir, c'est tout simplement céder à son instinct qu'on érige en loi. Or, l'enfant est la proie de l'instinct. La vivacité de ses impressions, la chaleur de ses désirs l'emportent malgré lui ; ce qui lui semble agréable, il le veut passionnément, aveuglément. Il faut lui apprendre à réprimer ces impulsions irréfléchies, à rechercher, à la lumière de sa raison, ce que commande la loi, à raisonner ses actes. L'habitude de la réflexion est la condition même de tout progrès moral ; elle est l'instrument nécessaire de toute éducation, aussi bien de celle que l'on reçoit de ses maîtres, pendant la jeunesse, que de celle que l'on se donne à soi-même et qui dure toute la vie.

Si la distraction est un des ennemis de la volonté, le caprice en est un autre. L'enfant est naturellement capricieux. Avide de changement, tout ce qui dure lui est une gêne. Il faut l'habituer peu à peu à souffrir une loi, ou plutôt à se donner à lui-même cette loi. Quand il est occupé à un travail, qu'il ne le quitte qu'après l'avoir achevé. S'il a choisi un jeu, qu'il s'y tienne au moins un certain temps. S'il s'est donné une règle, qu'il l'observe. « Dans les choses indifférentes, dit Kant, on peut laisser le choix aux enfants, pourvu qu'ils continuent toujours d'observer ce dont ils se sont une fois fait une loi [1]. »

1. Kant, *Traité de pédagogie*, trad. Barni, p. 59.

Avec la persévérance, il faut enseigner à l'enfant la régularité. La persévérance tend et fatigue la volonté; la régularité la repose. On se délasse d'un travail en s'appliquant à un autre. La régularité n'est que la persévérance dans l'ordre une fois adopté. C'est grâce à elle que l'activité peut se dépenser sans s'épuiser. Que l'enfant ait donc des heures fixes pour le travail, le jeu, les repas, le sommeil. Kant, dont la vie était si minutieusement réglée, pense que « la disposition de la volonté, en général, d'agir suivant des principes fixes (et sans sauter, tantôt ci, tantôt là, comme les mouches), est quelque chose d'estimable [1] ».

Lorsqu'un enfant a pris l'habitude d'agir avec réflexion, avec persévérance, avec régularité, il est armé pour la conquête de la liberté. Bien loin d'être pour lui des chaînes, ces habitudes générales seront les instruments de son émancipation. Dès qu'il les possède, le maître peut sans crainte l'abandonner à lui-même, et le laisser entrer dans la vie, qui achèvera de faire de lui un homme.

Tels nous semblent être les principes généraux d'une éducation libérale de la volonté. Faire agir l'enfant et accroître ainsi son énergie intime, donner à sa volonté quelques bonnes habitudes générales, voilà en quoi se résume cette éducation. Qu'on ne nous accuse pas de nous défier de la pédagogie et de réduire à rien le rôle de l'éducateur. Outre que ce rôle, tel que nous l'avons défini, exige beaucoup de probité, de conscience, de jugement, nous croyons que seule une éducation large, qui fait fond sur l'activité de l'enfant au lieu de remettre

1. Kant, *Traité de pédagogie*, trad. Barni, p. 95.

tout aux mains du maître, est capable de former des volontés fortes et maîtresses d'elles-mêmes. On ne fait point un homme, comme on fait une statue, du dehors. La matière que travaille l'éducateur n'est point inerte, comme le marbre que taille le sculpteur. L'âme de l'enfant vit, agit, se forme et se pétrit elle-même, se soulève contre l'intervention du maître ou au contraire la favorise. Dans l'œuvre de l'éducation, avoir l'enfant pour soi, obtenir son concours, son adhésion, voilà le grand point. Le maître n'est que le guide; c'est l'élève qui est le vrai artisan de sa propre éducation. En définitive, les seuls progrès durables que réalise la volonté sont ceux qu'elle ne doit qu'à elle-même. Le courage, la persévérance, la patience, la force ne sont pas des dons que le maître peut dispenser, ce sont des biens qu'il doit enseigner à conquérir.

§ 2. — Volonté forte et bien disciplinée, ce n'est pas là toute la liberté. La volonté ne devient libre qu'en s'identifiant avec la loi posée par la raison. Une éducation libérale serait incomplète qui fortifierait la volonté sans former la raison, sans la rendre capable de découvrir la loi morale.

Pour que l'intelligence puisse discerner avec sûreté ce que commande la loi, il faut d'abord qu'elle connaisse les formules diverses de cette loi, qu'elle en possède les interprétations les plus exactes. Invariable dans sa forme, la loi varie dans son contenu. Le devoir est toujours identique à lui-même; mais les devoirs diffèrent suivant les êtres qu'intéressent nos actions. C'est pourquoi il y a une science des devoirs, science imparfaite, qui se perfectionne et s'accroît avec chaque génération, mais qui représente en tout temps les conceptions les plus hautes auxquelles est parvenue la conscience humaine, et qu'il faut donc connaître sous peine d'agir moins bien qu'on n'aurait pu, sous peine de rester, dans ses actes, en deçà de l'idéal présent de l'humanité. L'étude de la morale est donc à la base de toute éducation libérale de la raison.

La connaissance des formules les plus justes de la loi ne suffit pas toutefois à rendre l'homme capable de liberté. L'homme vraiment libre n'est pas celui qui *sait*, c'est celui qui *fait* ce que la loi commande. Pour faire son devoir, il faut assurément le connaître, mais ce n'est pas assez de le connaître. Sans doute, tout n'était pas faux dans la doctrine de Socrate, qui soutenait que la connaissance du bien engendre infailliblement la vertu. La connaissance claire possède une force persuasive et comme un attrait qui peut entraîner la volonté. Mais cette force est combattue souvent et réduite à l'impuissance par la conjuration des passions contraires, des intérêts opposés, de tous ces mouvements secrets de l'égoïsme qui, s'agitant dans la pénombre de la conscience, circonviennent, amollissent ou subjuguent notre volonté. Ces ennemis tyranniques de la liberté, il faut les combattre, il faut les dompter, il faut étouffer leurs clameurs, afin que la volonté, dans le silence calme de la conscience, n'entende plus que la voix du devoir et l'ordre de la loi. Et comment les pourrait-on combattre, ces ennemis, si l'on ne sait point quels ils sont, par quelle tactique ils s'emparent de la volonté, à l'aide de quelles ruses ils deviennent ses tyrans, comment ils revêtent, pour nous mieux tromper, mille formes menteuses et parfois la figure même de la raison ? Mais comment les pourrait-on connaître, si l'on ne les observe en soi-même et dans les autres? L'habitude de l'analyse intérieure, la connaissance exacte des forces psychiques est ainsi un élément fondamental de cette sagesse pratique, de cette raison vivante qui seule fait l'homme libre.

Connaissance des meilleures règles morales, connaissance de soi-même, est-ce là toute la science qui nous est nécessaire? Non, assurément. La morale n'est pas seulement une science, elle est aussi un art. Ni, en effet, les formules de la loi ne peuvent être appliquées littéralement et telles que nous les avons apprises (il faut au contraire en pénétrer l'esprit, les comprendre, les interpréter), ni, d'autre part, ces formules n'embrassent tous les cas qui se présenteront à nous. La vie est autrement riche, complexe et imprévue que ne la supposent les traités de morale. C'est à chacun de nous à compléter les préceptes généraux de la morale, et à découvrir, en chaque circonstance où la vie nous jette, l'action la plus conforme à la loi. Il est donc nécessaire que nous puissions, en bien des cas, nous devenir à nous-mêmes nos propres législateurs. Or, nous ne le pourrons qu'à la condition de posséder — plus encore que la science — la méthode, c'est-à-dire une habitude de penser avec probité, avec justesse, d'aller au vrai par les chemins les plus sûrs et les plus droits? Mais combien cette ferme méthode nous sera-t-elle plus nécessaire encore dans les innombrables occasions où nos habitudes, nos intérêts, nos passions se dresseront entre nous et le devoir, et menaceront d'égarer notre jugement! Qui de nous, animé des intentions les meilleures, n'a été cependant, à bien des heures de sa vie, un sophiste habile à se tromper soi-même et à découvrir la formule de la loi dans celle qui satisfait son intérêt? Contre ces sophismes, où succombent les plus honnêtes, il est un secours que nous venons d'indiquer, c'est l'analyse psychologique. Mais la droiture saine et probe d'une intelligence formée par une rigoureuse discipline, éprise du vrai et sachant comment on le découvre, est certes l'arme la plus indispensable pour vaincre ces assauts de notre égoïsme déguisé.

Ainsi, toute l'éducation de la raison en vue de la liberté se résume en trois points : enseigner les formules de la loi, habituer à l'observation et à l'analyse psychologiques, former l'esprit à une sévère méthode de penser. Nous n'insisterons pas davantage, d'abord parce que nous nous occupons seulement, pour l'instant, de déterminer les principes généraux de l'éducation libérale — ensuite parce que cette éducation de la raison est en réalité l'objet même de l'enseignement, dont nous avons à parler maintenant. Ce n'est pas que l'éducation elle-même, c'est-à-dire la discipline générale, le régime moral ne puisse, par ses moyens propres, collaborer à l'éducation de la raison. Il n'en reste pas moins vrai que le moyen capital de cette éducation, c'est l'enseignement.

Ce qu'il nous suffit d'avoir montré, c'est que, la fin de l'éducation libérale une fois posée, de cette fin même doivent être déduits tous les principes d'après lesquels s'organisera cette éducation. Puisque la liberté est cet état de l'âme où la volonté s'identifie avec la loi posée par la raison, l'éducation libérale est à la fois éducation de la volonté et éducation de la raison. Elle doit s'at tacher à la fois à former les volontés et à former les intelligences. D'une part, faire vouloir l'enfant, avec les précautions et dans les limites que nous avons dites, et l'habituer à porter dans sa conduite la réflexion, la persévérance et la régularité, — d'autre part, nourrir son esprit des connaissances morales propres à guider sa conduite, ramener sur lui-même ses regards curieux seulement du monde extérieur, instituer dans son intelligence, par une ferme discipline, une rigoureuse méthode de penser, tels sont les principes généraux qui doivent dominer l'organisation de toute éducation libérale.

II

Quels seront, dans une éducation libérale, le rôle et l'organisation de l'enseignement proprement dit?

Aux yeux de la pédagogie libérale, nous l'avons vu, l'enseignement n'est qu'un des moyens de l'éducation. Toutefois, comme il en est le plus puissant, il est naturellement tenté de se prendre lui-même comme fin. L'argent n'a d'abord été qu'un moyen. Il est devenu, pour l'avare, une fin. L'enseignement obéit à une loi analogue de transformisme téléologique.

Contre cette tendance naturelle à tout enseignement, la pédagogie libérale doit vigoureusement réagir. Elle doit dire et redire que le véritable centre de l'enseignement, ce n'est pas la science, mais l'homme, et, dans l'homme, la liberté. Ce qui, avant toute chose, importe à l'homme, c'est de devenir libre. Pour y parvenir, il doit posséder certaines connaissances indispensables, c'est vrai; mais il doit surtout cultiver en lui l'énergie volontaire et la raison. L'excellence d'un enseignement ne se mesure donc pas à la quantité des connaissances qu'il distribue, mais à la valeur de ces connaissances en tant qu'instruments de liberté, ou, en d'autres termes, à l'accroissement de l'activité et au progrès intellectuel dont elles auront été le moyen. L'enseignement ne peut se détacher de l'éducation et vivre d'une vie indépendante C'est dans l'éducation qu'il trouve son principe et sa fin.

§ 1. — Que l'enseignement puisse élever la raison, nul n'y contredit, et c'est là son office propre. Mais on lui dénie souvent le pouvoir d'élever la volonté. On regarde communément comme la véritable école du vouloir non pas l'étude, le travail intellectuel, mais l'action, la conduite de tous les jours, et l'on réserve par conséquent à la direction morale, à la « discipline », au sens étroit du mot, le rôle d'éducatrice de la volonté.

Tout au rebours de cette opinion, nous croyons que le travail intellectuel est, pour la volonté, le plus difficile comme le plus salutaire apprentissage. Aux yeux des philosophes, il n'y a pas, entre penser et agir, une différence de nature, mais seulement une différence de degré. Toute image, toute représentation, toute idée est un acte ébauché, au moins intérieurement. Concevoir, c'est déjà, à quelque degré, agir; à plus forte raison, réfléchir, c'est-à-dire tendre sa pensée dans un effort vers le vrai.

Et même nul effort, nous semble-t-il, n'exige plus d'énergie et de tension que l'effort intellectuel, que cet acte où l'esprit ramasse et concentre toutes ses forces pour trouver la solution d'un problème ou le sens d'une phrase, pour éclaircir et préciser une idée vague, pour découvrir le mot juste qui dira sa pensée. Lorsqu'on agit, on sait généralement ce qu'on veut et pourquoi on le veut, et l'idée claire du but à atteindre, des moyens à employer, la connaissance exacte des raisons qui conseillent tel parti soutiennent et stimulent la volonté. Mais, lorsqu'on pense, on ne sait point quelle est l'idée qu'il faut trouver; on ne sait même point si on la trouvera. On cherche, à travers l'épaisse buée des mots ébauchés, des idées confuses, des intuitions fuyantes qui remplissent le cerveau en travail. La volonté, sans objet précis où se prendre, lutte contre une matière molle, inconsistante, qui cède sous son effort. Il lui faut, pour s'en rendre maîtresse, redoubler d'énergie et de persévérance. Le travail intellectuel est vraiment l'effort par excellence, celui dans lequel la volonté ramasse toute sa vigueur, bande tous ses ressorts. Mais, s'il en est ainsi, comment refuser à l'enseignement une influence considérable, on pourrait dire toute-puissante, sur la formation de la volonté?

Toute-puissante, mais à une condition, c'est que l'enseignement soit un enseignement *actif* — et c'est bien là en effet le mot qui caractérise le mieux un enseignement vraiment libéral; — un enseignement actif, c'est-à-dire qui crée l'activité, qui va saisir au fond des âmes l'énergie pensante endormie, et la suscite, et l'entraîne; qui ne laisse point les esprits se reposer paresseusement sur des formules et des signes, mais les oblige à comprendre, à chercher, à penser; un enseignement, pour tout dire, qui commande l'effort, l'effort énergique et soutenu.

Il n'est pas besoin de dire qu'un tel principe entraîne

la condamnation du travail dit « attrayant ». Nous n'admettons pas, dans un enseignement libéral, que l'on doive vaincre la répugnance de l'enfant pour le travail en le sollicitant par d'habiles artifices, en faisant de sa tâche un jeu, en un mot, en supprimant ou tout au moins en atténuant l'effort. Nous voulons que le travail reste un travail et que, tout en proportionnant la difficulté aux forces de l'élève, le maître le tienne toujours en haleine, toujours agissant et s'efforçant[1].

On a coutume de demander quel doit être le « centre de gravité » de l'enseignement. Il n'est pas douteux, d'après ce que nous venons de dire, que, dans un enseignement libéral, ce « centre » doive être cherché dans les exercices les plus stimulants de la volonté, dans ceux qui mettent l'élève en présence de la difficulté et l'obligent à la surmonter. Quels sont précisément ces exercices, c'est ce que nous examinerons plus tard.

§ 2. — Comment faut-il maintenant définir cette autre partie de la tâche de l'enseignement : former la raison? Car, si tous les systèmes pédagogiques sont unanimes à lui en confier la charge, bien peu sont d'accord sur la nature de cette obligation. Ils acceptent tous la formule « former la raison »; mais ils se séparent sur le sens et le contenu de la formule.

Nous avons montré, pour notre part, que ces mots « former la raison » doivent être définis en fonction de

---

1. C'est en quoi l'éducation libérale diffère de l'éducation scientifique de *Spencer, Bain, Lacombe*, etc., qui, sous prétexte de ne pas contrarier l'évolution naturelle des facultés, suppriment tout effort et ne veulent instruire l'enfant que lorsque celui-ci demande à être instruit.

la liberté, que cette raison qu'il s'agit de former est la raison qui convient à l'homme libre et qu'elle est constituée par trois éléments essentiels qui sont : la connaissance des meilleures règles morales, la science de l'analyse intérieure, l'habitude enfin de penser suivant les règles d'une rigoureuse méthode, disons le mot tout de suite, suivant les règles de la méthode scientifique. C'est donc en ces trois points que se résume tout plan d'enseignement libéral.

Et d'abord, puisqu'il y a des connaissances nécessaires à la liberté, l'enseignement libéral doit donner ces connaissances. Ceci nous amène à signaler une tendance à laquelle les systèmes libéraux ont tous plus ou moins cédé. Partant d'une observation juste, à savoir que c'est la fermeté de la volonté et le « développement harmonieux » de l'intelligence plus que l'instruction positive, les connaissances proprement dites, qui font « l'homme », ils ont exagéré l'importance de cette remarque et ont paru dénier toute, ou presque toute valeur au « savoir ». « Le meilleur fruit de l'enseignement, disent les *Instructions*, ce n'est pas tant la somme de savoir acquis que l'aptitude à en acquérir davantage, c'est-à-dire le goût de l'étude, la méthode de travail, la faculté de comprendre, de s'assimiler ou même de découvrir [1] ». A cette formule il n'y a rien à reprendre, sinon peut-être qu'elle paraît faire trop peu de cas d'un certain ordre de connaissances. Mais d'autres formules moins heureuses nous mettent décidément en défiance. « La vraie fin que le maître... doit avoir constamment présente à

1. *Instructions*, p. x.

l'esprit, c'est de donner, par *la vertu d'un savoir dont la majeure partie se perdra*, une culture qui demeure [1] ». Ici, quelque mépris pour le savoir perce déjà. La pente est dangereuse. Et la plupart des systèmes libéraux, s'y laissant glisser, finissent par admettre que l'enseignement ne *doit pas* vouloir instruire et qu'il lui suffit d'enseigner à penser [2]. L'élève qui sort de nos lycées peut, selon ces systèmes, être un ignorant ; ce qui importe, c'est qu'il ait « l'esprit bien fait ». Volontiers prendraient-ils pour devise cette apostrophe de Rousseau à des contradicteurs qui lui reprochaient de ne rien enseigner à Émile : « Messieurs, vous vous trompez ; j'enseigne à mon élève un art très long, très pénible et que n'ont assurément pas les vôtres, c'est celui d'être ignorant. Vous donnez la science, à la bonne heure ; moi, je m'occupe de l'instrument propre à l'acquérir [3] ».

Cette sorte de prédilection pour l'ignorance a fait accuser l'enseignement libéral d'être tout formel. Le reproche ne s'adresse avec justesse qu'à certaines interprétations erronées de la doctrine libérale. Il n'atteint pas l'enseignement libéral bien compris, tel que nous essayons de le définir. Non, notre ambition n'est pas de « former des ignorants », si l'on peut ainsi parler. Nous n'admettons pas que toutes les connaissances acquises par nos élèves doivent « se perdre ». Si nous consentons qu'ils oublient le grec, le latin, les théorèmes de géométrie, la nomenclature chimique, parce que nous croyons que le bénéfice de ces études ne con-

1. *Instructions*, p. XII.
2. Cf. *Enquête*. Déposition de M. Lachelier. « Le propre de l'enseignement est de donner, non un savoir, mais une culture. »
3. Rousseau. *Emile*, liv. II.

iste que dans la culture dont elles sont le moyen, en
revanche nous voulons que ces jeunes gens possèdent,
à leur sortie du lycée, — et pour ne plus les perdre —
toutes les connaissances morales nécessaires à un
homme libre. Notre enseignement libéral, s'il fait bon
marché du savoir pour ainsi dire *matériel*, attache au
contraire le plus grand prix au savoir *moral*. A cet ordre
de savoir nous attribuons une valeur intrinsèque, indépendante de celle qu'il peut avoir comme moyen de culture, parce que, tandis que la connaissance de la pile de
Bunsen ou de la règle : *credo Deum esse sanctum*, n'est
pas, en soi, nécessaire à la pratique de la liberté, au
contraire, les enseignements que nous donnent, à travers
les siècles, les Socrate, les Sénèque, les Marc-Aurèle,
les Pascal, ou, d'une façon plus précise, la connaissance
des règles qui, selon ceux qui furent les plus sages des
hommes, doivent, en chaque circonstance de notre vie,
dicter notre conduite, cette connaissance est véritablement indispensable à celui qui veut être un homme.

L'enseignement libéral se défend donc d'être une école
d'ignorance; il se refuse à être un enseignement formel.
Le jeune homme que nous aurons élevé sortira-t-il de
nos mains l'esprit vide ou peuplé seulement de stériles
formules; ne sera-t-il pas au contraire muni des plus
essentielles connaissances, s'il sait, suivant l'expression
de M. Lachelier, « ce que les hommes ont fait, pensé,
senti aux principales époques de l'histoire[1] », s'il connaît les expressions les plus belles de la loi morale, s'il
reçoit, en un mot, de notre enseignement une doctrine
de la vie?

____

1. *Instructions*, p. 72, note.

Une doctrine de la vie? Mais c'est précisément ce que les adversaires de l'enseignement libéral prétendent qu'il est incapable de donner aux jeunes gens. En fait, nous disent-ils, votre Enseignement classique, tel qu'il existe, s'interdit d'enseigner aucune doctrine. Il se proclame neutre, c'est-à-dire indifférent aux doctrines, se refusant à en adopter aucune. En droit, l'enseignement libéral ne peut pas enseigner de doctrine morale; car enseigner une doctrine, quelle qu'elle soit, c'est entreprendre sur la liberté de l'enfant. L'enseignement libéral ne peut professer une morale qu'en se reniant lui-même.

On reconnaît ici, tournée contre l'enseignement, la même objection que nous avons entendu adresser à l'éducation libérale. Nous essaierons d'en montrer la faiblesse. Mais il nous faut d'abord avouer que l'Université n'a pas peu contribué à propager cette fausse conception du libéralisme. N'a-t-elle pas, des principes de la doctrine libérale, conclu à la neutralité stricte entre les confessions — ce qui est bien, les choses de la religion n'étant point du ressort de la raison, — mais aussi entre les idées morales, politiques et sociales, — ce qui n'est plus soutenable? Prudente à l'excès, et peut-être aussi avec la secrète pensée que sa prudence lui gagnerait des sympathies, elle s'est interdit toute affirmation doctrinale. Le dogme de la neutralité a remplacé le dogme de l'orthodoxie cousinienne. Les « questions irritantes », c'est-à-dire précisément celles que doit connaître et sur lesquelles doit prendre parti tout homme qui pense, ont été bannies des programmes. Mais comme ces grandes questions morales, politiques et sociales sont, quoiqu'on fasse, l'aboutissement inévitable de tout enseignement, et que, même exclues des programmes, elles surgissent à tout propos, à l'occasion parfois des exercices les plus humbles, on a recommandé aux professeurs d'avoir le courage de les fuir. On a exigé d'eux, sous prétexte d'apaisement, l'infidélité la plus grave à la doctrine libérale. Ils ont obéi. Et c'est ainsi que l'Enseignement secondaire a été appauvri, vidé de tout ce qui eût fait de lui un enseignement libéral. Il n'a plus « d'âme ». Nul « Dieu intérieur[1] » ne l'anime. Et même ses partisans les plus zélés sont obligés d'avouer qu'il manque actuellement d'une doctrine morale assez forte et vivante pour le rendre lui-même vivant et fort.

Toutefois n'allons pas rendre responsable de cette indigence de notre Enseignement secondaire la doctrine libérale elle-même. Mais, faisant abstraction de toute considération d'opportunité, d'habileté ou d'intérêt, demandons-nous ce que réclamerait, sur cette délicate question de la neutralité, une pédagogie libérale fidèle à elle-même. Elle nous ordonne de former des hommes libres. Or, nous n'y pouvons réussir qu'en étant nous-mêmes des hommes libres. Seul un esprit libre, réalisant sous une forme concrète et vivante l'idéal qu'il propose, peut élever d'autres esprits par et pour la liberté.

[1] Il nous semble nécessaire d'insister sur ce point. Dans une société conçue d'après l'idée libérale, l'État, n'ayant d'autre fonction que d'aider toutes les activités libres à se produire, à se déployer, et de veiller qu'aucune d'elles n'en gêne ni n'en asservisse aucune autre, l'État donc n'a le droit de professer aucune doctrine particulière, ni

1. L'expression est de M. de Mun.

d'en combattre aucune, sauf celles qui prêchent l'asservissement des corps ou des âmes. Il ne lui est permis de peser en rien sur les consciences, tant qu'elles n'oppriment pas d'autres consciences, — pas plus sur celles de ses fonctionnaires que sur celles des autres citoyens. A plus forte raison, ceux de ces fonctionnaires à qui sont confiés l'esprit et l'âme de la jeunesse ont-ils droit au respect absolu de leur liberté. Ils y ont droit à un double titre, d'abord en tant que citoyens, ensuite en tant qu'éducateurs des consciences. Que l'État oblige les maîtres à enseigner, contre leur conviction intime, une doctrine officielle, ou qu'il leur interdise d'enseigner certaines autres doctrines, qu'il déclare subversives ou rétrogrades, mais que les maîtres, en leur âme et conscience, jugent justes et saines, dans les deux cas l'État viole leur liberté; dans les deux cas il leur ôte le pouvoir de remplir leur mission éducatrice. Chaque maître, dans le choix des doctrines qu'il professe, ne doit avoir d'autre guide que sa conscience. Chacun est libre d'enseigner ce qu'il croit devoir enseigner. La liberté de l'enseignement, tel est le premier article de l'enseignement libéral.

Y songez-vous, vont s'écrier les jaloux défenseurs de la neutralité? Notre Enseignement secondaire peut à peine lutter contre la concurrence de l'enseignement libre. Déjà les familles se défient de l'Université. La population des lycées et des collèges diminue [1]. Que sera-ce si vous soustrayez les maîtres à la surveillance de l'État, si vous les abandonnez à leur propre inspiration, si

---

1. Pour les chiffres exacts, cf. Ribot, *La Réforme de l'Enseignement secondaire*, ch. XI.

vous autorisez l'enseignement, dans nos classes, de toutes les doctrines morales, philosophiques, sociales? Vous allez dépeupler les lycées, ruiner l'Université.

Certes, on ne peut nier que la concurrence des établissements privés ne pèse d'un poids très lourd sur l'enseignement des lycées et ne l'oblige à des ménagements et à de la prudence[1]. C'est un fait que — pour des raisons dont toutes d'ailleurs ne sont pas également respectables — une bonne part des familles fait à l'Université un grief de ne pas se départir de sa neutralité en faveur de certaines croyances auxquelles, sans y être toujours vraiment attachées, elles accordent un grand prix.

Croit-on cependant arriver, par le moyen d'une neutralité qui énerve l'enseignement, à endormir les défiances ombrageuses des familles? Une telle tactique ne semble pas avoir ramené beaucoup d'élèves à nos lycées. L'expérience même la condamne.

La vérité, c'est qu'aucune « neutralité », aucun ménagement ne saurait avoir raison du parti-pris de ceux qui confient leurs fils aux établissements privés. Les uns ne voient dans cette neutralité qu'un piège grossier et soutiennent qu'en fait elle n'est pas et ne peut pas être observée[2]. Les autres, plus hostiles encore, refuseraient une neutralité même absolue, et n'admettent qu'un enseignement catholique, tel qu'il existait sous le second Empire. Tous sont, en dépit des avances faites, irréductibles.

---

1. Voir toutes les précautions que Marion recommande, sur ce point, aux professeurs des lycées. *L'Éducation dans l'Université*, p. 113 et suiv.

2. Cf. M. de Mun, *Correspondant* du 10 décembre 1899.

Quant aux pères de famille qui envoient leurs enfants dans nos lycées, pense-t-on que si l'enseignement universitaire se faisait gloire d'être vraiment libéral — au lieu de s'en cacher — ils ne nous demeureraient pas fidèles?

Peut-être même faut-il aller plus loin et se demander si, au point de vue de la seule habileté, la franche adhésion au libéralisme ne serait pas pour l'Université la tactique la plus avantageuse. L'enseignement « neutre » que l'on donne dans les lycées encourage et facilite la « contrefaçon ». Il n'est point difficile d'enseigner les « matières » du baccalauréat, quand on les a vidées de tout ce qui en fait l'intérêt et la vie. Et l'on sait que les établissements religieux et même les « institutions préparatoires aux baccalauréats » l'ont pu faire avec une aisance surprenante. Il n'en serait plus de même si l'enseignement des lycées était franchement libéral, si, comme le demande M. Boutmy, « renonçant aux petites recettes », il prenait les choses par le grand côté, si, loin de bannir les grands problèmes réputés dangereux, il se proposait d'y initier les jeunes gens. Un tel enseignement, les établissements religieux ne pourraient pas le donner; car, s'ils le donnaient, ils ne seraient plus des établissements religieux. « La vraie manière de décourager l'enseignement libre et de le vaincre, dit très bien M. Boutmy, c'est de faire ce qu'il ne pourrait pas faire sans se métamorphoser complètement[1]. »

Est-ce à dire que nous voulions faire de l'enseignement une arme de propagande? Nullement. Nous ne pensons pas que la tactique qui consiste à défier l'adver-

---

1. Cf. *Enquête*. Déposition de M. Boutmy.

saire vaille mieux que celle qui consiste à lui céder.
Nous ne voulons pas que l'Enseignement secondaire
reçoive de l'État mission expresse de prêcher une certaine doctrine, quand bien même cette doctrine serait le
rationalisme ou l'idéalisme. Nous ne pensons pas, avec
M. A. Dupuy, que l'Université soit « l'État enseignant »,
et que, l'État « étant, depuis 1789, identifié avec la
société laïque », l'Université doive être chargée officiel-
lement « de faire de ses élèves de bons républicains[1] ».
Nous n'acceptons même pas les idées plus modérées de
M. Fouillée, qui, avec quelques atténuations, soutient
au fond la même thèse et demande que, « à côté de la
partie critique de la philosophie, on ne craigne pas
d'ajouter une partie positive et constructrice, qui sera
résolument idéaliste[2] ».

Enseigner dans nos lycées une philosophie d'État, si
vague et générale qu'on la suppose, ce serait s'aliéner
tous ceux qui ne la professent pas. Mais surtout — et
cela est grave — ce serait en revenir à des pratiques
discréditées par l'expérience et exclusives de la liberté.
L'État ne saurait être juge des doctrines, parce que les
doctrines, quand elles ne sont pas oppressives de la
liberté, ne relèvent que de la conscience individuelle.
Condorcet exprimait la vraie doctrine libérale quand il
enfermait dans ces limites précises le devoir de l'État
en matière d'éducation : le devoir de l'État, disait-il,
« est d'armer contre l'erreur, qui est toujours un mal
public, toute la force de la vérité; mais il n'a pas le
droit de décider où réside la vérité, où se trouve l'er-

---

1. Cf. A. Dupuy, *L'État et l'Université*, p. 98.
2. Cf. Fouillée, *L'Enseignement au point de vue national*, p. 333.

reur[1] ». Et il disait encore, avec plus de précision : « Le but de l'éducation ne peut plus être de consacrer les opinions établies, mais, au contraire, de les soumettre à l'examen libre de générations successives, toujours de plus en plus éclairées[2] ».

Maintenons donc, contre les timorés et contre les imprudents, le droit du maître — puisque aussi bien ce droit est une conséquence du principe libéral — à enseigner la doctrine qu'après de mûres réflexions il a reconnue vraie.

Pourtant d'autres objections encore, — plus sérieuses celles-là et dont quelques-unes ne laissent pas d'être assez troublantes, — sont élevées contre la liberté de l'enseignement telle que nous venons de la définir. D'abord, objecte-t-on, proclamer pour chaque maître le droit d'enseigner librement, c'est-à-dire d'enseigner ce qu'il veut, c'est proclamer son droit à la tyrannie sur des consciences. — A quoi nous répondrons simplement qu'en demandant pour le maître le droit d'enseigner en toute liberté ce qu'il pense, nous n'oublions pas que ce droit a une limite, qui est le droit pour les élèves de penser librement. Étroitement fidèles au principe libéral, nous déclarons expressément la liberté des élèves limitative de celle du maître ; et nous tirons de là cette conséquence pratique que le maître, ayant pour premier devoir d'apprendre à ses élèves à penser par eux-mêmes, doit, non pas imposer, mais seulement exposer ses idées, non pas catéchiser, mais discuter.

1. Cf. Condorcet, éd. *Arago*, t. VIII, p. 205.
2. *Ibid.*, p. 203.

Aussi bien l'État, s'il n'a pas le droit de contraindre la liberté du maître, a-t-il le devoir de veiller à ce que le maître respecte la liberté de l'enfant. Il a donc le devoir d'exiger des garanties, dont la première est que le maître n'impose jamais ses idées à l'élève. Ce devoir de surveillance, il le peut et le doit remplir, non seulement vis-à-vis des maîtres de l'enseignement public, mais aussi vis-à-vis de ceux de l'enseignement privé.

Mais, se récrie-t-on, l'élève est ignorant et d'esprit débile. Comment voulez-vous que, sur une question dont il ne sait rien, qu'il n'envisage que sous l'angle où on la lui présente, il puisse se faire une opinion personnelle? Son ignorance, son inexpérience, sa docilité, son respect pour la parole du maître, disons aussi sa paresse, tout l'incline à penser que cette parole est infaillible et à adopter sans discussion la doctrine qu'on lui propose. Et voilà sa « liberté de penser » bien compromise! — Non, répondrons-nous, car le rôle du maître n'est pas de ne montrer qu'un côté des problèmes ni d'encapuchonner l'esprit des élèves dans sa propre doctrine, mais de leur faire voir toutes les faces d'une question, de leur exposer avec impartialité les solutions diverses qu'on en a proposées ou qu'on en peut proposer, en un mot, de les mettre en état de choisir eux-mêmes une d'entre elles. L'impartialité est encore une des garanties que l'État, protecteur des libertés, doit exiger de tous les maîtres, publics et privés.

A merveille, reprend-on. Mais alors, pourquoi autoriser le professeur à prendre parti entre ces diverses solutions? Un exposé impartial suffirait à mettre les élèves en état de choisir, et l'opinion du maître ne peut que gêner la franchise de leur choix. La stricte neutralité du maître est la meilleure garantie de la liberté de l'élève. — Et que devient alors, répondrons-nous, la liberté du maître? Encore une fois, ce que vous pouvez exiger de lui, c'est l'impartialité, le respect des opinions différentes de la sienne. Mais vous ne pouvez pas lui demander de taire son opinion, d'être neutre, de paraître ne rien penser.

Et d'ailleurs cette neutralité, qui vous agrée si fort, est, selon nous, la pire méthode pour former des esprits libres. Vous voulez que les élèves cherchent, réfléchissent, se fassent une conviction, et vous commencez par nous interdire à nous-mêmes d'en avoir une. Quelle contradiction! Pensez-vous que nos élèves, s'ils nous voient, sur toutes les questions importantes, prendre l'attitude de l'indifférence, attitude officielle, je le sais bien — mais comment sauraient-ils si elle n'est pas sincère et jusqu'à quel point? — pensez-vous que ces jeunes gens ne vont pas s'empresser d'adopter, eux aussi, cette solution de l'indifférence? Elle est si commode, et demande si peu d'effort. J'entends bien; nous leur répéterons qu'il faut penser, se faire une opinion, la défendre. Mais ces exhortations, auxquelles ils nous verront manquer les premiers, les convaincront-elles?

Les exemples vivants sont d'un autre pouvoir.

Si nous voulons que nos élèves pensent par eux-mêmes, donnons leur l'exemple, pensons devant eux. Bien loin de confisquer leur liberté au profit de notre propre doctrine, nous leur donnerons, si nous savons rester impartiaux, la vraie méthode pour penser à leur tour librement. Repoussons donc le dogme de la neutralité, qui est incompatible avec le principe de la pédagogie libérale, et remplaçons-le par celui de l'impartialité, qui concilie — car c'est là toute la difficulté — les droits du maître, ceux de l'élève, ajoutons aussi ceux des parents, qui, quelle que soit leur croyance, ont bien le droit de la faire respecter par le maître, mais n'ont pas celui d'attenter à la liberté de leurs enfants et de les retenir dans l'ignorance des doctrines opposées à la leur.

Cependant l'impartialité absolue est-elle possible? Théoriquement il est difficile de le soutenir. Mais il nous faut redire ici ce que nous disions au sujet de la détermination des règles morales que l'éducateur doit proposer à la volonté de l'enfant : s'il n'est pas permis de réaliser l'idéal, il est possible de s'en rapprocher assez pour que, dans la pratique, le but soit atteint. Lors donc que nous aurons sévèrement éprouvé la valeur rationnelle de nos idées et de nos convictions, lorsque nous les aurons examinées à la lumière de notre conscience, à celle de l'expérience, à celle enfin de la pensée des sages dont la sereine raison semble avoir travaillé pour l'éternité, lorsque nous aurons, en un mot, banni autant que possible de notre enseignement ce qui nous est personnel, ce qui reflète notre individualité, alors, sans nous consumer en scrupules sans fin, en vaines hésitations, disons simplement ce que nous croyons être le vrai. Ni l'État, ni les familles, ni notre conscience ne sont en droit de nous en demander davantage.

Nous en aurons fini avec cette question quand nous aurons répondu à une dernière objection — la plus grave, à notre sens. — « Où est, nous dira-t-on, cette philosophie générale, cette doctrine positive, pratique,

que vous vous faisiez fort d'enseigner à vos élèves?
Votre dogme de l'impartialité n'est qu'un dogme négatif,
qui ne renferme aucune substance vivante, ou plutôt,
c'est la formule même de l'anarchie et du chaos. Ballottés entre les doctrines diverses, entre les idées contradictoires que leurs maîtres tour à tour viendront
développer devant eux, les jeunes gens resteront incertains, troublés, confondus. Incapables de choisir, ils
demeureront inertes et vides, et vous les aurez inutilement privés de cet aliment simple et sain qu'eût été
pour leur esprit une même doctrine enseignée par tous
les maîtres. Votre enseignement libéral, qui prétend
enseigner toutes les doctrines, en réalité n'en enseigne
aucune; il est incapable de donner aux esprits une conception ferme de la vie. »

Sans doute, l'objection est spécieuse. Si l'on entend
par doctrine un système définitif et clos, un ensemble
de dogmes, une sorte de catéchisme moral, rédigé une
fois pour toutes, dont l'élève doit apprendre par cœur
les demandes et les réponses, alors nous avouons qu'en
effet nous sommes incapables de donner une « doctrine. » Mais peut-être faisons-nous plus et mieux [1]. Car,
d'abord, nous fournissons aux jeunes gens tous les éléments d'une philosophie pratique en leur enseignant, sur
toutes les grandes questions qui intéressent l'homme,
ce que les hommes ont pensé, en leur disant ce que

1. C'est aussi l'opinion de M. Espinas. Cf. *Enquête.* Il ne croit pas
qu'il soit « légitime » ni même « profitable d'essayer d'établir
l'unité dogmatique, théorique, spéculative, dans les esprits sur un
autre terrain que celui de la science par un enseignement d'État »,
et il a « confiance dans l'esprit humain, dans ses forces propres,
dans la science en un mot, pour produire des croyances spontanées
qui vaudront bien l'unité artificielle » qu'on pourrait obtenir par
un enseignement d'État.

nous pensons nous-même et pourquoi nous le pensons, en les incitant à chercher, pour leur propre compte, une solution. Puis, de la diversité même des doctrines que nous leur exposons, ainsi que de la manière dont nous les leur exposons, une idée ressort, idée génératrice de toute vie morale, qui, peu à peu, dominera leur pensée, c'est que les efforts qu'ont faits les hommes de tous les temps et que nous répétons sous leurs yeux, pour résoudre les grands problèmes moraux, ne sauraient en aucune manière les dispenser de réfléchir eux-mêmes et de chercher; c'est que la vérité morale est un bien que l'on conquiert et non pas que l'on reçoit, que les règles de conduite, les principes de vie n'ont de valeur que s'ils ont été expressément choisis et librement voulus, que l'homme, en un mot, gagne son pain moral, comme l'autre, à la sueur de son front. Il y a plus encore. Une fois que nos élèves auront ainsi appris, par l'exemple et le conseil, à gagner le pain de leur esprit, qu'ils auront acquis par là même le vif sentiment de leur liberté, alors, sachant le prix d'une conviction ferme, ils auront le respect des convictions d'autrui. Ne se croyant point détenteurs de la vérité absolue, ils ne s'arrogeront pas le droit d'imposer leur doctrine. Ils découvriront le sens vrai, le sens profond de ces mots : liberté de conscience, liberté de pensée. Pour tout dire, ils seront pénétrés de « l'esprit libéral ». A un tel ensemble d'idées, de sentiments, de tendances, refusera-t-on le nom de doctrine? Si ce n'était pas là une véritable doctrine, une philosophie générale de l'homme, comment s'expliqueraient les attaques violentes que dirigent contre elle ses adversaires? L'acharnement que les ennemis de l'Université déploient contre l'enseignement universitaire est certes une preuve que cet enseignement peut être bien vivant, qu'il porte en lui, impliquée dans son principe même, une doctrine, et qu'au nom de cette doctrine de liberté on peut créer des âmes vivantes, actives et libres.

Tel est donc le « savoir » qu'un enseignement libéral doit donner à ses élèves, qu'il ne peut, sans manquer son but, négliger de leur donner, puisque, sans ce « savoir » moral et social, on ne saurait être un homme.

Ces connaissances morales, cette doctrine de la vie ne peuvent cependant constituer, à elles seules, qu'une sorte de sagesse toute théorique. Il faut que cette sagesse devienne pratique, il faut que les idées que, sous notre direction, nos élèves auront trouvées, pénètrent dans leur vie et la gouvernent. Chose difficile que cet établissement du règne des idées sur les actes, et qui exige une connaissance exacte des forces intérieures qui nous mènent et trop souvent s'opposent au pouvoir des idées. La clairvoyance psychologique, l'habitude de l'observation intérieure sont, nous l'avons vu, un élément intégrant de cette sagesse pratique que l'enseignement libéral se propose de développer chez les jeunes gens.

Toutefois il est permis de se demander si l'habitude de s'observer, de s'analyser soi-même sont choses qui se puissent enseigner. Il semble bien que ce soit l'œuvre de l'éducation proprement dite, plutôt que celle de l'enseignement, d'inviter l'élève à réfléchir sur les mobiles des actes qu'il accomplit, de lui dénoncer, ici, sa vanité, là, sa paresse, ailleurs, son égoïsme. Il semble même que, pour être efficace sur ce point, l'éducation doive être personnelle. Il y a trop de dissemblance entre les âmes enfantines, chacune est marquée de traits trop individuels pour que des observations, des conseils qui s'appliqueraient à toutes également ne soient pas très généraux, vagues, partant, de peu d'utilité.

Cela est vrai. Et cependant, comment ne pas admettre que l'enseignement peut, lui aussi, hâter l'acquisition de ce sens juste et fin des choses intérieures, indispensable à la pratique de la liberté? Ne peut-il pas, par exemple, par des devoirs bien choisis, attirer l'attention des enfants sur eux-mêmes, les obliger à s'observer, à lire dans le livre de leur conscience, à éclaircir, à préciser, à classer les résultats de l'expérience qu'ils ont d'eux-mêmes? Ne peut-il pas, par l'étude de l'œuvre des psychologues les plus pénétrants et des moralistes les plus lucides, les aider à éclairer leur psychologie propre par la psychologie générale? Car il ne faut pas s'exagérer les différences individuelles. Le jeu des passions est sensiblement le même chez tous les hommes. Les mouvements de l'égoïsme, de la colère, de la vanité, de l'ambition, sont, au fond, identiques dans tous les cœurs. L'analyse d'un La Rochefoucauld, celle d'un La Bruyère, d'un Racine, d'un Molière, d'un Vauvenargues sera le miroir où le jeune homme découvrira plus exacte, plus nette, l'image qu'il s'est formée confusément de lui-même.

Et sans doute il n'est pas nécessaire d'insister davantage sur le profit que l'élève peut retirer, pour la connaissance de soi-même, de l'étude de la psychologie et de la fréquentation des grands moralistes. Les adversaires comme les partisans de l'enseignement libéral s'accordent à tenir le sens fin des choses du cœur pour le résultat le plus certain des études psychologiques et littéraires. Ils ne se séparent que sur le point de savoir si ce résultat vaut ou non la peine d'être recherché. Pour nous qui, bien loin de faire fi de la science de l'âme, considérons au contraire qu'elle est une des conditions de l'affranchissement, nous en ferons le fond et la substance même de notre enseignement libéral.

Science de la morale, science de l'âme, ce n'est pas là toute la sagesse. Après avoir réagi contre la tendance de la pédagogie libérale à ne considérer toutes les sortes de savoir que comme un instrument de culture formelle, n'allons pas glisser sur la pente opposée en oubliant que « former la raison », c'est sans doute nourrir cette raison des connaissances qui la peuvent guider dans la vie pratique, mais c'est aussi et surtout l'exercer, la cultiver, lui donner, au moyen d'une gymnastique appropriée, certaines qualités de méthode. Rappelons-nous que cette raison active et pratique qui convient à l'homme libre est celle d'un esprit riche sans doute en notions morales et psychologiques, mais plus encore, pour reprendre l'expression des *Instructions*, celle d'un esprit « bien fait ».

Or, qu'est-ce qu'un esprit « bien fait? » Les *Instructions* ne nous le disent pas; et cette incertitude première compromet, nous l'avons vu, l'autorité de toutes leurs prescriptions. L'idée de liberté, à laquelle nous n'avons cessé de nous référer, va nous servir, ici encore, à préciser les formules trop vagues. L'esprit bien fait, dirons-nous, est celui qui est organisé de façon à pouvoir trouver la vérité morale. Or, la vérité morale,

comme la vérité scientifique, ne peut être conquise que
par les esprits qui sont armés d'une méthode rigoureuse. La méthode, c'est, d'une manière générale, l'ensemble des règles qui permettent le plus sûrement de
découvrir la vérité et d'éviter l'erreur. Ces règles sont
sans doute variables avec la nature des objets étudiés.
Elles ne sont pas exactement les mêmes quand il s'agit
des phénomènes physiques ou des œuvres littéraires,
Mais ces différences sont de degré plus encore que de
nature et n'empêchent point qu'il n'y ait une parenté
réelle ou plutôt une identité essentielle entre les méthodes de recherche scientifique propres à chacun des objets
de la connaissance[1]. Ce qu'il y a de commun à toutes ces
méthodes, c'est la méthode, c'est-à-dire l'habitude de
décomposer les questions complexes en leurs éléments
simples, d'aller du simple au composé en enchaînant les
propositions les unes aux autres par des liens solides,
de ne rien affirmer sans preuves décisives, de se dégager
de toute prévention, de tout parti pris, de se tenir toujours en contact avec la réalité, de soumettre ses idées
à l'épreuve de l'expérience et de les abandonner si elles
n'y résistent point, de savoir douter et se taire lorsqu'on
ne sait pas — en un mot, d'être prudent dans ses affirmations, exact, précis, rigoureux dans toutes les démarches
de sa pensée. C'est cet ensemble d'habitudes que l'enseignement libéral doit créer dans l'esprit des élèves;
c'est cette méthode générale qui, en se diversifiant suivant la nature des matières enseignées, pénétrera toutes
les études, les études littéraires et philosophiques
comme les études scientifiques, et en fera pour les esprits

1. Cf. A. Croiset, *Revue internationale de l'enseignement*. Année
1898, t. II, p. 392.

une seule discipline harmonieuse et forte. C'est par elle que les versions et les problèmes, les compositions françaises et le cours de mathématiques, les devoirs de géographie comme les dissertations philosophiques deviendront des exercices proprement libéraux.

Un enseignement organisé suivant les principes que nous venons de dire mériterait vraiment le nom de libéral. De toutes parts en effet il aboutit à la liberté. Soit qu'il s'applique à exercer et à discipliner la volonté, soit qu'il enseigne les préceptes de la morale, soit qu'il aiguise le sens de l'observation intérieure, soit enfin qu'il habitue l'esprit aux règles de la méthode scientifique, c'est toujours la liberté qui apparaît au terme de son effort.

La liberté — nous parlons de cette liberté pratique qui est la seule que nous ayons en vue — ne saurait exister que si certaines conditions se trouvent données. Nous avons essayé de noter les plus importantes de ces conditions, celles du moins qui sont nécessaires et suffisantes. C'est à les réaliser dans les âmes que doit s'appliquer l'enseignement : nous croyons avoir montré sur quels principes il lui faut s'appuyer s'il y veut réussir.

CHAPITRE II

Les programmes et les méthodes.

Toute pédagogie a trois grandes questions à résoudre : Quel est le but de l'enseignement? Que faut-il enseigner? Comment faut-il enseigner? En d'autres termes, quels doivent être la fin, les programmes et les méthodes de l'enseignement? — Nous venons de nous étendre longuement sur la première de ces trois questions; nous traiterons très rapidement les deux autres. C'est qu'à notre avis la première est de beaucoup la plus importante. S'il est essentiel de savoir quelle fin l'éducateur doit réaliser, il est moins important qu'il la réalise par tel moyen plutôt que par tel autre. D'autre part, le choix des programmes et des méthodes est singulièrement facilité par la détermination du but et par l'établissement des principes, qui servent, dans les démarches ultérieures, de points de repère, et comme de boussole.

Une autre raison encore nous engage à abréger cette partie de notre sujet. S'il appartient au raisonnement *a priori* de fixer la fin de l'éducation, la détermination des programmes et des méthodes ressortit à l'expérience. Or, l'expérience d'un seul est restreinte, et, même aidée par la réflexion et l'observation attentive de ce qui l'entoure, elle ne peut prétendre s'ériger en législatrice. La science pédagogique, quand elle aura essayé, comparé, classé les programmes et les méthodes possibles, et constitué une psychologie de l'enfant, sera seule en mesure de donner à ces problèmes pratiques des solutions satisfaisantes.

Il nous suffira donc de montrer brièvement quelles considérations doivent guider le pédagogue dans la rédaction des programmes et le choix des méthodes, et de dégager quelques-unes des conséquences contenues dans les principes précédemment exposés.

I

Quels seront donc les programmes de l'enseignement libéral tel que nous l'avons défini? Et d'abord, dans quel esprit faut-il les établir?

§ 1. — Il nous semble, en premier lieu, qu'un enseignement libéral ne doit point attacher trop d'importance à la question des programmes. Si, dans un enseignement utilitaire, presque exclusivement préoccupé de distribuer le savoir le plus utile, cette question passe nécessairement au premier plan, il n'en va plus ainsi dans un enseignement libéral, qui considère le savoir — le savoir moral excepté — non comme une fin bonne en soi, mais comme un moyen pour réaliser une fin supérieure. Les programmes ne sont dès lors qu'un instrument. Il est souhaitable assurément que cet instrument soit le meilleur possible; mais ce qui importe d'abord, c'est que les maîtres le sachent bien manier. La valeur d'un enseignement libéral se mesure plus à la perfection de ses méthodes qu'à l'excellence de ses programmes.

C'est là une vérité certainement banale; mais il faut bien la répéter, puisqu'il n'en est point que l'on méconnaisse davantage aujourd'hui, puisque toutes les tentatives faites depuis vingt-cinq ans et qualifiées du nom de réformes n'ont abouti qu'à des remaniements de programmes, des « replâtrages », des « maquillages [1] », alors que la seule véritable et profonde réforme eût consisté à redresser l'esprit général et les méthodes de notre Enseignement secondaire.

Si l'enseignement libéral doit se défendre d'une foi aveugle dans la vertu des programmes, à plus forte raison doit-il se garder, dans la rédaction de ces programmes, de tout ce qui pourrait ressembler à une règlementation étroite et minutieuse. Les programmes d'un enseignement libéral doivent conseiller et diriger les maîtres, non les tenir en lisières, non emprisonner leur activité et leur initiative. La lettre tue l'esprit; la routine tue l'enseignement. Tout ce qui est enseigné machinalement et sans intérêt par le maître est appris de même par l'élève. Or, n'est-ce pas condamner le maître à enseigner ainsi, que de régler jusque dans les moindres détails son enseignement, que de lui imposer, par un code sans appel, une invariable succession de développements

1. Cf. J. Lemaître, Discours prononcé à la Sorbonne le 5 juin 1898, reproduit dans *La France de demain* du 15 juin 1898.

étroitement limités, une immuable symétrie de « questions » et de « chapitres » qu'il doit traiter en un temps déterminé [1]?

L'important, l'essentiel, c'est que le maître éveille les esprits, les entraîne, les excite à l'effort. Comment y pourrait-il réussir mieux qu'en entretenant ses élèves des études qu'il affectionne? Dans le grand domaine qu'il doit parcourir avec eux, il a des coins préférés, des places familières qu'il a explorées, cultivées, et d'où s'est levée pour lui une moisson d'idées ou d'émotions. Eh bien! ce qu'il faut autoriser, ce qu'il faut recommander, c'est que le maître puisse s'attarder avec ses élèves dans ce champ qu'il a labouré et leur en montrer les richesses. Sans doute il serait mauvais que les études spéciales envahissent notre Enseignement secondaire; mais encore serait-ce un mal moindre que l'envahissement de la routine. Et si, entretenant ses élèves de quelque question controversée, de quelque point obscur auquel lui-même s'est appliqué, le professeur parvient à les intéresser, à les initier aux bonnes méthodes de recherche, il aura fait plus pour leur développement intellectuel que s'il leur avait répété avec ennui et lassitude un « Cours » pour la vingtième fois recommencé.

Ainsi, tout en convenant qu'on ne saurait livrer l'enseignement au hasard des caprices individuels, tout en reconnaissant la nécessité d'une règle, nous croyons que cette règle doit être flexible, que les programmes doivent, dans un enseignement libéral, imposer aux

1. Dans beaucoup de dépositions faites devant la Commission d'enquête, on demande plus d'élasticité dans les programmes. Dépositions de MM. Poincaré, E. Dupuy, Foncin, Gebhart, etc,

maîtres un minimum d'obligations, et leur permettre, pour le reste, d'user librement, au profit de leurs élèves, de leur savoir et de leurs études [1].

En même temps que souples, et précisément pour qu'ils puissent être souples, les programmes doivent être courts. « Quoi! va-t-on se récrier; en ce siècle de savoir, vous parlez d'abréger les programmes. Vos élèves ne posséderont pas même ce fonds de connaissances indispensables, ce bagage de science nécessaire à qui veut vivre de la vie moderne? Et ce sont ces « monstres », ces « prodiges de néant », comme les appelle M. J. Lemaître, que vous voulez donner pour guides à notre démocratie! » — Qu'est-ce pourtant qui constitue ce viatique de science nécessaire à l'homme moderne? Nous voyons trop que chacun le compose à sa guise. Un physicien n'admet pas plus qu'on ignore les expériences de Volta qu'un historien les traités du règne de Louis XIV. Et cependant ni le physicien ne pourrait toujours énumérer ces traités, ni l'historien décrire ces expériences. Défions-nous des spécialistes et de leurs prétendues « connaissances indispensables [2] ».

Au reste, il n'est point prouvé que le jeune homme doive emporter du lycée sa provision complète de

1. Est-il besoin de faire remarquer que les programmes actuels de l'Enseignement classique sont loin de posséder cette largeur et cette souplesse? Un arrêté du 8 août 1895 a bien substitué aux listes restreintes d'auteurs d'explication des listes élargies qui laissent aux professeurs de lettres plus de liberté. Mais cette réforme n'a porté que sur les listes d'auteurs. Le programme du cours d'histoire, celui de physique et de chimie, celui du cours d'histoire littéraire demeurent strictement détaillés, presque leçon par leçon.

2. Cf. *Enquête*. Les déposants s'accordent généralement à critiquer la surcharge des programmes. Dépositions de MM. Lavisse, Poincaré, etc.

« science ». A dix-sept ans, il ne peut être question d'avoir appris tout ce qu'on devra savoir. Il suffit que l'on ait, avec le sentiment de son ignorance, la curiosité et l'aptitude à apprendre.

Les seules « connaissances indispensables », aux yeux d'un enseignement libéral, ce sont les connaissances morales, parce que celles-là seules sont nécessaires à l'homme libre. Nous repousserons donc résolument des programmes qui témoigneraient seulement du souci utilitaire d'entasser dans les cerveaux le plus de savoir possible[1].

Ainsi, ne point s'exagérer l'importance des « matières » enseignées, ne point tyranniser l'enseignement des maîtres par des prescriptions trop minutieuses, faire en conséquence des programmes courts, telles sont les règles, qui, tirées de la définition même de l'enseignement libéral, doivent nous guider dans la composition de ses programmes.

§ 2. — De quelles matières cependant les composerons-nous? De celles qui nous apparaîtront, après expérience, comme les plus émancipatrices, soit par leur objet, soit par leur méthode. Un enseignement libéral doit être à la fois un enseignement de fond, c'est-à-dire qui donne à l'esprit les connaissances nécessaires

---

1. A ce point de vue encore, les programmes de notre Enseignement secondaire actuel ne sont point ceux d'un enseignement libéral. Ils sont surchargés. Littératures anciennes et modernes, langues anciennes, langues vivantes, géographie, histoire générale, philosophie, arithmétique, algèbre, géométrie, physique, chimie, géologie, zoologie, botanique, anatomie et physiologie animales et végétales, cosmographie, hygiène, etc..., on se demande, à parcourir cette énumération, en quel état serait le cerveau d'un élève où s'entasserait une pareille somme de connaissances.

à la vie morale, et un enseignement de méthode, c'est-à-dire un enseignement qui forme la raison. Il s'agit donc de choisir, pour en composer nos programmes, les matières qui sont nécessaires comme « connaissances humaines », et celles qui sont indispensables comme « disciplines ». Il est inutile d'ailleurs de prétendre classer dans un ordre linéaire ces matières dont les unes sont de « connaissances », les autres de « discipline ». On ne compare que des objets de même espèce. Puisque les connaissances morales sont aussi indispensables à la liberté qu'une certaine discipline de l'esprit, la philosophie et les lettres, où l'on puise ces connaissances, ont les mêmes droits à faire partie des programmes que les sciences, qui donnent cette discipline. Culture scientifique et culture philosophique et littéraire doivent être parallèles, se renforcer et se compléter l'une l'autre. Aussi bien la connaissance de l'homme et de la société est-elle incomplète sans celle du monde extérieur, et, d'autre part, la discipline propre à la philosophie et aux lettres ne saurait être, dans un enseignement libéral, différenciée essentiellement de la discipline scientifique.

Au premier rang des études libérales, nous placerons la philosophie, et plus particulièrement la philosophie morale. Concevrait-on qu'un enseignement qui se fonde sur la croyance à la liberté n'inscrivît point en tête de ses programmes la science même de la liberté? Or, cette science, c'est la philosophie tout entière. C'est la psychologie, qui analyse, définit, décrit les divers phénomènes de l'âme, — opérations de l'esprit, mouvements de la sensibilité, actions et réactions de la volonté. C'est la logique, qui enseigne par quelles méthodes l'intelligence peut découvrir le vrai, c'est-à-dire, dans la conduite de tous les jours, discerner le juste. C'est la morale, qui enseigne les formules les plus belles de la loi, et fournit à la volonté les idées auxquelles elle devra s'attacher. C'est la métaphysique enfin, qui cherche à fonder dans l'absolu la liberté humaine et la loi morale, et, sur cette notion de liberté, édifie une conception du monde. On le voit, la philosophie tout entière vient s'inscrire dans la science de la liberté.

Que l'on ne croie pas d'ailleurs que nous voulions réduire l'enseignement philosophique à n'être qu'un exposé et une discussion du problème de la liberté. Ce serait mal comprendre la portée et le rôle de cet enseignement dans une éducation libérale. Dans toutes les questions qu'elle étudie, la philosophie porte la méthode, et, par cette méthode, elle excite puissamment la curiosité, donne à l'intelligence un vif élan. L'enseignement philosophique est par excellence l'enseignement créateur d'activité intellectuelle, instigateur de pensée. Il recèle donc en lui-même une vertu éducative, et comme un ferment de liberté. C'est par là sans doute, tout autant que par les « connaissances » qu'il donne, qu'il a droit à la première place dans les programmes de l'enseignement libéral.

Contre l'enseignement de la philosophie et de la morale on fait valoir cette objection : cet enseignement, en ce qu'il a d'essentiel, est tout entier renfermé dans les littératures, surtout dans les littératures anciennes[1]. Il suffit donc de l'en extraire. Pour n'être point systéma-

1. Pour l'exposé et la discussion des objections faites à l'enseignement de la morale, cf. Ruyssen, *L'Enseignement de la morale* (*Revue universitaire*, 7° année, n° 1).

tique, cet enseignement moral tiré des lettres n'en sera que plus efficace. Les grands exemples de vertu qu'un Plutarque, un Tite-Live, un Tacite, un Corneille nous présentent dans leurs œuvres, les grandes idées et les nobles sentiments que l'éloquence d'un Démosthène, la philosophie d'un Platon, la poésie d'un Sophocle, d'un Virgile ou d'un Lucrèce ont revêtus d'une forme émouvante, seront de plus puissants moteurs pour les âmes qu'un enseignement didactique sans vie et sans couleur. — Mais d'abord il faut remarquer que la science morale, si elle se trouve en effet contenue dans les littératures, s'y trouve enveloppée d'une forme qui elle-même est déjà un objet d'étude. On reproche aux professeurs de lettres de ne point faire des textes qu'ils expliquent des « thèmes à édification ». Mais on oublie qu'avant d'expliquer la beauté morale d'un texte, il faut d'abord en expliquer le sens, que cette explication n'est point toujours aisée, qu'elle comporte des commentaires grammaticaux, historiques, littéraires, bref, qu'on doit, avant de pénétrer jusqu'à la signification morale d'un texte, effectuer toute une série de travaux d'approche souvent ardus. Or, il faut déjà consacrer beaucoup de temps à l'explication purement littéraire d'un texte, il faut étudier minutieusement le détail de l'expression, pour que cette explication constitue un exercice profitable au développement intellectuel des élèves. Si le commentaire moral vient s'ajouter à l'explication littéraire, il empiétera sur le temps déjà trop court que l'on peut consacrer à celle-ci ; il nuira aux études littéraires sans constituer cependant un enseignement sérieux de la morale.

Et quand bien même le maître disposerait d'un temps

suffisant pour ajouter l'explication philosophique à l'explication littéraire, il serait toujours à craindre que la première n'apparaisse pour ainsi dire qu'à l'ombre de la seconde. La morale alors ne serait plus à sa place, qui est la première. Elle ne serait que le luxe de l'explication, et comme l'accessoire.

Mais surtout — et là serait son défaut le plus grave — un enseignement moral tiré des littératures sera toujours, quoi qu'on fasse, fragmentaire et incohérent. Alors même qu'on réduirait les lettres à n'être qu'un répertoire de leçons morales, d'exemples édifiants, il est hors de doute qu'un recueil, si riche soit-il, de traits de vertu ou d'héroïsme empruntés à des civilisations diverses ne constitue pas un « corps » de préceptes. Expliquez et commentez un texte « moral » antique ou moderne, vous intéresserez sans doute vos élèves, vous leur inspirerez de vagues et généreux désirs de vertu, vous ne leur donnerez pas une notion assez claire et forte de la loi du devoir ni la connaissance suffisamment exacte et précise des devoirs particuliers qu'ils auront à remplir ; vous ne les munirez pas, pour les guider à travers les événements de la vie, d'un fil conducteur assez solide et assez sûr. Ce qu'il faut à des enfants dont la conscience est encore un champ vide, dont la vie morale n'est qu'aspirations vagues ou intuitions confuses, c'est une règle de conduite, c'est un code des devoirs ; et voilà ce qu'un enseignement philosophique méthodique et complet, indépendant de tout autre enseignement, peut seul leur donner[1].

<hr>

1. C'est peut-être l'anomalie la plus bizarre des programmes classiques actuels que de reléguer l'enseignement de la morale à la fin des études, de permettre même qu'un grand nombre d'élèves ne le

Est-ce à dire que les lettres ne doivent pas occuper une place importante dans un enseignement libéral? Telle n'est pas notre pensée. Nous avons voulu montrer seulement qu'elles ne peuvent pas tenir lieu de la philosophie. Mais, après cela, nous ne ferons point de difficulté de reconnaître que l'enseignement littéraire est le plus précieux auxiliaire de l'enseignement philosophique. Il l'est, parce que les littératures expriment l'humanité et que la connaissance de l'homme est le fondement même de toute philosophie. La pensée, l'amour, le vouloir humains, telle est la matière des lettres comme celle de la philosophie; mais ces forces que la philosophie décrit et analyse, les lettres nous les montrent vivantes, agissantes, déroulant à travers les âges leurs jeux innombrables. Elles nous révèlent la richesse mouvante de l'âme humaine; elles la déploient à nos yeux comme un profond et changeant paysage. C'est sur ce paysage qu'il faut que de bonne heure les enfants s'habituent à tenir leurs regards attachés; c'est dans sa contemplation qu'ils gagneront le goût de l'analyse morale, le penchant à l'observation intérieure, la clairvoyance dans les choses de l'âme, le souci de la vérité morale, cette

reçoivent point. Pour entendre parler de moralité, de liberté, de devoir, un élève de l'Enseignement classique devra attendre d'avoir seize ou dix-sept ans, et d'être demi-bachelier. Jusque-là, rien! Cet état de choses s'expliquait — sans être justifié — il y a trente ans, alors qu'on ne concevait point la possibilité d'un enseignement moral distinct d'un enseignement religieux, ou que l'on se défiait d'un enseignement moral laïque. Il n'en est plus de même aujourd'hui. Aussi paraît-il étrange qu'un Enseignement secondaire qui veut être libéral exclue précisément les études libérales par excellence, c'est-à-dire la science de l'âme et des mœurs. Et n'est-on pas en droit de dire qu'un tel enseignement a beau se proclamer libéral, c'est-à-dire général et désintéressé, il n'est au fond qu'un enseignement spécial, un enseignement littéraire, organisé pour former des humanistes, des « mandarins », ou, plus exactement, des journalistes?

vérité qui ne se prouve point, qui ne s'apprend point, qui se devine et se crée.

Et quant au pouvoir proprement moralisateur des lettres, si nous ne pensons point qu'elles doivent se borner à n'être qu'une « morale en action », du moins nous ne méconnaissons pas ce que les beaux exemples, les nobles exhortations, la haute sagesse répandus dans les grandes œuvres de toutes les littératures peuvent ajouter de vie et de chaleur à l'enseignement moral proprement dit. A les prendre d'un certain biais, les lettres peuvent être l'illustration animée et parlante de la morale. Elles peuvent même, en y jetant la réalité concrète et infiniment complexe de la vie, l'élargir, l'enrichir, la nuancer. Elles en sont donc le complément naturel et indispensable.

Mais il est une troisième raison, plus générale et, selon nous, plus décisive, pour faire aux lettres une large place dans nos programmes libéraux. C'est que l'étude des lettres est pour l'esprit une discipline excellemment propre à susciter cette activité réfléchie qui seule rend possible dans l'âme le règne de la liberté Cela apparaîtra mieux quand nous parlerons des méthodes; mais, dès maintenant, nous pouvons dire que l'étude des formes littéraires, des langues, si elle est bien conduite, est une admirable école de réflexion, d'observation, d'effort intellectuel, un incomparable apprentissage de la pensée. Tandis que la philosophie tend les esprits vers de hautes abstractions, la littérature les applique à des objets plus fuyants, plus vivants, les exerce à la recherche patiente, à l'exactitude scrupuleuse, aux délicates approximations. La pensée, à ce travail attentif, acquiert une pénétration, une finesse, une agilité que nul autre exercice ne saurait lui donner, et qui sont, pour la vie morale, des qualités du plus haut prix. — Instrument de moralisation à la fois par leur contenu et par la discipline qu'elles imposent aux esprits, les lettres constituent, avec la philosophie, la base même de tout enseignement libéral.

Suffiront-elles cependant, avec la philosophie, pour constituer nos programmes libéraux? Non, certes. Car l'homme ne se connaît pas tout entier lorsque, ayant arrêté son regard sur lui-même, il a découvert sa loi et sa fin. Il lui reste encore à se connaître en tant que membre d'une société. L'homme est un être libre; mais l'existence des libertés voisines circonscrit la sienne ou plutôt lui impose une règle. La science des sociétés est donc un chapitre de la science de l'homme. L'homme digne de ce nom, l'homme vraiment libre est celui qui règle ses actions en vue de réaliser son essence, qui est de vivre libre parmi des hommes libres.

Sous ce nom général de science des sociétés, nous rangeons toutes les connaissances qui ont trait, soit aux rapports de l'individu avec la société (instruction civique, droit et morale sociale), soit à l'organisation politique de la société (science politique), soit à son organisation économique (économie politique). Toutes ces sciences, qui intéressent l'homme, non en tant qu'individu isolé et indépendant, mais en tant qu'homme vivant avec ses semblables, font essentiellement partie d'une éducation libérale.

Elles en font partie à un double titre, d'abord parce qu'elles sont, avec la morale, les sciences régulatrices de la liberté; elles fournissent à l'homme des motifs d'agir tels qu'ils puissent le déterminer à des actes à la fois libres et librement respectueux de la liberté d'autrui. En second lieu, ces études sociales et politiques sont, après les études proprement philosophiques, les éducatrices par excellence de nos classes moyennes; car, en leur faisant connaître les lois de conservation et de progrès des sociétés, en leur découvrant les intérêts généraux et permanents de la démocratie, elles les préparent directement à leur rôle social.

Et quand enfin nous aurons ajouté que l'étude des sciences sociales a sur le développement intellectuel la même influence que l'étude de la philosophie, qu'elle est pour la pensée un exercice aussi vivifiant, aussi stimulant, on comprendra qu'elle puisse revendiquer la seconde place dans les programmes de notre enseignement libéral.

Comme nous avons vu dans les lettres à la fois une préparation et un complément à l'étude de la philosophie, de même l'histoire nous apparaît comme logiquement liée aux sciences sociales. C'est de l'histoire même que ces sciences tirent leurs matériaux; c'est dans ce répertoire des expériences politiques et sociales tentées par l'humanité qu'elles vont chercher les éléments des problèmes qu'elles veulent résoudre et des lois qu'elles formulent. Histoire et sociologie s'éclairent et se fortifient l'une l'autre. Comment donc les séparer dans l'enseignement? N'apparaît-il pas au contraire que l'histoire y doit précéder, introduire, accompagner les sciences sociales ou plutôt que l'histoire, pour être véritablement une étude libérale, doit être étudiée *socialement*?

Tel est, selon nous, le véritable droit de l'histoire

ι être inscrite dans nos programmes. Ce droit ne lui
·ient pas de ce qu'elle peut contenir de morale vécue.
ᴧes exemples de sagesse ou d'héroïsme ne sont dans
'histoire, comme dans les lettres, qu'une rencontre heu-
·euse, un bénéfice inespéré que le maître ne doit pas
népriser, mais auquel il ne doit rien sacrifier. Il n'est
point nécessaire, il serait dangereux de vouloir à toute
force faire de l'histoire une morale en action et un
code d'instruction civique[1]. Mais montrer, à travers les
événements historiques, la naissance et la marche des
idées morales de liberté, de justice, de fraternité, des
idées politiques de nation, d'État; faire comprendre la
vie de ces idées en racontant leurs périodes d'élaboration, de progrès, d'engourdissement, de réveil, leurs
triomphes et leurs défaites; montrer, en un mot, au travers des grands faits militaires, politiques, économiques
et sociaux, la formation de la conscience moderne et de
la société contemporaine : n'est-ce pas là un enseignement de l'histoire qui, sans la fausser, sans la défigurer,
mais au contraire en la saisissant dans ses portions les
plus vivantes, en fait un instrument précis et puissant
d'éducation libérale? — Et si un des profits les moins
douteux des études historiques ainsi comprises est
d'éveiller dans les esprits le sentiment de la délicatesse
et de la complexité de l'institution sociale, de leur
donner le sens de la solidarité nationale et humaine,
de la tradition et du progrès, on voit assez combien,
aux yeux d'un enseignement libéral, l'histoire est néces-

---

1. C'est dans cet esprit que les *Instructions* de 1890 demandent
aux professeurs d'enseigner l'histoire. Voir, sur ce point, une
excellente discussion dans Fouillée, *L'Enseignement au point de vue
national,* p. 285 et suiv.

saire à l'éducation politique et sociale de nos classes moyennes.

Aux sciences de l'homme et de la société, ajouterons-nous maintenant les sciences de la nature? Il faut, pour répondre à cette question, considérer les sciences à un double point de vue, d'abord, en tant que connaissances morales, ensuite, en tant que disciplines intellectuelles.

Les sciences donnent à l'homme, non seulement la connaissance des lois de la nature, mais encore celle des lois de l'esprit; et, sans cette dernière, l'homme ne se connaîtrait pas tout entier. Pour connaître l'esprit humain, il faut le regarder vivre et agir dans ses plus grands travaux. L'étude des sciences, « seul vrai moyen rationnel de mettre en évidence les lois logiques de l'esprit humain [1] », comme dit A. Comte, est donc nécessaire à une éducation libérale.

Ce n'est pas seulement les lois de l'esprit que les sciences mettent en évidence, c'est encore quelques-uns des instincts les plus profonds de l'âme, la soif de connaître, le dévoûment absolu à la vérité et l'élan vers elle. Ignorer les sciences et l'histoire des sciences, c'est ignorer de l'humanité quelques-uns de ses actes les plus nobles et les plus désintéressés, — les plus humains.

D'une autre façon encore les sciences sont nécessaires à la connaissance de l'homme moral; car elles situent l'homme dans l'univers et complètent par là et limitent à la fois la conception qu'il a de sa nature propre. Se croire « un empire dans un empire » n'est pas le premier article du credo de la liberté; mais, au contraire, il faut

1. A. Comte, *Cours de philosophie positive*, 2ᵉ leçon.

bien concevoir la nature du déterminisme scientifique, il faut lui avoir fait sa part dans l'homme, pour comprendre en quoi consiste et dans quelles limites s'exerce la liberté humaine.

Les sciences contiennent donc certaines « connaissances » indispensables à la vie morale. Toutefois, c'est plus encore en tant que « disciplines » qu'elles ont droit à être inscrites dans un programme d'enseignement libéral. Ce qu'on appelle méthode scientifique, c'est-à-dire l'ensemble des procédés les plus sûrs pour découvrir la vérité, peut en effet se résumer d'une façon très générale : l'art d'observer et l'art de raisonner, soit par induction soit par déduction. C'est assez dire quelle discipline excellente peut être la pratique de cette méthode qui dresse l'esprit aux habitudes de précision, de rigueur, d'exactitude, de sincérité indispensables à la vie morale.

On objecte, il est vrai, que cette méthode appelée scientifique est en réalité une méthode de penser applicable à tout ordre de connaissances. Et, en effet, on a pu montrer que les règles de la recherche sont au fond les mêmes dans la recherche historique, philologique, littéraire que dans la recherche proprement scientifique. Observation méthodique et analyse rigoureuse des faits, généralisation prudente, vérification minutieuse de la loi dégagée, les mêmes démarches et les mêmes précautions s'imposent dans les deux cas à l'esprit [1]. Pourquoi, dès lors, les études littéraires, puisqu'elles sont capables de développer les qualités d'esprit dites scientifiques, puisque, d'autre part, elles fournissent à l'homme beau-

---

1. Cf. A. Croiset, *Revue internationale de l'enseignement*, année 1898, tome II, p. 390 et suiv

coup plus de connaissances morales que les sciences. ne suffiraient-elles pas à constituer les programmes de l'enseignement libéral?

Il est facile de répondre que, si la méthode scientifique n'est pas en effet la propriété exclusive des sciences, c'est dans les sciences cependant qu'elle a son origine, son développement le plus complet, et qu'elle obtient les résultats les plus frappants. En histoire, en psychologie, en littérature, la complexité même des faits observés fait hésiter souvent, tâtonner, et parfois dévier l'instrument de précision qu'est l'analyse scientifique. L'emploi en devient extrêmement difficile, les chances d'erreur sont plus nombreuses, les résultats ont rarement le caractère de l'évidence. Puis, les procédés d'investigation de la science ne sont pas applicables aux études littéraires; ils y sont remplacés par la sympathie, l'imagination, le goût. Or ces instruments d'évaluation tout subjectifs n'ont pas la rigueur des balances ou des thermomètres. Pour toutes ces raisons, la méthode scientifique est, dans les lettres, plus enveloppée, plus diffuse; elle y est comme amortie. Dans les sciences, au contraire, la simplicité des faits étudiés, la précision des instruments rendent possible l'exactitude absolue de l'observation et du raisonnement. La méthode s'y développe, s'y épanouit pour ainsi dire dans toute sa pureté et sa puissance. Nulle entrave, nulle obscurité, nulle hésitation. Les règles sont infaillibles, et, si on les suit, le résultat certain. Si donc la discipline scientifique donne à l'esprit, sinon toutes les qualités nécessaires à la vie morale, du moins les plus solides et les plus essentielles, il est clair que ce n'est pas dans les lettres qu'il faut aller la chercher d'abord — les lettres la donneront ensuite et la complèteront — mais qu'il faut, pour commencer, la demander aux sciences.

Quelle sera, dans cette culture scientifique, la part de chaque science? Ici encore, la classification ne peut être linéaire et il faut se résoudre à considérer les sciences tour à tour comme disciplines intellectuelles et comme connaissances. Il nous semble toutefois que les mathématiques, dont, il est vrai, l'objet est le plus abstrait, le plus éloigné de la réalité morale et sociale, mais qui recèlent dans leur méthode une singulière puissance éducatrice, ont droit au premier rang.

Sciences de déduction pure, les mathématiques sont l'exemple le plus frappant du raisonnement déductif. « En accoutumant notre esprit à se repaître de vérités et à ne se contenter point de fausses raisons, elles le font sortir de son indifférence naturelle et le déterminent dans le sens de sa perfection [1]. » Comme elles demandent tout au raisonnement, elles habituent l'homme à tout attendre de la raison; mais, en même temps, elles lui enseignent les conditions de la certitude scientifique; elles le rendent plus sévère pour sa pensée, plus soucieux d'ordre et de précision. Elles lui donnent en un mot le besoin d'une certitude raisonnée et l'habitude du raisonnement rigoureux.

Il est trop facile de dire que la vie ne se met pas en équations et que « l'esprit de finesse » est seul apte à juger des choses morales; le contraire est tout aussi vrai. « L'esprit de finesse » ne serait, sans « l'esprit de géo-

<hr>

1. Boutroux, *Études d'histoire de la philosophie*, p. 310.

métrie », qu'un maître d'erreurs et de sophismes. Si l'abus du raisonnement mathématique peut avoir de fâcheuses conséquences, il est bien certain que l'habitude de déduire avec rigueur est une habitude vitale de l'esprit, et la condition nécessaire de toute réflexion et de toute recherche morales.

Comme, d'ailleurs, les connaissances mathématiques, si elles n'intéressent pas directement l'homme moral, sont indispensables à l'étude des autres sciences, il n'y a pas, croyons-nous, d'hésitation possible sur le rang à leur attribuer dans nos programmes libéraux; elles sont le fondement même de l'éducation scientifique de l'esprit.

Aux mathématiques se rattache logiquement l'astronomie qui en est, comme dit Comte, « l'émanation immédiate », et il semble légitime de lui conserver cette place dans nos programmes. Non pas que la méthode de l'astronomie contienne une discipline nouvelle pour un esprit déjà formé par l'étude des mathématiques. Cependant il faut faire remarquer qu'à ce point de vue de l'éducation intellectuelle l'astronomie offre le grand avantage de présenter les premiers et les plus frappants résultats de l'analyse mathématique appliquée aux phénomènes naturels, de montrer « comment l'esprit mathématique doit se modifier pour s'adapter à l'exploration des phénomènes naturels[1] », et d'être ainsi une transition entre le domaine des abstractions pures et celui des réalités concrètes.

Mais surtout, c'est à son objet, à la nature des vérités qu'elle enseigne que l'astronomie doit son caractère

_____

1. Comte, *Cours de philosophie positive.*

d'étude vraiment libérale. Il est inutile d'insister sur ce point. On ne conçoit pas qu'un esprit puisse jamais s'élever à une vue philosophique du monde et de soi-même s'il ignore tout des « espaces infinis » qui l'entourent, des mondes qui les peuplent, des lois qui les régissent, s'il ne sait pas la place qu'occupe dans l'univers ce « canton détourné », ce « cachot » qu'il habite, et qui ne serait en effet qu'un cachot, si jamais par la pensée il ne s'en évadait [1].

Les sciences physiques ont, au point de vue de la discipline intellectuelle, une importance presque aussi considérable que les mathématiques, parce qu'elles présentent, dans toute leur pureté, la méthode expérimentale et la méthode inductive, qui forment le contre-poids naturel à la discipline mathématique.

La physique a particulièrement cet avantage d'user encore largement de la méthode mathématique, et d'être à la fois science déductive, science expérimentale et science inductive. C'est dire quelles ressources elle offre pour habituer les intelligences à la recherche métho-dique de la vérité. Car, non seulement elle perfectionne en l'exerçant l'esprit mathématique, mais encore elle initie les jeunes gens à cet art d'observer et d'induire si aisément transportable de la science à la vie et à la morale; elle leur donne des habitudes d'attention, de prudence et d'exactitude qui leur serviront aussi bien dans leurs études littéraires que dans la conduite de leur vie.

1. Voir les belles pages de M. Fouillée sur l'enseignement de la cosmographie. *L'Enseignement au point de vue national*, p. 87 et suiv.

Pour ce qui est de la chimie, elle n'apporte aucune méthode nouvelle et ne constitue pas une discipline intellectuelle différente de celle de la physique. Et sans doute nous l'exclurions des programmes libéraux si elle ne contenait certaines « connaissances » utiles à la moralité. Mais la connaissance des lois de la combinaison des corps est aussi nécessaire que celle des grandes lois de la physique à qui veut, sous l'apparente incohérence des phénomènes, découvrir l'ordre caché et s'élever à une vue synthétique de l'univers. Et c'est pourquoi nous faisons à la chimie une place dans nos programmes, place beaucoup moins considérable toutefois que celle de la physique.

Mais les grandes théories de la physique et de la chimie ne présentent qu'un aspect du monde ; elles n'en montrent que la face inerte. Elles laissent de côté le phénomène supérieur, irréductible, la vie. La biologie, l'étude des formes de la vie, de ses lois, de son évolution, aussi bien chez les végétaux que chez les animaux, est une science libérale. Mais elle l'est par son objet plus que par sa méthode.

Dans la méthode de la biologie, c'est l'observation qui triomphe, mais si péniblement, à travers une telle complexité de faits, qu'un esprit déjà formé par les sciences expérimentales peut seul s'y exercer avec fruit. C'est par ces dernières, par la physique surtout, nous venons de le voir, qu'on doit initier les élèves à l'art d'observer et de généraliser. La méthode biologique offre cependant un procédé original dont il est nécessaire que les jeunes gens aient au moins une claire notion. La théorie des classifications scientifiques, qui trouve sa plus importante application dans les sciences biologiques, doit leur être exposée comme un des grands moyens d'organisation logique des faits. Il faut qu'ils conçoivent les classifications botanique et zoologique, non comme un ordre arbitrairement établi, mais comme la reproduction, aussi exacte que possible, de la hiérarchie naturelle, qu'ils sachent par quels moyens logiques cette hiérarchie peut être reconnue à travers l'immense variété des individus, et enfin quelles conditions sont nécessaires pour que cette classification reflète vraiment l'ordre de la nature. Tel est sans doute le seul résultat nouveau que l'on peut attendre, pour l'éducation intellectuelle, de la méthode des sciences biologiques.

En revanche, les « connaissances » biologiques ont une valeur éducative de premier ordre. La définition de l'état de vie, les lois de l'existence végétale et de l'existence animale, leur rapport avec les autres grandes lois du monde physique, font nécessairement partie d'une connaissance philosophique de l'univers, et rentrent donc nécessairement dans un enseignement libéral.

Dans ce cycle des études où la méthode a une importance moindre que l'objet même de la science et qui s'ouvre avec la chimie, il faut ranger la géologie et la géographie, sans lesquelles la connaissance du monde physique et de ses lois serait incomplète et demeurerait pour ainsi dire suspendue dans le vide. Il serait excellent de faire de ces sciences, comme le demande M. A. Bertrand[1], une suite et une extension de l'astronomie. Ce serait les situer, pour ainsi dire, dans leur

1. A. Bertrand, *L'Enseignement intégral.*

exacte perspective naturelle, leur donner par conséquent leur signification entière et toute leur valeur éducative; car elles réaliseraient pour leur part notre grand *desideratum* libéral : unifier la conception de l'univers.

Ainsi notre enseignement scientifique libéral, édifié sur une base solide de mathématiques et de physique, plongerait par ses racines au cœur même de cette méthode scientifique, fondement de la réflexion morale. D'autre part, il nourrirait les esprits des connaissances les plus humaines, les plus riches en moralité que les sciences puissent fournir à la pensée de l'homme.

Et sans doute il est d'autres sciences plus spéciales, celles que l'on pourrait appeler les sciences appliquées, et dont quelques-unes ont pris place dans les programmes actuels de l'Enseignement classique : hygiène, botanique, minéralogie, zoologie, etc. Nous accordons volontiers que, comme le poète fait jaillir la poésie de la plus humble réalité, le maître habile peut faire de la science la plus aride un instrument d'éducation. Si pourtant les sciences que nous avons choisies sont d'un profit moral ou intellectuel plus certain, ce sont bien celles-là de préférence qu'il faut inscrire dans nos programmes libéraux. Car le temps est limité, et si nous voulions faire une place à toutes les « spécialités » qu'on nous vante, nous ne le pourrions qu'aux dépens des sciences dont la valeur éducative est la plus assurée; nous lâcherions la proie pour l'ombre.

§ 3. — Mais il ne servirait de rien d'avoir choisi pour nos programmes les sciences les plus éducatives si nous consentions que chacune d'elles fût enseignée dans sa totalité. Ce serait rendre d'une main à la doctrine utilitaire ce que nous lui avons pris de l'autre. On comprend qu'un enseignement utilitaire se refuse à rien retrancher du détail de la science. Ce détail, qui, pour nous, est l'inutile même, est, pour lui, l'essentiel, ayant seul une utilité pratique et immédiate. Mais nous, qui voulons seulement former des hommes libres et ne voyons dans la science qu'un instrument de liberté, nous considérons avec inquiétude cet amas de faits, de dates, d'expériences, de détails techniques, toute cette érudition souvent lourde et encombrante qui est cependant la base et comme le matériel de la science. Que faire?

Nous ne voulons pas réduire l'enseignement scientifique à n'être qu'une suite de généralités vagues, nourriture creuse pour la pensée. Nous ne voulons pas davantage écraser sous les matériaux la force vive de l'esprit. Pour échapper à ce double danger, il n'est qu'un moyen, c'est de pratiquer dans chaque « matière » de larges coupures, de sacrifier des chapitres entiers, dont le maître pourrait naturellement indiquer les points capitaux, mais dont il s'interdirait de faire une étude détaillée. Le temps ainsi gagné, on l'emploierait à enseigner d'une manière approfondie quelques « théories typiques » de chaque science, à les enseigner de telle sorte qu'elles présentent, en raccourci, une image fidèle de la méthode et de l'esprit de cette science et donnent une idée exacte de sa beauté originale, de son intérêt propre [1]. Ce ne serait plus alors cette science décharnée, réduite au squelette, que l'enseignement actuel présente à nos élèves, mais une science pleine, vivante, animée

---

1. Cf. Lacombe, *Esquisse d'un enseignement basé sur la psychologie de l'enfant*, p. 74.

d'un esprit et d'une âme, une science belle et humaine. Et, d'autre part, il serait possible alors de donner, en fait de détails, tout le nécessaire. On ne se bornerait point à l'énumération des faits et des lois; on rechercherait par quelle méthode chaque science a observé ces faits et dégagé ces lois, et l'on retracerait l'histoire de ces grandes conquêtes scientifiques. Après cette étude précise et méthodique, les idées générales et les considérations plus hautes sur l'esprit de chaque science, sur l'importance de ses résultats, viendraient à leur place et couronneraient l'enseignement, non point comme un ornement surajouté, mais comme une floraison naturelle sur une tige vivante. Ainsi la science ne serait pas faussée. Elle resterait elle-même, puisque, en somme, elle est tout entière dans chacun de ses grands travaux. Et, sans doute, les élèves n'emporteront ainsi qu'un bagage léger de « connaissances utiles ». Qu'importe, si la science est devenue à leurs yeux, non plus une aride « matière » d'examen, mais un des plus grands actes, et des plus significatifs, de l'esprit humain?

Tout ce que nous venons de dire s'applique au programme des lettres aussi bien qu'à celui des sciences. Il y a, dans les lettres et dans l'histoire, toute une part d'érudition, chronologie ou grammaire, archéologie ou critique des textes, dont il faut craindre qu'elle ne masque et n'écrase l'esprit même de la littérature et de l'histoire. Mais il faut craindre également d'habituer les élèves aux idées générales, vagues et superficielles, fumée qui trouble la pensée, obscurcit la vue du réel. Le seul moyen de nous garder de ces deux défauts, c'est de creuser l'enseignement, non de l'étendre. Élaguons donc sans scrupules les programmes des lettres. Il n'est pas nécessaire de connaître toute l'histoire littéraire et toutes les œuvres des grands écrivains pour concevoir le rôle de la littérature dans la vie d'une nation et pour sentir le charme tout-puissant des lettres. Il n'est pas nécessaire de connaître toutes les périodes de l'histoire avec tous leurs faits pour pénétrer l'esprit de l'histoire et comprendre ses enseignements. Quelques périodes historiques parmi les plus importantes dans l'évolution morale de l'humanité, quelques grandes œuvres littéraires parmi les plus riches en moralité, enfin, unifiant et harmonisant ces études partielles, la science libérale et humaine par excellence, la philosophie, voilà, selon nous, les grandes lignes d'un programme des lettres.

Ce programme s'inspirerait, comme celui des sciences, de cette idée que, dans tout ordre de connaissances, la partie matérielle et spéciale de la science ne doit être enseignée qu'en vue de la partie philosophique et générale et que celle-ci, étant la seule vraiment éducative, ne doit jamais être sacrifiée à l'autre.

C'est cependant à ce grave inconvénient que l'on s'expose si l'on n'introduit pas expressément dans les programmes cette partie générale et philosophique, si, consignant dans ces programmes la seule partie spéciale, le seul matériel de la science, on s'en remet aux professeurs du soin de nourrir leur enseignement de philosophie et d'idées. N'est-il pas à craindre que, dociles à la lettre, indifférents à l'esprit, ils n'aggravent encore, par leur zèle, ce défaut des programmes et, remettant à la fin de leur cours les vues générales, la philosophie de la science, ils ne finissent, faute de temps, par y renoncer [1].

Ce que nous voudrions, c'est que les programmes de notre enseignement libéral fissent mention, d'abord et en premier lieu, de la partie libérale de la science, la seule vraiment féconde et éducative. Il faut que chaque maître soit invité formellement, par des indications précises, à l'introduire dans son enseignement.

Quant au détail de la science, nous souhaiterions qu'il ne fût pas l'objet de prescriptions minutieuses; on doit au contraire laisser à chaque professeur la liberté de composer son enseignement des matériaux qu'il voudra. Chaque indication du programme étant, pour le maître, une tentation de tout dire, il faut se garder de multiplier ces tentations, et, n'imposant que le strict nécessaire, autoriser chaque maître à choisir, parmi les théories scientifiques, les époques de l'histoire, les œuvres des écrivains, celles qui lui semblent devoir offrir à son enseignement le fonds d'idées le plus solide et le plus riche.

Nous renverserions donc exactement les programmes actuels; ils ne sont qu'un répertoire de faits, nous en ferions un ensemble d'idées.

Prenons un exemple. Voici le programme actuel d'histoire de la littérature française dans la classe de Rhétorique.

> 1. La littérature sous Louis XIII et Richelieu : l'hôtel de Rambouillet ; l'Académie française.

----

[1]. C'est là un des plus graves défauts des programmes actuels de l'Enseignement classique. Ils sont muets sur la partie générale et philosophique de chaque enseignement.

2. La tragédie au XVIIe siècle.

3. La comédie au XVIIe siècle.

4. La poésie didactique. — La satire. — La fable.

5. Les moralistes.

6. L'éloquence de la chaire.

7. Les lettres ; les mémoires.

8. Montesquieu et Buffon.

9. Voltaire.

10. Jean-Jacques Rousseau.

11. Le théâtre et la poésie au XVIIIe siècle.

12. Caractère général du XVIIIe siècle : les philosophes et les savants.

13. La littérature pendant la Révolution et l'Empire.

14. La poésie dans la première moitié du XIXe siècle. Classiques et romantiques.

15. La prose dans la première moitié du XIXe siècle.

A ce programme trop spécial et détaillé nous voudrions substituer un programme général du genre de celui-ci [1] :

Les œuvres littéraires naissent, tantôt d'un besoin spontané d'exprimer ses sentiments et ses idées (Contes populaires, Iliade, Lamartine, etc.), tantôt d'une intention réfléchie d'amuser, d'instruire, d'émouvoir. — Littérature spontanée ou naturelle. Littérature réfléchie ou savante.

Le but des œuvres littéraires ; la beauté. — Des rapports de la beauté, de la vérité et du bien. — Profit esthétique, scientifique et moral de l'étude des lettres.

1. Voir un programme du même genre, mais trop vague, à notre avis, proposé par M. Fouillée : *L'enseignement au point de vue national*, Appendice, p. 418.

Le domaine propre de la littérature (poésie lyrique, drame, éloquence, etc.). — La littérature peut revendiquer des droits sur des domaines qui ne lui appartiennent pas en propre, sur l'histoire, les sciences (Buffon), le droit et la politique (Montesquieu), la controverse, etc.

Les formes littéraires; principaux genres. — De l'influence des formes existantes. — L'imitation en littérature.

Les diverses conceptions littéraires : le réalisme (ses différentes espèces) et l'idéalisme.

De l'influence de la race, de celle du milieu, de celle du moment sur les œuvres littéraires. — Part du génie individuel.

De l'influence de la littérature d'un peuple sur son esprit, et, par suite, sur son histoire intérieure et extérieure. — Que, dans aucun pays, cette influence n'a été plus considérable qu'en France, etc.

Nota. — Le professeur sera libre de choisir, dans la littérature des XVIIe, XVIIIe et XIXe siècles, les époques et les œuvres qui lui sembleront les plus intéressantes. Il n'oubliera point qu'il s'agit moins de donner aux jeunes gens des *connaissances* littéraires que de leur faire comprendre, sentir et goûter la littérature.

Sans doute on pourrait rédiger autrement ce *memento* et nous ne le proposons point comme un modèle. Nous avons voulu simplement montrer dans quel esprit devaient être conçus les programmes d'un enseignement libéral. Or, on ne contestera pas que les programmes actuels, loin d'être rédigés dans cet esprit, semblent tout au contraire avoir fâcheusement subi l'influence de la pédagogie utilitaire.

§ 4. — Un point reste à débattre et nous en aurons fini avec la question des programmes. Notre enseignement libéral doit-il être purement français ou comporte-t-il l'étude de langues autres que la langue maternelle?

On objectera qu'il est inutile de poser même la question, puisqu'elle est résolue en fait; tout le monde s'accorde à reconnaître la nécessité de l'étude des langues dans l'Enseignement secondaire. Et l'on voudra nous ramener sur le terrain où partisans des langues vivantes et défenseurs des langues anciennes combattent depuis si longtemps; on nous dira : « Quel est votre camp? »

Mais la question, ainsi posée, sera mal posée, ou plutôt sera posée trop tôt. Car, si l'on ne sait point d'abord pour quelles raisons l'enseignement des langues est nécessaire, le choix qu'on fera entre les langues modernes et les langues anciennes, puisqu'il dépend en grande partie de la nature de ces raisons, risque fort d'être arbitraire. C'est pourquoi, bien que la question soit tranchée dans la pratique, nous devons la résoudre d'abord dans la théorie, et, seulement après, chercher les conséquences pratiques de la solution adoptée.

Pour nous, la question se pose ainsi : l'étude des langues étrangères (langues modernes ou langues anciennes), jointe à celle du français, est-elle un plus puissant moyen d'éducation intellectuelle et morale que l'étude du français seul?

Il peut sembler, au premier abord, que la langue maternelle, justement parce que les tours et les mots en sont plus familiers que ceux d'une langue étrangère, se laissera plus profondément pénétrer et livrera mieux ses richesses. Dans l'étude de la langue maternelle, la distance entre le mot et la pensée est la moindre possible, et l'esprit doit, semble-t-il, atteindre celle-ci d'une démarche plus rapide et la saisir d'une prise plus forte. D'autre part, les difficultés grammaticales étant réduites au minimum, l'élève, moins entravé, moins retardé, ne comprendra-t-il pas mieux l'élément esthétique de la langue, les nuances et les beautés du style?

Si l'enseignement libéral se proposait de former des artistes ou des critiques, on pourrait trouver quelque justesse peut-être à pareille apologie de la langue maternelle. Mais l'enseignement libéral se propose d'exercer les volontés à l'effort, de donner aux esprits les qualités de méthode, de précision, de rigueur. Eh bien! il faudrait n'avoir jamais pratiqué l'enseignement du français pour prétendre que cet enseignement peut, à lui seul, suffire à pareille tâche. Tout professeur de lettres sait que la facilité même avec laquelle un texte français se laisse comprendre est un obstacle à l'intelligence exacte et complète de ce texte. Lorsque, d'un coup d'œil, l'élève a saisi le sens général d'une page, comment l'idée lui viendrait-elle de la relire pour y découvrir des difficultés? Les esprits même les plus exercés se défendent mal contre cette illusion d'avoir compris, et c'est un fait digne de remarque qu'aux examens de l'agrégation, les explications de textes français sont presque toujours notablement inférieures aux explications de textes latins, grecs, allemands ou anglais. Comment donc espérer que les élèves de nos lycées, lorsqu'ils ont compris en gros une page de Bossuet ou de Montesquieu, y reviennent, s'y attardent pour en fouiller le sens, en peser chaque expression, rechercher les rapports et l'enchaînement des idées, s'assimiler la substance même du texte, faire, en un mot, l'effort qui seul pourrait assouplir et fortifier leur pensée?

On pourrait aller plus loin et soutenir que l'exercice le plus propre à développer l'activité intellectuelle, la composition française, perd, du fait même de l'emploi de la langue maternelle, une partie de ses avantages. Il est certain que, pour un enfant qui ne sait point encore penser, c'est-à-dire analyser ses idées, les distinguer et les classer, dont l'attention faible encore parvient à peine à les tirer du brouillard où elles flottent, écrire dans sa langue maternelle est une tentation continuelle d'à peu près et d'inexactitude. Car, d'abord, l'abondance des mots qui se présentent à lui, l'aisance relative avec laquelle il peut s'exprimer, font qu'il ne cherche pas à trouver mieux. Puis, sa pensée étant incertaine et hésitante, l'impropriété de l'expression ne le frappe point. Bien plus, sa pensée se coule docilement au moule des mots impropres, se déforme, se défigure de phrase en phrase. Ce n'est pas lui qui mène sa pensée, ce sont les mots qui la mènent. N'est-il pas évident qu'un exercice ainsi pratiqué ne suffit pas à développer les qualités actives de l'intelligence et qu'il faut chercher ailleurs une autre discipline plus sévère?

Tout change, dès qu'on est aux prises avec une langue étrangère. S'agit-il d'une version? L'impossibilité de comprendre sans une étude attentive contraint l'esprit à l'effort méthodique et soutenu. On ne lit pas une page d'allemand ou de latin comme on lit une page de français, — en courant. On est obligé de la lire lentement, et cette obligation même est un gage qu'on la lira bien. Forcé d'analyser, phrase par phrase et mot par mot, un texte qu'il ne comprend pas, l'élève sent la nécessité de l'exactitude, condition première de la réussite. Le goût de la précision, l'habitude de la recherche attentive naissent peu à peu en lui. Et quand, le texte compris, il faut le traduire en français, c'est-à-dire chercher des mots et des tours français qui équivalent ou correspondent aux mots et aux tours étrangers, alors c'est un autre effort, aussi difficile et peut-être plus profitable que le premier. Car la pensée qu'on demande à l'élève d'exprimer n'est pas, comme dans une composition française, la sienne propre, c'est-à-dire une pensée flottante et confuse ; c'est une pensée fixée, emprisonnée par le texte lui-même en des contours précis et immuables, une pensée ferme qui oblige à choisir des mots justes. Impossible, dès lors, de s'en tenir aux mots sans pénétrer jusqu'aux idées, comme il arrive lorsqu'on explique ou qu'on lit une page de français. Qu'il s'agisse pour l'élève de comprendre le texte qu'il doit traduire, c'est-à-dire d'aller des mots étrangers aux idées, qu'il s'agisse de traduire, c'est-à-dire d'aller des idées aux mots, « il y a toujours nécessité pour lui de mettre l'idée à nu. Durant tout ce travail, le regard de l'esprit, ordinairement arrêté ou dévié par le mot, tombe d'aplomb sur l'idée même. C'est une mise en demeure de penser expressément et nettement [1]. »

Même profit s'il s'agit du thème. Là encore, il est impossible à l'élève de traduire une page de français dans une langue étrangère, s'il n'a pas d'abord précisé le sens et la valeur des mots français, afin de trouver leur équivalent étranger, s'il n'a pas compris exacte-

---

1. *Instructions, programmes et règlements*, p. 17, note.

ment les rapports d'idées marqués par la phrase française, afin de découvrir les tournures et les formes qui rendront ces rapports.

Loin donc que le thème et la version soient, comme on le prétend, des exercices purement formels et verbaux, ils nous semblent au contraire les plus capables de faire penser, les plus éducateurs. Mieux que tout autre exercice scolaire, ils obligent l'esprit à l'effort et lui donnent les qualités proprement scientifiques.

N'insistons pas davantage sur des avantages reconnus par tous les maîtres, par ceux qui enseignent les langues mortes comme par ceux qui enseignent les langues vivantes. Et concluons qu'un enseignement libéral ne saurait être purement français.

Mais quelles langues doit-il enseigner? C'est ici la grosse question, celle qui, depuis le livre retentissant de Frary, a si bien accaparé l'attention publique qu'elle semble aujourd'hui résumer et contenir tout le débat entre l'Enseignement classique et l'Enseignement moderne[1]. Mais elle ne le résume qu'en le rétrécissant, en le défigurant, et, si ce débat est plus loin que jamais d'être clos, c'est justement parce qu'on accorde à la question des langues trop d'importance, et que, en l'isolant des autres problèmes qui la commandent, en la considérant à part et en soi, on se prive des éléments d'une solution. La question ne se pose pas, comme nous voyons tou-

1. L'exposé le plus complet et le plus récent des arguments pour les langues anciennes est celui de M. Fouillée : *L'Enseignement au point de vue national* et les *Études classiques et la démocratie*. Ceux des arguments en faveur des langues modernes sont de MM. J. Lemaître : *La France de demain* du 15 juin 1898, et Lacombe : *Esquisse d'un enseignement basé sur la psychologie de l'enfant*.

jours qu'on le fait, dans le général et l'absolu, et il ne s'agit pas de savoir si les langues et les littératures modernes valent les langues et les littératures anciennes. Le problème initial étant celui-ci : Notre Enseignement secondaire doit-il être libéral ou doit-il être utilitaire, la question des langues se trouve exactement délimitée. A-t-on décidé que notre Enseignement secondaire doit être utilitaire, il faut se demander alors ceci et rien que ceci : « Les langues et les littératures modernes sont-elles plus *utiles pratiquement* que les langues et les littératures anciennes ? » Croit-on au contraire que notre Enseignement secondaire doit être libéral, la question alors se pose ainsi et seulement ainsi : « Les langues et les littératures modernes sont-elles un *instrument de développement intellectuel et moral* meilleur que les langues et les littératures anciennes ? » Ramenée à ces justes proportions et posée en ces termes précis, la question se simplifie et s'éclaire.

En nous plaçant à ce point de vue, nous remarquerons d'abord que les langues anciennes ont un avantage certain sur les langues modernes, c'est qu'on ne les parle plus. Il ne saurait venir à l'esprit d'aucun professeur de mettre un élève en état de parler couramment le latin et le grec. La seule fin raisonnable que puisse se proposer un professeur d'humanités, c'est, au moyen des œuvres latines et grecques, d'exercer l'esprit de ses élèves et de nourrir leur pensée. En d'autres termes, ce qui domine naturellement et inspire l'enseignement des langues mortes, c'est le souci de la culture générale. Et nous ne disons pas qu'il n'en puisse être de même pour les langues vivantes. Mais nous disons que, la connaissance de ces langues étant, en elle-même et avec une évidence frappante, pratiquement utile, il est à craindre que les élèves d'abord, les maîtres à leur suite, ne soient tentés de prendre cette connaissance pratique comme fin dernière de l'étude de ces langues[1].

Cela est si bien la disposition invincible des professeurs de langues vivantes, que, dans les *Instructions sur l'enseignement des langues vivantes* — *Instructions* relatives cependant aux seuls programmes classiques — nous avons l'étonnement d'entendre M. Bossert s'élever contre la « fausse assimilation des langues vivantes aux langues mortes » et déclarer que les langues vivantes doivent être enseignées, non pour le profit intellectuel et moral qu'on en peut retirer, mais pour être *sues*. « Une langue vivante s'apprend par elle-même et pour elle-même[2]. » Démenti flagrant au principe même de la pédagogie libérale et à l'esprit qui anime le reste des *Instructions*. Qu'on le veuille ou non, l'étude des langues vivantes tend d'elle-même vers des fins pratiques et utilitaires, et il est, par conséquent, presque inévitable qu'elle soit détournée des fins libérales.

Mais, quand bien même l'étude des langues vivantes ne risquerait pas d'être déviée et faussée, il resterait à se demander si les littératures modernes sont des éducatrices comparables aux littératures anciennes. Nous ne le croyons pas. Il est hors de doute que la beauté originale des littératures anglaise et allemande échappe presque tout entière à de jeunes esprits de structure

---

1. M. Jaurès a fait valoir cet argument à la tribune de la Chambre des députés, séance du 24 novembre 1896. Cf. également Fouillée, *Les Études classiques et la démocratie*, p. 6 et suiv.

2. *Instructions, programmes et règlements*, p. 38.

française. Si les plus cultivés d'entre nous doivent, pour la pénétrer, faire un effort considérable, il est à présumer que des enfants de douze à dix-huit ans ne tenteront pas cet effort. Ils ne comprendront pas et ne chercheront pas à comprendre. Objectera-t-on qu'il faut, dans l'enseignement des littératures étrangères, s'attacher, non pas au côté « local », mais au côté général et universel, et que la part « d'humanité » qu'elles contiennent est assez considérable pour suffire à l'éducation d'esprits français? — Sans doute; mais ces idées et ces sentiments humains sont eux-mêmes fortement teintés d'esprit germanique ou anglo-saxon, et, par là même, moins accessibles à nos élèves. Puis, soutenir que les littératures anglaise et allemande sont éducatives justement par ce qui, en elles, n'est ni allemand ni anglais, n'est-ce pas une singulière façon de les préférer aux littératures anciennes? Soyons donc logiques, et plutôt que d'aller demander, pour des enfants français, à des formes de pensée si éloignées de la pensée française une initiation à la vie intellectuelle et morale, demandons-la aux littératures dont le génie est le plus proche du nôtre, à celles que notre esprit national peut pleinement comprendre, goûter et s'assimiler [1].

Les littératures anciennes ne révèlent pas seulement un génie plus proche de notre génie, elles sont encore plus générales et humaines que les littératures étrangères. Soit que, déformés et altérés par vingt-cinq ou trente siècles de civilisation, les modernes nous offrent

[1]. Cf. Fouillée, *L'Enseignement au point de vue national*, p. 201.

des types d'humanité plus éloignés du type général et moyen, soit que, pour les littératures anciennes, le temps ait opéré un triage des œuvres à la suite duquel celles-là seules ont survécu qui étaient assez générales pour que tous les hommes s'y pussent reconnaître, il est certain que les littératures modernes sont moins propres que les littératures anciennes à faire connaître l'homme en son fond permanent et universel. Boileau ne s'y était pas trompé qui, pour fonder en raison l'imitation des anciens, déclarait qu'ils avaient bien attrapé la nature, c'est-à-dire qu'ils avaient tracé les contours éternels de l'âme humaine. Au contraire, les littératures modernes expriment moins les idées et les sentiments communs à toute l'humanité que les formes de pensée et de sensibilité particulières à quelques individus; et, par là, si elles sont plus intéressantes, plus abondantes en signification pour des esprits déjà formés, elles sont moins capables de donner à des esprits jeunes et ignorants des notions claires sur l'homme moral.

Enfin, précisément parce que les littératures anciennes sont l'œuvre d'une humanité jeune, toute proche encore de son éveil à la pensée, elles sont simples et par là plus accessibles à la jeunesse. Qu'il s'agisse de l'amour de la patrie, de l'amour paternel ou filial, du devoir, du mépris des richesses, du respect des lois, de la justice, du courage, etc., les sentiments et les idées y apparaissent réduits, pour ainsi dire, à ce qu'ils ont d'essentiel et de fondamental, s'y montrent, sans apprêt et sans raffinement, dans une sorte de nudité éclatante. D'aucuns leur en font un reproche. Selon M. J. Lemaître, le trésor d'idées générales et de nobles sentiments que contiennent les littératures anciennes se retrouve, accru, dans les modernes[1]. Nos classiques d'abord, nos écrivains du XVIIIe et du XIXe siècle ensuite, et enfin les écrivains anglais et allemands ont donné, dit-il, des idées et des sentiments de l'antiquité des « versions enrichies », aussi belles et plus profondes que celles que nous a laissées l'antiquité. — Il est possible. Mais comment supposer que des intelligences neuves, des cœurs inexpérimentés puissent pénétrer dans la richesse de pensée ou dans les « complications sentimentales » d'un Gœthe, d'un Heine, d'un Vigny, d'un Renan? Ils comprendront mieux et sans effort les adieux d'Andromaque et d'Hector, le patriotisme simple d'un Démosthène, la philosophie claire d'un Sénèque. Tous les maîtres le savent bien, qu'il leur est plus aisé de faire comprendre Plutarque que Racine et Pascal, et que nos classiques à nous, précisément parce que les versions qu'ils ont données des pensées antiques sont des « versions enrichies », excèdent parfois les forces intellectuelles de nos élèves. A plus forte raison les littératures modernes, plus complexes encore que notre littérature classique, plus subtiles et plus riches, seront-elles pour de jeunes esprits une nourriture trop forte et inassimilable.

Ne nous demandons donc point, comme le fait M. J. Lemaître, si la beauté allemande ou la beauté anglaise sont plus « riches » ou plus « profondes » que la beauté antique, ni si les littératures modernes sont plus intéressantes que les littératures anciennes. C'est là un autre point de vue et il ne faut pas brouiller les

1. Cf. J. Lemaître, *La France de demain* du 15 juin 1898, p. 18.

questions. Il s'agit ici, non d'esthétique pure, mais d'éducation morale. Et si l'on reconnaît que les œuvres antiques sont plus simples et plus « humaines » que celles des littératures étrangères, si l'on convient en outre qu'elles sont, grâce à la parenté de race, plus accessibles à l'intelligence de jeunes Français, il faut donc admettre qu'elles sont aussi plus éducatives, et cela suffit pour qu'elles aient plus de droits à entrer dans les programmes d'un enseignement libéral.

Supérieures aux littératures modernes comme nourriture morale, les littératures anciennes le sont aussi comme gymnastique intellectuelle. Les langues étrangères, ou plutôt l'allemand et l'anglais, sont, pour employer les expressions mêmes de M. Bossert, « construites sur un autre plan » que le français[1]. Entre leur vocabulaire et le nôtre, nulle filiation, nulle parenté. Nombre d'expressions allemandes et anglaises n'ont pas d'équivalents français. Non seulement les mots, mais encore la syntaxe témoignent d'un génie profondément différent du nôtre. « Mais, s'écrie M. J. Lemaître, autant que je puis en juger, la grammaire allemande est plus belle, plus harmonieuse dans sa complexité que la latine et ne l'est pas moins que la grecque[2]. » — Il se peut ; mais ces qualités intrinsèques ne sauraient compenser l'infériorité pédagogique qui résulte d'une dissemblance trop profonde, organique si l'on peut dire, entre l'allemand et le français. L'allemand avec ses constructions rigides, ses verbes séparables, l'infinie variété de ses mots composés, sa syn-

1. *Instructions, programmes et règlements*, p. 44.
2. J. Lemaître, *La France de demain* du 15 juin 1898, p. 20.

taxe compliquée et subtile; l'anglais, avec sa particule adverbiale si variée, si expressive, qui matérialise et colore les idées et les sentiments les plus impalpables, avec ses auxiliaires qui expriment des nuances de pensée inconnues au français, l'allemand et l'anglais ne sont nullement superposables au français, direct, simple, fin, plus abstrait que pittoresque. Que résulte-t-il de ces dissemblances? C'est une difficulté extrême, insurmontable pour des enfants, à traduire exactement et avec précision, à rendre les tours, les mots, les mouvements et comme la physionomie de la pensée; c'est une nécessité de se contenter d'à peu près, d'expressions impropres, de périphrases, de tournures inexactes. « Souvent, dit M. Bossert, l'impossibilité de traduire est le meilleur des commentaires. Quand Macbeth, dans une de ses dernières tirades, s'écrie en maudissant la vie : *out, out, brief candle!* nous traduisons : *éteins-toi, court flambeau!* Mais quelle énergique éloquence dans ce monosyllabe répété, d'un sens si plein qu'il n'a plus besoin du verbe qui l'accompagne d'ordinaire! De même, la Lénore de Bürger s'écrie : *her ist her!* ce qui veut dire que *les morts sont morts*, pâle interprétation de ces deux adverbes monosyllabiques reliés par la plus simple des formes verbales. Une ballade de Gœthe, intitulée *le Pêcheur*, est, d'un bout à l'autre, pour le traducteur, une lutte contre un texte impossible à atteindre [1] ».

« Impossible à atteindre », voilà un aveu qui est grave. N'est-il pas à craindre que des élèves à qui le professeur aura répété souvent : « Cette tournure, cette expression sont intraduisibles », ne prennent l'habitude

---

1. *Instructions, programmes et règlements*, p. 44.

de considérer toutes les difficultés comme insurmontables, et ne fassent des nombreuses « impossibilités de traduire » une justification de leur paresse? N'est-il pas évident, en tout cas, qu'à ce régime des langues vivantes, ils contracteront de mauvaises habitudes d'esprit, obligés qu'ils seront de se contenter souvent de traductions approximatives, de mots et de tours insuffisants? Volontiers nous comparerions la traduction littéraire de textes allemands et anglais à un travail d'acrobatie, à une gymnastique de tours de force. Que des esprits déjà rompus aux exercices de traduction puissent y gagner en souplesse et en agilité, nous ne le nions pas. Mais ceux qu'on y exerce trop jeunes, lorsqu'ils consentent à s'y plier, loin de s'y développer normalement et régulièrement, s'y fatiguent et s'y contorsionnent.

Cherchons donc ailleurs une gymnastique simple et rationnelle qui convienne à l'inexpérience et à la faiblesse de nos élèves et qui puisse fortifier et exercer leur pensée sans lui demander un effort impossible. C'est dans l'étude des langues mortes que nous la trouverons. Car si le latin et le grec diffèrent assez du français pour que l'élève ne puisse les comprendre et les traduire sans faire un effort vigoureux, ils en sont cependant assez rapprochés pour que l'effort puisse toujours réussir. Un mot latin a toujours un équivalent français. Une phrase latine peut toujours être traduite, jusque dans ses nuances les plus délicates, par une phrase française calquée sur elle. Il n'est pas jusqu'aux idiotismes latins qui ne trouvent en français des idiotismes correspondants. Or, si le maître prend soin de dire et de prouver que le latin est toujours *exactement et rigoureusement* traduisible en français, l'élève, averti que toujours il peut trouver les mots et les tours exacts, sera excité à les chercher, à réfléchir jusqu'à ce qu'il les ait découverts. Il ne renoncera point à l'effort avant même de l'avoir tenté. Le succès aidant, il prendra le goût et l'habitude de la précision, de la rigueur, de l'exactitude ; il acquerra peu à peu ces qualités de justesse, de droiture, de fermeté qui sont, nous l'avons vu, les qualités émancipatrices et comme les vertus de l'intelligence.

Ainsi, l'enseignement libéral, cherchant quelles langues et quelles littératures adjoindre à la langue et à la littérature françaises, choisira celles de l'antiquité. Il les choisira, d'abord parce que l'étude n'en peut pas être détournée vers des fins utilitaires, ensuite parce que leur substance est plus générale et plus humaine, enfin parce qu'elles sont plus propres à donner à des esprits français une discipline scientifique.

Et, après cela, il n'importe que les langues et les littératures modernes soient plus utiles pratiquement, qu'elles reflètent et expriment mieux les préoccupations, les sentiments et les idées du temps présent, qu'elles soient plus intéressantes, plus curieuses, plus complexes, etc. Nous l'accordons. Mais nous croyons avoir montré que c'est déplacer totalement la question que de recourir à de pareils arguments, et que c'est précisément pour l'avoir ainsi déplacée que la querelle entre partisans des langues anciennes et défenseurs des langues modernes subsiste toujours aussi aiguë.

II

Il serait vain d'établir avec la plus rigoureuse logique les programmes d'un enseignement libéral, si l'on ne prenait soin aussitôt de définir la méthode de cet enseignement. Car c'est la méthode qui coordonne et unit en un faisceau les différentes parties des programmes; elle est, peut-on dire, la lentille qui de rayons épars fait un foyer puissant. Fussent-ils inspirés du plus pur esprit libéral, les programmes que nous venons d'établir ne seront qu'une façade trompeuse si les maîtres ne mettent leurs méthodes en accord profond avec cet esprit, s'ils ne conforment leur enseignement quotidien aux principes de la doctrine libérale. Il rendrait à notre éducation nationale le plus signalé service celui qui, s'élevant avec force contre la croyance qu'il suffit de remanier des programmes pour modifier un enseignement, montrerait qu'il n'y a de vraie réforme pédagogique que celle qui en corrige les méthodes et l'esprit.

Il est vrai qu'il est plus facile de composer un programme que de définir l'esprit dans lequel il faut l'enseigner. L'esprit d'un enseignement est chose vivante, complexe, que l'on risque de déformer si on veut l'emprisonner dans une définition exacte. Pour l'enseignement libéral, cette définition des méthodes est chose particulièrement délicate; car il doit, plus qu'un autre, se garder de toute tyrannie. Comme il attend tout de l'initiative, de l'activité des maîtres, il irait contre son propre but s'il immobilisait cette activité dans l'observation d'une consigne. Tout ce qui importe à un enseignement libéral, c'est que sa fin : faire des esprits libres et des volontés fortes, soit atteinte. Toute méthode qui y réussit est bonne par cela seul qu'elle réussit.

Un enseignement libéral admet et approuve que les méthodes varient, non seulement selon le tempérament des maîtres, mais encore selon la nature des esprits qu'il s'agit de former. De même que, dans l'éducation, on ne peut soumettre tous les caractères à une même discipline, mais qu'il faut, au contraire, rendre un peu la main aux violents, exciter les indolents, contenir les exubérants, ainsi, dans l'enseignement, on ne peut soumettre au même régime des intelligences d'enfants ou des intelligences déjà mûres, des esprits vifs ou des esprits lents. Vifs ou lents, lucides ou brouillons, réfléchis ou étourdis, bien ou mal doués, pour les amener tous au même but, il faut d'abord les aller chercher sur les routes différentes où la nature les a placés. Or, cette adaptation des méthodes à la diversité des esprits, le maître seul en peut être l'auteur, et c'est une seconde raison pour ne pas lui imposer des règles trop étroites.

Enfin, il n'est pas douteux qu'il n'y a de bonnes et efficaces méthodes que les méthodes *personnelles*, nous voulons dire celles que le maître s'est données à lui-même, qu'il a trouvées ou, si l'on veut, retrouvées par l'observation et la réflexion. Une méthode n'est pas une machine dont il est inutile de comprendre le mécanisme pour la faire fonctionner. C'est un outil infiniment délicat qu'il faut manier avec adresse et intelligence. C'est dire qu'on ne peut employer avec succès une méthode sans la comprendre, sans l'interpréter, disons mieux, sans l'aimer, c'est-à-dire sans croire fermement qu'elle est la meilleure. Or, quelle méthode le maître croira-t-il telle, sinon la sienne, celle qu'il a *inventée*, où il a mis son désir de bien faire, son expérience, sa réflexion, le meilleur de lui-même enfin?

On se tromperait donc étrangement si l'on croyait qu'il suffît de déterminer une fois pour toutes les meilleures méthodes, de les rédiger en un code, et d'imposer ce code du parfait professeur aux maîtres de nos lycées. Ce n'est point en les coulant tous au même moule qu'on obtiendra de bons maîtres. Mais c'est eux-mêmes et eux seuls qui, par un effort intérieur et personnel, peuvent le devenir.

Est-ce à dire qu'un enseignement libéral doive s'en remettre complètement aux professeurs du choix des méthodes et s'interdire de leur donner des conseils généraux, voire des indications de détail? Nous ne le pensons pas. Des chemins divers peuvent conduire au même but; mais il est aussi des chemins qui, loin d'y conduire, en détournent. C'est par des méthodes diverses que l'on peut former des hommes libres; encore faut-il que ces méthodes, tout en étant différentes, présentent quelques grands traits communs, qui sont la condition même de leur efficacité.

Il nous semble, en premier lieu, qu'une méthode d'enseignement n'est véritablement libérale qu'à la condition d'être *active*. Si être libre, c'est d'abord et avant tout agir, être capable d'énergie, c'est d'abord et avant tout à éveiller l'activité intellectuelle que doit s'appliquer une méthode libérale. Une méthode passive, c'est-à-dire une méthode qui laisse s'atrophier la force vive de l'intelligence, ne saurait être tolérée dans un enseignement libéral où tout, au contraire, doit être concerté pour tenir constamment en éveil la pensée des élèves, l'obliger à l'attention, à la recherche, à l'effort.

Comment y réussir? Distinguons la méthode en classe et hors de la classe. En classe, une méthode active consiste d'abord à exercer l'attention des élèves. Or, c'est une loi psychologique que tout ce qui dure cesse de retenir l'attention. Il n'est pas de maître un peu observateur qui n'ait été frappé, à la fin d'un exercice trop prolongé, par l'attitude significative de ses élèves, postures nonchalantes, regards distraits ou errants, débandade des esprits qui se dispersent. En conséquence, notre enseignement fuira la monotonie[1]. Cela ne veut pas dire qu'une classe doit être décousue et qu'on y doit passer sans cesse d'un exercice à un autre, d'un thème à une version, d'une correction de composition française à une explication d'auteur latin ou grec. Cela veut dire seulement que le professeur doit mettre tous ses soins à varier, à renouveler l'intérêt d'un même exercice. Tous les maîtres connaissent les moyens propres à réveiller la curiosité qui se lasse, interrogation adressée à propos à un élève distrait, question inattendue posée à toute la classe, procédé nouveau d'explication, tour paradoxal donné à un lieu commun, généralisation ou transposition adroite des faits, comparaisons familières, etc. Ces moyens, certes, ne sont pas à dédaigner et certains professeurs en obtiennent des résultats surprenants. Le meilleur moyen cependant — et le plus sûr — sera toujours que le maître prenne plaisir lui-même à ce qu'il fait, qu'il aime l'auteur qu'il explique,

1. Cf. Marion, *L'Éducation dans l'Université*, p. 316 et suiv.

s'intéresse au sujet du devoir qu'il corrige. Toute l'ingéniosité du monde ne vaut pas, pour rendre une classe vivante et variée, l'accent ferme et animé, la conviction et le feu d'une parole sincère. Plus un maître renouvellera son enseignement, y mettra de lui-même, de sa pensée, de ses goûts, de ses préoccupations, plus cet enseignement sera varié, plus il intéressera les élèves et captivera leur attention.

Avoir des élèves attentifs, cela est certes un grand point; mais ce n'est qu'un point de départ. Que les élèves écoutent attentivement le maître qui parle, c'est bien; mais qu'ils parlent eux-mêmes, voilà qui est mieux. Bien loin de substituer son effort à celui des élèves, bien loin de leur épargner tout tâtonnement, toute peine, le maître doit multiplier pour eux les occasions de chercher, de réfléchir, d'agir. Dire le moins possible, faire trouver le plus possible, tel devrait être le mot d'ordre parmi les professeurs d'un enseignement libéral. C'est assez dire qu'il faut repousser, comme absolument opposée à l'esprit de cet enseignement, la méthode dogmatique et tout ce qu'elle suppose.

Les « cours » d'abord, ou, d'une façon plus générale, le monologue du maître prenant la parole aussitôt les leçons récitées et ne l'abandonnant qu'au roulement du tambour. Un dialogue, ou plutôt une causerie que le professeur conduit adroitement, où il questionne et suggère plus qu'il n'enseigne, interrogeant, non pas un seul, mais tous, ne permettant à personne de s'isoler, entraînant toute la classe dans un effort commun qu'il stimule et dirige, voilà le modèle d'un enseignement vraiment actif et excitateur de pensée.

Sans doute il est des parties du programme pour lesquelles cette causerie ne peut suffire, où la méthode didactique est la seule possible; l'histoire, les mathématiques, la physique exigent une exposition suivie, un « cours ». Mais, dans ce cas même, comme il serait facile de réduire le cours au minimum par un plus large usage des livres! Il est tant de choses qu'un manuel bien fait — et il y en a — peut dire aussi bien que le maître! Et quel profit pour les élèves si, tout le temps gagné sur le « cours », le professeur l'employait à des causeries méthodiques sur l'objet de ce cours, sur tel chapitre important déjà étudié, déjà « su », et qu'il ne s'agirait pas de « revoir », mais dont il faudrait, par de sagaces interrogations, faire découvrir, faire « inventer » aux élèves l'intérêt général, la portée philosophique [1]!

Si l'enseignement libéral condamne en principe le cours, il ne condamne pas moins les « corrigés » écrits, ces corrigés que les professeurs rédigent avec mille soins dans leur cabinet, espérant sans doute que leurs élèves les méditeront. Il arrive parfois en effet que deux ou trois parmi les plus consciencieux et les plus zélés prennent la peine de les relire. Mais, quand tous les reliraient attentivement, ce ne serait pas encore là un suffisant effort. Le corrigé doit être fait en classe, et doit être le fruit de la collaboration des élèves et du maître. On n'imagine point, lorsqu'on ne l'a pas pratiqué, l'intérêt et l'utilité, pour les élèves, d'un tel exer-

---

1. Le « cours » est encore en honneur dans bien des lycées. L'excuse des maîtres est dans l'étendue des programmes qu'on leur impose, le cours étant en somme le plus expéditif des procédés de « bourrage ». Il est vrai que les *Instructions* jointes aux programmes réprouvent énergiquement l'abus du cours. Mais tournez la page, et lisez les programmes.

cice. Ils s'y animent, s'y excitent; c'est à qui proposera un tour, une phrase, un mot. La contagion gagne les plus indolents. La classe tout entière s'efforce, s'applique, s'ingénie. On objectera qu'il faut, avec ce système, une demi-heure, souvent plus, pour faire le « corrigé » d'une version latine ou d'un thème latin. Qu'importe si, pendant tout ce temps, les élèves ont cherché, ont pensé, si leur esprit a été vraiment actif?

On le voit, toute la méthode en classe consiste dans une maïeutique intelligente. Et il est vrai que cette méthode est longue et qu'elle procède lentement. Mais l'essentiel n'est pas que les élèves *sachent* beaucoup. L'essentiel est de les rendre capables de liberté et, pour cela, de leur donner d'abord l'instrument nécessaire de toute liberté : une intelligence ferme, vivante, active.

Mais le temps que les élèves passent dans la classe est plus court que celui qu'ils passent hors de la classe; et, aussi bien, c'est le travail qu'ils font seuls qui doit être pour eux le plus fécond, étant le plus personnel. Il s'agit seulement qu'il soit personnel et c'est à quoi le maître doit veiller attentivement. Ce travail hors de la classe consiste en deux choses, les leçons et les devoirs. L'heure que les élèves consacrent à apprendre leurs leçons est en général perdue pour le développement de leur esprit, parce qu'ils les apprennent mécaniquement, en les enfonçant, pour ainsi dire, à petits coups répétés dans leur mémoire. Ce qu'il faut exiger, c'est qu'ils les apprennent activement, c'est-à-dire qu'ils en impriment dans leur mémoire, par un effort intense d'attention, le sens général et les principales idées. Rien ne répugne davantage à leur paresse, et c'est bien le signe qu'il y a là un excellent exercice d'activité. Mais il est des moyens pour les y obliger; c'est, par exemple, quand il s'agit d'une leçon de grec ou de latin, de leur demander de réciter, non seulement le texte lui-même, mais aussi la traduction de ce texte; c'est de le leur faire résumer en indiquant l'enchaînement des idées; c'est, par tous les procédés que le maître pourra imaginer, d'exercer leur attention à se fixer sur les idées, au lieu d'errer sur les mots, en un mot, de les obliger à un vigoureux effort de réflexion.

Ce même souci de faire *agir* l'élève nous guidera dans le choix des devoirs. Tous les devoirs qui peuvent être faits machinalement, rédactions, résumés, analyses d'une pièce ou d'un ouvrage, seront absolument bannis. On dira que, bien faits, ces travaux nécessitent de la part de l'élève un sérieux effort pour dégager des détails l'idée ou le fait essentiels, pour comprendre et exprimer la pensée maîtresse d'une œuvre. — Il est vrai; mais le malheur, c'est qu'ils ne sont jamais bien faits. Il faut, en pédagogie, partir de ce principe que l'élève se tirera toujours de ses devoirs par le moindre effort et ne fera que ce qu'il est obligé de faire. Or, tous les exercices dont nous parlons, il peut les faire quasi mécaniquement; donc il les fera.

Heureusement il en est d'autres, ceux que nous appellerons des devoirs « actifs », thèmes, versions, compositions littéraires, historiques ou philosophiques, problèmes, etc., qui sont tous d'excellents exercices... pourvu qu'ils soient bien choisis. Car telle composition française, par exemple, dont le sujet est trop général ou concerne une œuvre que les élèves ne connaissent pas suffisamment, ne peut être qu'un devoir de compilation fait d'idées prises de ci, de là. D'une façon générale, on peut dire que toutes les compositions françaises purement littéraires présentent cet inconvénient; car, faute de connaissances assez étendues, faute d'un goût littéraire assez ferme, nos élèves ne peuvent pas, sur de tels sujets, penser par eux-mêmes. Qu'il s'agisse au contraire d'éclaircir et de préciser quelque idée morale, comme il leur faut alors tout tirer de leur propre fonds, ils sont bien obligés de réfléchir, et, cette réflexion les faisant pénétrer dans le domaine de la conscience et de l'expérience, ils y trouvent une sorte de plaisir de découverte et un stimulant à leur activité. Ainsi, des questions de morale individuelle, sociale, politique même, qui, choisies selon un plan méthodique, pourraient former un cycle complet de morale, ou bien des questions littéraires très précises, exactement délimitées, dont l'élève posséderait tous les éléments, mais qu'il ne trouverait pas traitées dans ses livres, ce sont là, semble-t-il, les sujets de composition française les plus propres à exercer les esprits à l'effort. Il y a sans doute pour le choix des compositions historiques, philosophiques ou scientifiques les mêmes précautions à observer; mais il nous suffit d'avoir donné sur un point précis un exemple de ce que nous entendons par un devoir actif.

Ce n'est pas tout que de choisir les sujets de devoirs de telle sorte qu'ils nécessitent l'effort personnel des élèves, il faut encore exiger que cet effort soit fait, ou plutôt, lorsque l'élève s'en est dispensé, obtenir qu'il le fasse. Ce devrait être l'unique objet de la « correction des copies ». Or, on sait à quoi se borne généralement cette correction, besogne aussi fastidieuse pour le maître qu'inutile pour l'élève. Le professeur signale, par de brèves annotations, les erreurs de faits, les idées fausses, les expressions impropres, les défauts du plan. L'élève parcourt les annotations, quelquefois cherche à les comprendre et relit la phrase incriminée, mais sans jamais refaire le travail mal fait.

Or, ce résultat, le seul qui importe, peut être facilement obtenu si le maître, une fois qu'il a discerné les défauts d'esprit de chacun de ses élèves, signale sur chaque devoir, non point *toutes* les fautes — rien n'est plus propre à décourager un élève — mais celles seulement qui révèlent les deux ou trois défauts dont il importe d'abord de le corriger. Deux ou trois phrases d'une version, un ou deux développements d'une composition française seront ainsi soulignés d'une brève remarque, toujours la même, et l'élève devra les refaire et les rapporter à son professeur. Ainsi, au lieu de jeter un regard indifférent sur son devoir corrigé, il concentrera son attention sur un seul point, il devra démêler lui-même en quoi il s'est trompé et se remettre à la tâche [1].

L'effort donc, toujours l'effort, voilà le mot qui résume une méthode active, en classe et hors de classe. Que le maître se garde de la routine, qu'il pense et vive son enseignement, mais sans jamais oublier que son effort à lui doit n'avoir qu'un but : tirer de ses élèves le maximum d'énergie et d'activité, en faire des esprits vivants et pensants.

[1]. Cf., sur ce point, les articles de Payot, *La Composition française, les Méthodes actives* (*Revue universitaire*, nᵒˢ des 15 juin, 15 juillet 1897, 15 janvier, 15 février, 15 avril 1898).

Il ne suffit pas que les méthodes suscitent et stimulent l'activité pensante, il faut encore qu'elles la disciplinent. En même temps qu'il doit fortifier la volonté, l'enseignement libéral doit former la raison. Former la raison, nous l'avons vu, c'est débarrasser l'esprit de toute prévention et de tout parti pris, le mettre en présence des faits, l'inviter à ne porter de jugement qu'après une observation ou une réflexion attentives, lui apprendre à induire et à déduire avec rigueur, et, pour tout dire d'un mot, à penser suivant une méthode scientifique.

Les seules méthodes qui puissent atteindre ce résultat sont celles que l'on peut appeler *analytiques*, c'est-à-dire celles qui, en présence d'un tout complexe — qu'il s'agisse d'un phénomène naturel, d'un fait historique, d'une propositon mathématique, d'une œuvre littéraire — s'appliquent à le décomposer en ses éléments simples, en ses facteurs premiers. C'est cette méthode qu'ont pratiquée tous les savants, tous les inventeurs, dans les sciences comme dans la morale. Elle est, par excellence, la méthode d'investigation et de découverte.

Prenons des exemples. Que serait-ce qu'un enseignement analytique des lettres? Ce serait un enseignement qui mettrait les élèves en face d'une œuvre littéraire, ou simplement d'une page de cette œuvre, et qui, résolvant cette œuvre ou cette page en ses éléments simples, s'efforcerait de les définir, étudierait la pensée et le style, rechercherait la part du génie propre de l'écrivain et celle de l'imitation, démêlerait les influences du temps, en un mot, énumérerait, en les distinguant par l'analyse, les facteurs dont l'action combinée rend compte de l'œuvre. L'exercice le plus favorable à l'emploi de cette méthode analytique est l'explication des textes, non point une explication cursive, mais au contraire une explication approfondie, lente, scrupuleuse, qui épuise le contenu du texte, autant bien entendu que la chose est possible avec de jeunes esprits. Des explications ainsi faites sont comme un modèle pour la conduite de la pensée et donnent aux esprits l'habitude de l'observation, de la précision, de la rigueur, c'est-à-dire les qualités proprement scientifiques. C'est pourquoi l'explication approfondie des textes doit être l'âme d'un enseignement littéraire libéral.

La méthode analytique, en histoire, procédera de la même manière qu'en littérature. Il faudrait que le professeur, au lieu de faire son cours entier, pût se borner à en traiter chaque année quelques chapitres importants. Il choisirait un ou deux grands faits, la Réforme et les Guerres de religion par exemple, ou la prépondérance politique et intellectuelle de la France pendant la première moitié du règne personnel de Louis XIV, ou encore l'état de la France à l'avènement de Louis XVI et les essais de réforme de Turgot, etc. Ces faits complexes, il s'attacherait à les énoncer et à les décrire clairement ; puis il les analyserait, c'est-à-dire en étudierait les divers caractères, en rechercherait les causes de toute nature, militaires, politiques, économiques, diplomatiques, morales, etc., en exposerait enfin les effets sur l'état général des esprits et des mœurs, si bien que les élèves, une fois l'analyse terminée — et elle ne le serait qu'au bout d'un, deux ou même trois mois — sauraient exactement et complètement ce qu'ont été des phénomènes tels que la Réforme ou la Révolution de 1789, pourquoi ils sont apparus à telle date et dans tel pays, et quelles en ont été les conséquences proches et lointaines; en un mot, ils auraient sur tous ces points, non des idées vagues et creuses, comme il arrive trop souvent, mais des idées exactes, précises, obtenues par les bons procédés de recherche.

Pour les sciences physiques, il faut lire, si l'on veut comprendre la fécondité de la méthode analytique pour la culture des esprits, les conseils admirables que J.-B. Dumas donnait aux professeurs de l'Enseignement secondaire en 1854[1]. Voici comment la commission des réformes de 1890 résumait et appréciait ces conseils. « Dans l'enseignement des sciences physiques, le défaut le plus ordinaire, que signalait déjà, avec autant de force que d'autorité, l'instruction de 1854, c'est que le caractère de la leçon, qui est celui d'un exposé dogmatique, y dénature le caractère de la science, qui est expérimental. Il faudrait que l'expérience, principe et nerf de la science, n'intervînt pas dans le cours seulement à titre d'illustration et pour l'agrément. En physique, un bon exposé des vérités acquises est déjà sans doute une chose fort utile. Il serait plus utile encore de donner aux élèves un commencement d'initiation à cette méthode, la plus féconde et la plus générale de toutes, dans laquelle des faits bien analysés fournissent au raisonnement son point de départ, ou sa rectification, ou sa preuve. On demandera donc au professeur de faire servir son enseignement à la culture de l'esprit, en d'autres termes, de le rendre éducatif. La méthode analytique est ici la seule applicable. De faits bien consta-

1. *Instructions, programmes et règlements de 1890*, p. 171 et suiv.

tés, d'expériences simples, répétées devant les élèves au cours même de la leçon, il s'élèvera à l'étude des phénomènes plus complexes pour aboutir finalement à l'énoncé de la loi qui les régit. On l'invitera, pour quelques questions qui s'y prêtent facilement, à exposer sommairement la marche qu'a suivie l'esprit humain et les tâtonnements successifs par lesquels il est passé pour arriver à la découverte de la vérité scientifique. C'est la démonstration la plus frappante que l'on puisse donner de l'influence qu'a exercée l'emploi judicieux de la méthode expérimentale sur le développement et les progrès des sciences physiques [1] ».

Mais ces excellents conseils sont demeurés lettre morte, et c'est, aujourd'hui encore, par la méthode synthétique, par la démonstration *ex professo*, que l'on enseigne les sciences physiques dans nos lycées.

Les mathématiques elles-mêmes, dont l'enseignement semble être voué à la méthode synthétique, peuvent cependant en quelque mesure être enseignées par la méthode analytique. Qu'est-ce en effet qu'un théorème, sinon une vérité complexe, conditionnée par un certain nombre d'autres vérités plus simples, qui, enveloppées et impliquées dans la première, n'en peuvent être tirées que par une analyse. Découvrir la démonstration d'un théorème, c'est, en réalité, faire l'analyse de ce théorème. Mais dès que le professeur, ayant pour son propre compte fait cette analyse, en expose le résultat à ses élèves sous forme de démonstration, il supprime l'opération essentielle pour le développement de leur esprit. De ce problème qu'est toute proposition mathématique

<hr>

1. *Instructions, programmes et règlements de 1890*, p. 169.

il offre la solution toute faite. Or, dans tout problème, ce qui importe, c'est la recherche de la solution. L'enseignement des mathématiques, présenté sous la forme démonstrative ou synthétique, comme on le fait aujourd'hui, s'adresse à la mémoire des élèves plus qu'il n'exerce leur raison. Pour qu'il devînt une discipline vraiment scientifique, il faudrait que les mathématiques fussent *découvertes* par les élèves eux-mêmes, avec l'aide du maître, et que le « cours », puisque, ici, un cours est nécessaire, se fît en collaboration.

Il est enfin un troisième caractère des méthodes libérales : elles sont philosophiques. Un enseignement donné suivant une méthode philosophique est le seul qui, au lieu de dégénérer en un « bourrage » précipité et de dévier vers des fins utilitaires, soit capable de former la « personne ».

Qu'est-ce, en effet, qu'une méthode philosophique? C'est, avant tout, le contraire d'une méthode spéciale et technique. Enseigner la physique, les lettres, l'histoire, etc., suivant une méthode philosophique, c'est enseigner chacune de ces matières, non point en elle-même et pour elle-même, mais en tant que partie d'un tout, et en la rattachant à toutes les autres ; c'est, par conséquent, négliger en elle ce qui n'offre qu'un intérêt spécial, et retenir seulement ce qui est nécessaire pour pénétrer jusqu'à la partie humaine et vraiment éducative de la science.

Ici encore, prenons un exemple. Que sera-ce qu'enseigner philosophiquement les lettres anciennes? Ce sera, en premier lieu, ne point se perdre dans les minuties de la grammaire et de la langue, ne point s'égarer non plus dans le dédale de l'érudition archéologique, historique et philologique, mais au contraire ne se servir de la grammaire que comme d'un moyen pour atteindre à l'intelligence de la langue, de la langue que pour pénétrer jusqu'à l'idée. Extraire des littératures ce qu'elles contiennent de substance morale, c'est-à-dire d'humanité, voilà en somme quelle doit être la fin de l'enseignement des lettres. La connaissance des œuvres, le contact immédiat avec elles, en un mot l'explication des auteurs devient ainsi le centre de gravité de cet enseignement.

La méthode philosophique dans l'enseignement littéraire consistera, en second lieu, à pénétrer cet enseignement d'idées générales qui coordonnent tous les résultats des études littéraires, à le faire aboutir à une sorte d'esthétique. Sans doute les programmes, tels que nous les avons proposés, invitent expressément les maîtres à traiter à part les questions générales. Mais il ne faut pas qu'elles constituent simplement un « chapitre » particulier qu'on étudie de la même façon que les autres et qu'ensuite on laisse dormir dans la mémoire. Il faut que l'enseignement des lettres soit tout entier imprégné de ces grandes idées. Il ne suffira donc pas de montrer, une fois pour toutes, les rapports de la beauté avec la vérité et le bien; on devra encore, au cours des explications, faire saisir aux élèves la part de beauté, de vérité, de moralité incluses dans l'œuvre d'un Homère, d'un Tacite, d'un Virgile, leur faire comme toucher du doigt les principes d'esthétique qu'on veut leur proposer. En somme, c'est, d'une part, la substance morale des littératures, d'autre part, une synthèse de « l'esprit » des lettres qui doivent former le fond de l'enseignement littéraire.

Enfin, pour philosopher l'enseignement des lettres, il faudra ne point se borner à l'explication purement littéraire et, si l'on peut dire, rhétoricale des œuvres, mais, au contraire, les replonger dans leur milieu, montrer à chaque instant les liens qui unissent l'activité littéraire d'un peuple aux autres manifestations de son activité, marquer les influences de l'état social, des mœurs, des institutions, des croyances sur la littérature et réciproquement l'influence de la littérature sur l'état social, les mœurs, les croyances, en un mot, présenter les lettres, non comme un phénomène isolé, suspendu, pour ainsi dire, dans le vide, mais comme un phénomène plongeant au cœur des réalités et lié à toutes les formes de la vie, inséparable du tout, ce tout étant l'activité humaine. Le seul moyen de vivifier et d'harmoniser les diverses parties de l'enseignement, c'est de les unir dans une large et vivante synthèse.

Ce que nous disons de la méthode philosophique s'applique aussi bien à l'enseignement des autres matières qu'à celui des lettres. L'histoire, la physique, les mathématiques ont, elles aussi, leur « humanité », c'est-à-dire leur moralité. La méthode philosophique leur est par conséquent applicable comme elle l'est à l'enseignement des lettres.

Actives, analytiques et philosophiques, telles seront donc les méthodes d'un enseignement qui veut faire de ses élèves des « personnes », et, pour y réussir, s'efforce de développer en eux l'énergie volontaire et la rigueur scientifique de la pensée.

CONCLUSIONS

CONCLUSIONS

Nous avons constaté qu'il y a une « crise de l'Enseignement secondaire », qui se traduit par une sorte de malaise moral et par un arrêt dans la prospérité matérielle de nos lycées. Cette crise, qui d'ailleurs peut être observée actuellement dans presque toutes les nations européennes, en est en France à un période plus avancé que partout ailleurs; c'est chez nous que la question de l'Enseignement secondaire se pose avec le plus de netteté et d'urgence[1].

Nous avons essayé de démêler, au cours de ce travail, la cause la plus importante, selon nous, de cet état de crise. La pédagogie n'est pas un domaine clos, au bord duquel expire le bruit de la lutte entre les idées philosophiques et sociales. Elle ressent, au contraire, le contre-coup des batailles qui se livrent autour d'elle; elle en reproduit à sa manière les péripéties.

Or, depuis cent ans, un violent assaut est livré contre l'idéal philosophique et scientifique du xviiie siècle. On a pu marquer les étapes de cette réaction dans l'ordre

---

1. Cf. Ch.-V. Langlois, *La Question de l'Enseignement secondaire* (*Revue de Paris* du 1er janvier 1900, p. 113 et suiv.).

politique, où elle s'est traduite par un retour offensif des idées traditionnelles et autoritaires contre les principes de la Révolution[1]. On les relèverait aussi dans l'ordre philosophique, où l'éclectisme d'abord, le positivisme ensuite tendirent à ruiner le rationalisme scientifique — assez vague et insuffisant, mais qu'il était possible de préciser et de féconder — qui ralliait les philosophes du XVIIIe siècle.

Cette réaction, on en peut noter le contre-coup en pédagogie. De toutes parts ont surgi des attaques contre la culture générale et laïque, des critiques dirigées contre un enseignement qui prétend s'adresser à « l'homme abstrait », partout enfin l'idée utilitaire a gagné du terrain. Ainsi assailli, l'enseignement libéral ou classique s'est désorganisé, désagrégé, au point de n'être plus aujourd'hui que l'ombre de lui-même. Mais, s'il a si mal résisté à l'assaut des forces hostiles, c'est parce qu'il n'était pas soutenu par une ferme et forte doctrine. Telle est, nous croyons l'avoir montré, la cause principale de la crise qu'il traverse.

Nous avons, en même temps, noté au passage les influences diverses qui ont pu faire dévier notre Enseignement secondaire de la conception libérale dont il est issu. A vrai dire, il ne semble pas que les principes de la pédagogie libérale, tels que les établirent les hommes de la Révolution, aient laissé une trace bien profonde dans notre système d'Enseignement secondaire. Tout entiers à la lutte politique et à l'organisation du régime nouveau, ils se bornèrent, faute de temps, à

1. Henry Michel, *L'Idée de l'État.*

poser des principes et à présenter des projets que les événements empêchèrent de réaliser. L'Enseignement classique demeura ce que les Jésuites l'avaient fait, c'est-à-dire un enseignement tout formel et verbal. Ni l'esprit ni les méthodes n'en furent renouvelés. Le souffle libéral, qui avait bouleversé l'ordre politique, fut impuissant à ébranler dans sa masse la routine pédagogique.

Aussi n'est-il pas étonnant que notre Enseignement classique, représentant médiocre d'un libéralisme irrésolu, n'ait pu opposer qu'une faible résistance aux progrès de la pédagogie utilitaire. Sur tous les points où il était attaqué, sur la question des langues anciennes comme sur celle des méthodes, il céda et laissa l'ennemi s'installer au cœur de ses positions. Se reniant lui-même, s'éloignant de plus en plus de son objet, perdant de vue ses principes et sa fin, il devint, de déformation en déformation, une sorte d'édifice composite, où subsistent côte à côte des éléments disparates et contradictoires, où chaque maître parle une langue quasi inintelligible aux autres maîtres.

De ces constatations il ressort, nous semble-t-il, avec évidence, que le malaise dont souffrent aujourd'hui les études libérales doit être attribué, non pas à la faiblesse ou à l'étroitesse du système d'idées sur lequel elles reposent, mais à des raisons d'ordre historique. C'est là une observation de nature à rendre courage aux partisans des études libérales.

Par le fait même que nous avions trouvé la véritable cause de la « crise actuelle », une solution, ou du moins les éléments d'une solution se sont offerts à nous.

Cette solution ne saurait consister en un remaniement

des programmes, non plus qu'en la substitution des langues vivantes aux langues mortes, non plus qu'en une meilleure répartition des matières dans le cours des années d'études. Ce sont là cependant les seuls remèdes que nous entendions jamais proposer. Mais, quand l'échec des expériences tentées depuis trente ans ne nous en avertirait pas, nous saurions déjà, avant toute expérience, que ces remèdes superficiels ne peuvent être que des palliatifs insuffisants. Le mal est plus profond, et c'est à sa racine même qu'il faut l'attaquer. L'Enseignement secondaire ne reprendra force et vie que le jour où il sera en possession d'une ferme doctrine d'éducation, capable de soutenir et de régler toute son organisation.

La question de l'Enseignement secondaire n'est donc pas une question de programmes, n'est pas non plus une question de « langues », et ne doit pas se poser — ou ne doit se poser qu'en dernier lieu — entre « classiques » et « modernes ». Elle est une question de doctrine et se pose entre libéraux et utilitaires, c'est-à-dire, nous l'avons montré, entre adeptes d'une philosophie de la liberté et partisans d'une philosophie de la nécessité.

Nous avons choisi, pour notre part, la philosophie de la liberté. Bien que nous ayons, croyons-nous, justifié notre choix, nous avons reconnu qu'il était impossible de l'imposer par des raisons sans réplique. C'est à chacun qu'il appartient de choisir librement entre les deux grandes hypothèses qui sollicitent la conscience contemporaine.

La philosophie de la liberté étant choisie, la question qui se pose est de déterminer la *fin* de l'enseignement et de fixer avec précision la mesure dans laquelle il doit former l'individu, celle dans laquelle il convient qu'il forme le citoyen. Là, en effet, est la difficulté à laquelle se heurtent la plupart des conceptions pédagogiques, les unes supprimant simplement l'un des deux termes de l'antinomie et absorbant soit l'individu dans la cité, soit la cité dans l'individu, les autres ne fixant qu'une ligne de démarcation arbitraire entre les deux fins de l'éducation et laissant subsister leur opposition.

A cette question la pédagogie libérale fait une réponse nette et pleinement satisfaisante. Car, du point de vue où elle se place, l'opposition entre l'individu et le citoyen s'évanouit. D'une part, en effet, ce n'est pas l'individu tout entier, dans l'intégrité de ses besoins et de ses tendances, que l'éducation libérale se propose de développer, mais seulement « l'agent moral », la personne, l'être doué de liberté et de raison. Et, d'autre part, le contrat par lequel s'associent un certain nombre d'agents moraux exigeant que chaque associé, en même temps qu'il poursuit sa fin, aide ses associés, dans la mesure de ses capacités, à poursuivre la leur, il s'ensuit que l'éducation doit mettre chaque individu en état d'exécuter les clauses du contrat, c'est-à-dire de remplir tout son devoir social. L'éducation ne négligera donc pas de former l'homme social; mais, parmi les diverses manières qui s'offrent à elle de préparer des hommes socialement utiles, elle rejettera toutes celles qui tendraient à entraver la formation de la personne, qui porteraient préjudice à l'éducation de l'agent moral, qui auraient pour effet d'aliéner une portion de cette liberté que c'est son objet même de susciter dans les âmes.

Les fins de l'éducation étant ainsi déterminées par la méthode rationnelle, il reste à chercher les moyens les plus propres à atteindre ces fins. C'est ici que trouvent leur place les données de l'expérience et que doivent intervenir les observations enregistrées par la science. C'est à elle que nous demanderons de nous tracer une psychologie exacte de l'enfant, d'étudier la valeur respective des matières de l'enseignement, d'expérimenter les diverses méthodes. Alors, mais alors seulement, surgiront les questions qui, aujourd'hui, accaparent prématurément l'attention, celle des langues anciennes et des langues vivantes, celle des lettres et des sciences, celle du dosage, dans les programmes, des diverses « matières », etc... Et sans doute ces questions, même alors, demeureront difficiles et complexes. Mais, venant en leur lieu, éclairées par les discussions antérieures, exactement délimitées, commandées par les principes établis, elles ne seront plus inextricables.

Par l'accord seul de la méthode rationnelle avec la méthode expérimentale l'on peut, selon nous, fonder la doctrine pédagogique qui nous manque et organiser solidement notre Enseignement secondaire. Si tant de discussions ardentes sont demeurées stériles, c'est justement parce que, ou bien l'on ne s'est point préoccupé de déterminer les fins de l'Enseignement secondaire, ou bien, quand on l'a essayé, ç'a été par des procédés purement scientifiques ou expérimentaux, méthode la plus sûre dans la recherche des moyens, mais certainement insuffisante pour la détermination des fins.

Si l'on parvenait enfin à appuyer notre Enseignement secondaire sur une ferme doctrine, nous ne disons pas que tous les défauts que nous avons, dans notre *Intro-duction*, reprochés à l'Enseignement secondaire actuel, disparaîtraient comme par enchantement. Mais nous croyons, d'abord que le plus grave, l'anarchie inté-rieure, serait supprimé, et ensuite que les autres, pour peu que l'on veuille y donner quelque attention, pour-raient être facilement corrigés.

En possession d'une doctrine pédagogique, nous n'au-rions en effet qu'à nous y établir solidement, comme en un centre, et à en développer les conséquences logiques dans toutes les questions accessoires que soulève l'or-ganisation pratique des études. Nous avons reproché, par exemple, à notre Enseignement secondaire actuel de se laisser déformer par le baccalauréat et les examens d'admission aux grandes Écoles. Mais il est clair que si notre Enseignement secondaire formait un tout solide et fortement organisé, il exercerait une sorte de domi-nation sur le baccalauréat et les autres examens, et qu'au lieu de se modeler sur eux, c'est eux qu'il obli-gerait à recevoir son empreinte. De même encore, nous avons constaté que la préparation pédagogique des maî-tres était singulièrement insuffisante ou plutôt était nulle. Rien d'étonnant en l'état actuel des choses. Car cette préparation, en quoi consisterait-elle, sinon dans l'étude théorique et l'apprentissage des idées pédago-giques que les maîtres auront à appliquer? Or, ce qui manque, c'est précisément une doctrine. Du jour où l'Enseignement secondaire se fonderait résolument sur des principes fermes, il irait de soi que les maîtres de-vraient connaître ces principes et s'exercer à y confor-mer leur enseignement. Par la force des choses, la pré-paration pédagogique serait instituée. Ainsi en irait-il pour toutes les questions qui touchent, de près ou de loin, à l'organisation de l'Enseignement secondaire. Partout se ferait sentir l'influence organisatrice de la doctrine; elle serait comme la sève qui, des plus profondes racines jusqu'aux dernières feuilles de la cime, circule et porte la vie.

Mais surtout, nous croyons que l'éducation libérale, — non pas cette éducation timide, incolore, appauvrie, à laquelle les circonstances historiques ont réduit la pédagogie libérale — mais bien celle dont nous avons essayé de définir l'objet et les méthodes, est la seule qui convienne à une démocratie comme la nôtre. Car seule elle peut réaliser dans la société l'alliance de la liberté et de la justice, en quoi consiste précisément l'idéal démocratique. Ce n'est pas en livrant les individus à la diversité de leurs besoins, de leurs intérêts, de leurs passions contradictoires que nous préparerons l'avènement de la société rationnelle, de la « cité moderne », seule fin digne des efforts de l'humanité. Le règne de la cité conforme à la raison et à la justice ne se réalisera que par l'effort de volontés fermes, puisant la règle de leurs actions dans la raison et l'amour de leurs semblables.

C'est à l'Enseignement secondaire qu'est provisoirement dévolue la tâche de former ces volontés justes, ces raisons actives et libres. Tant que notre imparfaite organisation sociale interdira au grand nombre l'accès à la culture intellectuelle et morale, il est nécessaire que les classes moyennes conservent précieusement, comme le feu antique du foyer, le culte de l'effort et de la libre recherche, la confiance en la raison, l'amour de la

justice, en un mot, tout le système d'idées et de sentiments qui constitue la conception la plus haute où se soit
élevée la conscience humaine. Animées de ces sentiments
et de ces idées, elles s'appliqueront, non seulement à les
faire passer dans les faits, à les réaliser dans l'institution politique et sociale, mais encore à les répandre
autour d'elles, à les faire pénétrer, comme un levain,
jusque dans les derniers rangs de la société. Il faut que,
par elles, le peuple apprenne à penser, à vouloir, à agir;
et comment le leur enseigneraient-elles, si, élevées à
côté et en dehors des préoccupations de la conscience
moderne, retenues, par une éducation bassement utilitaire ou timidement neutre, dans l'ignorance des idées
qui, tôt ou tard, gouverneront les sociétés, elles désertaient leur devoir social et s'enfermaient dans la jouissance égoïste des progrès déjà accomplis et dont elles
sont seules encore à profiter?

Toutefois, même si l'on nous accorde que nos idées
sur l'organisation actuelle de l'Enseignement secondaire
sont justes en ce qu'elles affirment, on peut nous objecter
qu'elles sont fausses en ce qu'elles nient. On les accusera
de pécher par défaut. « L'homme, nous dira-t-on, ne
vit pas seulement de moralité, ni la société de politique.
L'homme vit aussi, et d'abord, de pain, et la société de
biens matériels, commerce, industrie et agriculture.
Or, l'Enseignement secondaire que vous venez de décrire
pourvoit bien à l'éducation morale de l'individu et à
l'éducation politique des citoyens. Mais rien n'y est
aménagé en vue de donner à l'individu un gagne-pain
ni, par conséquent, à la société la prospérité économique. » — Il est vrai. Mais nous ne pensons pas qu'il

faille demander à l'Enseignement secondaire de satisfaire tous les besoins. Il a son rôle propre, qui est de former l'homme dans l'individu et d'instituer dans la société l'accord de la liberté avec la justice. Pour ce qui est de munir l'individu d'un métier et de pourvoir à la vie économique de la société, c'est l'Enseignement professionnel qui doit en avoir la charge. Il succédera donc à l'Enseignement secondaire, parce que l'éducation technique n'est vraiment fructueuse que si elle vient se greffer sur une solide culture générale. Sans doute l'Enseignement professionnel, tel qu'il existe aujourd'hui, est insuffisant; et surtout il s'adapterait mal à l'Enseignement secondaire, tel que nous le concevons. Mais l'Enseignement secondaire est-il tenu de réparer les erreurs et de combler les lacunes de l'Enseignement professionnel?

On nous objectera encore que notre Enseignement secondaire libéral, même complété par un Enseignement professionnel bien organisé, ne répondrait pas cependant à tous les besoins que c'est son rôle de satisfaire. N'existe-t-il pas une catégorie de jeunes gens qui, sans avoir les loisirs ni les moyens de suivre un enseignement très long et coûteux, désirent cependant une culture plus complète que celle que donne l'Enseignement primaire supérieur? C'est pour ceux-là que fut créé l'Enseignement secondaire moderne, et c'est ceux-là, non les moins intéressants, que vous priverez de la culture qu'ils réclament, puisque vous n'admettez qu'un Enseignement secondaire unique.

Nous pourrions sans doute contester la nécessité d'un enseignement intermédiaire entre l'Enseignement primaire supérieur et l'Enseignement secondaire libéral;

et nous donnerions comme argument la difficulté même que l'Enseignement secondaire moderne éprouve à se constituer. Si cet Enseignement, après tant de réformes et d'essais, en est encore aujourd'hui à chercher sa voie, c'est apparemment qu'il ne correspond pas à des besoins bien définis ni bien pressants. Mais, sans soulever cette question, nous aimons mieux répondre que nous ne demandons en aucune façon la suppression de l'Enseignement secondaire moderne. Nous voulons seulement qu'il ne s'appelle pas secondaire, ou plutôt — car un mot n'est qu'un mot — nous demandons qu'on ne le mette pas sur le pied d'égalité avec l'Enseignement secondaire libéral et qu'on réserve à ce dernier des sanctions propres à lui conserver son prestige, convaincus que nous sommes que tout ce qui se fera contre l'Enseignement secondaire libéral sera fait contre l'idéal démocratique.

Nous n'avons point ici à tracer le plan ni à indiquer l'esprit de cet enseignement intermédiaire entre l'Enseignement secondaire libéral et l'Enseignement primaire supérieur. Tout ce que nous avons prétendu montrer, c'est que, dans l'état présent de notre démocratie, il existe un groupe social nettement déterminé, organe encore nécessaire au développement de notre démocratie, bien qu'on puisse aisément prévoir qu'un jour cet organe sera devenu inutile. Aux besoins et à la fonction sociale de ce groupe répond l'Enseignement secondaire libéral, tel que nous l'avons défini. Cet Enseignement secondaire libéral n'est pas exclusif d'autres Enseignements. On peut dire, au contraire, qu'il les appelle et les exige. Toutefois, s'il est vrai que c'est lui, comme nous avons essayé de le montrer, qui peut être actuellement l'agent le plus actif du progrès démocratique, il est juste que notre démocratie lui réserve, parmi les autres enseignements latéraux qu'elle maintient ou qu'elle crée, le rang qui lui est dû et qui est, jusqu'à nouvel ordre, le premier.

TABLE DES MATIÈRES

Coulommiers. — Imp. P. BRODARD. — 1227-1900.